現代の政治経済学

マルクスとケインズの総合

A Modern Guide to Political Economy:
Combining Marxian and Keynesian Perspectives

鍋島直樹
NABESHIMA Naoki

ナカニシヤ出版

はしがき

現代の経済学には、「新古典派経済学」と「政治経済学」の二つの流れがある。新古典派経済学は、資本主義経済が本来的に自己調整的で安定的なシステムであると考える。これに対して政治経済学は、資本主義経済がはらんでいるさまざまな矛盾や不安定性に注目する。深刻な金融危機にたびたび見舞われたり、所得格差の拡大が進んだりするなど、世界各国において人々の雇用と生活が不安定の度を増している今日、政治経済学が果たすべき役割はますます大きくなっているはずである。

それにもかかわらず、新古典派経済学の理論については夥しい数のミクロ経済学とマクロ経済学の教科書が存在する一方で、政治経済学では入門レベルの教科書はいまだ少ない。これまでマルクス経済学の教科書は数多く刊行されているものの、それらのほとんどは、『資本論』の体系に沿ってマルクスの経済理論を解説することに主眼がおかれている。今日においても、マルクスの経済学を学ぶことに大きな意味があることは疑いないが、その一方で、マルクスの理論だけで資本主義経済の構造と動態を読み解いていくことが困難になっていることもまた事実である。現代の資本主義経済をとりまく諸問題を理解するためには、マルクス経済学の新しい展開についても知る必要があるし、さらには、ケインズとカレツキを源泉とするポスト・ケインズ派の経済学についての知識も欠かすことができない。しかしながら、これら現代の政治経済学の理論を平易に解説した初学者向けの教科書は、現在のところ、ほとんど存在していない。

本書は、大学１・２年生や、経済問題に関心をもつ社会人をおもな対象とする現代政治経済学の入門書である。現代の主流派である新古典派経済学との対抗関係を明らかにしながら、政治経済学の多様なアプローチにもとづき、資本主義経済の基本的仕組みについて学んでゆく。重要な用語や概念について丁寧に説明するよう心がけるとともに、一歩一歩きちんとステップを踏みながら議論を進めてゆくので、経済学の予備知識をもたない読者でも無理なく読み進めることができるだろう。あわせて本書では、やや高度な内容や最近の研究成果について広く知りたいという学習意欲の高い読者の要望にもある程度まで応えられるよう、他の教科書ではあまり論じられていない題材も各所で取り上げている。

マルクス経済学が大きな流れをなしてきた我が国の政治経済学の伝統に鑑みて、本書では、マルクスの経済理論の主要部分についての基本的な知識を得ることができるように配慮する一方で、現代マルクス経済学やポスト・ケインズ派経済学における新しい理論的成果も積極的に取り入れている。しかし、さまざまな学説を並列的に紹介するのみに終わるのではなく、それらの学説のあいだの共通点と相違点、および補完関係についても論じているので、読者は、マルクスとケインズの総合によって新古典派経済学に対する代替理論の構築を進めている政治経済学の今日的な意義と課題について大まかな理解を得ることができるはずである。

以上の説明からも分かるように、本書は、一つの首尾一貫した理論体系にもとづいて資本主義経済の仕組みを解説するものではない。それゆえ、本書の内容と構成については、「経済理論の教科書では一つの整合的な体系を提示するべきである」との批判もあるだろう。このような批判にはたしかに一理あるし、私自身、自らの流儀があるべき唯一のものであるとは思っていない。しかしながらその一方で、本書は、政治経済学のアプローチにもとづいて学習を進めていくうえで必要となる基礎知識を過不足なく提供しているはずであると考えている。政治経済学の伝統に連なる諸学派がたがいに連携を深めつつ代替的な経済理論の構築を進めている今日においては、一つの理論的枠組みについてだけでなく、幾分か広い視野から種々の理論について学ぶことが有益であろう。これから経済学を本格的に学びたいと考える読者が、それぞれの問題関心にもとづいて学習を進めてゆくうえで、本書で身につけた知識や考え方を役立ててもらえるならば、本書はその目的を達成したことになる。

本書は、名古屋大学経済学部で私が担当している「政治経済学」の講義のノートにもとづいて執筆したものである。執筆にあたっては、説明が不足している箇所を補ったり、新たな題材を盛り込んだりするなどして内容の拡充をはかった。そのため本書の分量は、通常の30回（4単位分）の講義で扱うことのできる量よりもやや多めになっているものと思われる。本書を教科書として使用してくださる教員の方には、講義の目的や到達目標に応じて内容を適宜選択するようお願いしたい。あるいはまた、マルクス派かポスト・ケインズ派のいずれかを軸にして内容を絞り込み、15回（2単位分）の講義の教科書として使用することも可能であろう。なお教科書という性質上、分かりにくい表現や不正確な記述がないよう細心の注意を払うとともに、誤字・脱字の解消にも努めたつもりであるが、思わぬ誤りがなお残されているかもしれない。これらの不備についてのご指摘とあわせて、本書の内容や構成についても忌憚のないご意見をお寄せいただければ幸いである。

本書が成るにあたっては、ナカニシヤ出版編集部の酒井敏行氏から多大な助力をいただいた。また本書のいくつかの章は、宇仁宏幸・坂口明義・遠山弘徳・鍋島直樹『入門 社会経済学――資本主義を理解する〔第2版〕』（ナカニシヤ出版、2010年）のうち、私の執筆担当部分を下敷きにしている。旧稿の利用を許可してくださった共著書の3氏にも深く感謝申し上げる。

2020年1月

鍋 島 直 樹

目　　次

現代の政治経済学

マルクスとケインズの総合

序章

経済学とはどのような学問か

この章で学ぶこと

経済学という学問は何を課題とし、その課題にどのような方法で取り組んでいくのか。また、いつの時代にも経済学には複数の異なる理論が存在するのはなぜだろうか。この章では、こうした素朴ではあるが重要な問いについて考える。あわせて現代経済学の二つの大きな流れである新古典派経済学と政治経済学の相違点について考察し、今日において政治経済学の理論を学ぶ意義を明らかにしてゆく。

1．経済学の目的

経済学では何を学ぶのか。それは何を課題とし、その課題にどのような方法で取り組んでゆくのだろうか。これらの素朴な疑問は、これから経済学を学ぼうとする人がごく自然に抱くものであろう。そして多くの人は、経済学とは、それなりの歴史をもち、世界中の多くの大学で長いあいだ教えられてきた学問であるから、これらの疑問に対してお決まりの答えがあらかじめ用意されているに違いないと考えるだろう。ところが実際には、これらの問いに対する答えは経済学者によってさまざまであるし、それどころか、こうした素朴な問いそれ自体が、経済学の歴史においてしばしば激しい論争の的となってきた。というのは、いつの時代にも経済学には複数の異なる考え方や理論が存在しているからである。それは一体なぜだろうか。この問題について考えるうえでは、まずはじめに「経済」および「経済学」という言葉の成り立ちについて知ることが一つの手がかりとなりそうである。

(1)「経済」という言葉の成り立ち

エコノミー（economy）とは、古代ギリシャ語のオイコス（家）とノモス（法・規則）を合成した語である「オイコノミア」が、さらに英語に転じてできた言葉である。古代ギリシャの市民は、自らが所有する奴隷や家畜を使役することによって、自分の領地のなかで農作物・農具・日用品などを生産し、それを自ら消費していた。したがって家長にとっては、自らの家の財産を用いて何をどれだけつくり、それらをどのように家の構成員（奴隷を含む）に割り当てるのかということが日々の重要な問題であった。このような家産の賢明な管理やその方法のことをオイコノミアと呼んだのであり、それは日本語では「家政」に相当する。この時代には、生産・分配・消費といった活動は、一つの家のなかである程度まで完結していたのである。

しかしながら、やがて商業と貿易が発達し、さまざまな商品が広い範囲でさかんに取引されるようになると、家のなかのことを考えていただけでは、生産・分配・消費などの活動を適切に営むことができなくなる。こうした諸活動の結びつきはすでに、一国全体、さらには外国にまで広がっているので、それらの活動を滞りなく進めるためには、国民経済を賢明に管理することが必要となる。そしてそのような必要を満たすために、一国全体の経済の仕組みを解明しようとする学問が誕生した。

この学問は、国家全体の家政を扱うことから「ポリティカル・エコノミー」（political economy）と呼ばれるようになった。ここで「ポリティカル」とはギリシャ語で都市国家を表わす「ポリス」を語源とする形容詞で、「国家の」という意味で用いられている。その学問の目的は、一国全体のレベルでの経済活動にはどのような仕組みや法則が作用しているのかを明らかにすることにあり、そして究極的には、国富を増進し、人々の暮らしを豊かにすることにあった。イギリスでポリティカル・エコノミーという用語が広く用いられるようになったのは18世紀以降のことであるが、時代が下り20世紀はじめになると、その学問を指す用語として、より簡略な「エコノミクス」（economics）が一般に用いられるようになり、今日にいたっている[1]。

幕末になって西洋の諸学問が日本に導入されたとき、エコノミーには「経済」、ポリティカル・エコノミーには「経済学」の訳語が充てられた。これらの用語は、中国の古典に登場する「経世済民」という語に由来している。それは「世を経《おさ》め、民を済《すく》う」という意味で、その略語が「経済」である。当時の学者たちが、ポリティカル・エコノミーの学問としての性格やその目的に照らして、それにふさわしい訳語を考えた結果、経済学という用語を充てたのである。経済学の父として知られるアダム・スミス（Adam Smith）は、その主著『国富論』（1776年）のなかで、経済学とは経世家（statesman）の学問であると述べている。しかし経世家とは、国の舵取りにあたる政治家だけを指しているのではない。かつて杉本栄一が述べたように、「自分の属する社会をよりよいものとする情熱をもち、これを実践に移そうとするひとびと」は、みな経世家となりうるのである[2]。

(2) より良い社会をつくるために

ここまでの議論から、経済学の目的とするところが、いくらか理解できたのではないだろうか。さしあたり経済学とは、さまざまな経済現象の根底ではたらいている諸力を明らかにし、経済社会の基本的運動法則の解明をめざす学問であると考えてよいだろう。すなわち、各種の商品の価格はどのようにして決まるのか、失業が発生する原因は何か、景気の変動はどのようにして生じるのか、といった数々の疑問を解き明かしていくことが、経済学の第一の目的となる。しかしながら、経済社会の諸法則を明らかにしようとするのは、それらを理解することによって、われわれがしばしば直面する数多くの経済問題の解決をはかろうとするためにほかならない。たとえば、失業や

1）ポリティカル・エコノミー（経済学）という用語の成り立ちについては、八木紀一郎『経済思想〔第2版〕』日経文庫、2011年、22-25ページ、および三土修平『経済学史』新世社、1993年、7-8ページを参照されたい。

2）杉本栄一『近代経済学の解明（上）――その系譜と現代的評価』岩波文庫、1981年、18ページを参照。

貧困、不平等、あるいは物価の激しい変動といった問題は、これまで多くの人々を悩ませてきたし、そのことは今日においても変わらない。とりわけ今日では、所得格差拡大と貧困の問題がますます深刻になっている。これらの問題を解決し、人々の雇用と生活を安定させることが、経済学に課せられた最大の使命である。

したがって経済学を学ぶ者には、失業者・貧困者・高齢者・障害者などの社会的弱者に対する共感を欠かすことができない。社会的・経済的に弱い立場におかれている人々の悩みや苦しみを知ることなしに、さまざまな経済問題の解決策を考えることはできないからである。じっさい、歴史上の多くの著名な経済学者を新しい理論の構築に向かって突き動かしたものとは、社会の不条理や矛盾に翻弄される人々に対する愛や連帯の感情であった。ただしこのような感情は、弱者に対する憐憫《れんびん》の情とは異なる。人間のおかれた境遇とは、ときに大きく変わるものであり、毎日を平穏に過ごしている人も、病気や事故、災害、勤務先の倒産などの憂き目に遭うと、思いもかけないかたちで苦しい状況に追いやられることになる。弱者に対する共感をもつとは、他人のことを自分のことに置き換えて考えるように想像力をはたらかせるということにほかならない。このような姿勢を身につけたうえで、社会のあるべき姿を考えていく必要がある。したがって経済学を学ぶとは、誰にとっても住みよい社会とはどういうものかを考えることであると言ってよい。

しかしまた、社会をより良いものにしようという情熱だけでは、さまざまな経済問題を解決できないことも事実である。失業・貧困・恐慌などの資本主義経済が生み出す弊害を克服し、貧富の差のない平等な社会をつくろうとする社会主義の運動が、19 世紀以降、世界各国の労働者によってさかんに展開された。このようななか、1917 年のロシア革命後のソ連では、世界中の労働者や知識人たちの大きな期待を担って計画経済の実験が開始された。しかし、理想に燃えた多くの人々の献身的な努力によって新しい国づくりが進められたにもかかわらず、最終的には、自らが抱えている数々の内部矛盾のゆえにその体制は崩壊するにいたった。それは、企業に品質改善や技術革新の努力を促したり、労働者の勤労意欲を高めたりする仕組みをつくることができずに、経済が停滞に陥ってしまったためである。この歴史的教訓を踏まえ、今日において平等主義の新たなビジョンの構築をめざす者は、経済社会の現実を冷静に見つめる眼をもち、効率と公正が両立するような経済制度を設計する必要がある。

イギリスの経済学者で、ケインズ（John Maynard Keynes）の師にあたるマーシャル（Alfred Marshall）は、ケンブリッジ大学の教授就任講演（1885年）で、経済学を学ぶ者が備えるべき資質として「冷静な頭脳と温かい心」（cool heads but warm hearts）を挙げた[3)]。経済学徒たる者は、自分の周りの社会問題に立ち向かう情熱とともに、その解決のために必要とされる科学的な分析手法を身につけなくてはならないのである。

2．経済学の学問としての性格

ここまで見てきたように、経済システムのなかではたらいている法則を解明することが経済学の目的である。この点では、物理学をはじめ、自然界に存在している法則の理解を目的とする自然科学と似たところがある。したがって経済学の分析方法も、自然科学のそれといくらか類似したものとなっている。というよりも実際のところ、経済学は物理学を手本として理論体系の構築を進めてきた。経済学では、方程式体系による理論モデルや統計データを用いて分析を進めてゆく。まず、仮説の体系である理論モデルからさまざまな命題を演繹し、それらの命題が現実の経済現象をうまく説明しているかどうかを統計データに照らして検証する。そして、理論が検証によって支持されない場合には理論モデルの改善をはかる、という科学的な方法にもとづいて経済の法則を明らかにしてゆくのである。こうして、研究を進めてゆくうえで客観的な視点と科学的な手続きが重んじられる点において、たしかに経済学は「科学」としての特質を備えている。

3）A. マーシャル『マーシャル　クールヘッド&ウォームハート』（伊藤宣広訳）ミネルヴァ書房、2014年、35ページ。

(1) 自然科学との違い

しかし、経済学をはじめとする社会科学の場合、研究の進め方において自然科学とは大きく異なっている点もある。経済学では、物理学や化学のように人工的に制御された同一の条件のもとで実験を繰り返すことができないし、生物学のように対照実験を行なうこともできない。また天文学などの場合と異なり、観察対象も時間を通じて同質ではない。資本主義経済の運動法則を探るといっても、19 世紀の資本主義と 20 世紀の資本主義、さらに現代の資本主義とでは、それぞれに経済の仕組みがまったく異なっているので、それぞれの時代の経済ではたらいている法則も大きく異なっているにちがいない。また一つの同じ時代でも、国ごとに経済の発展段階や経済制度、産業構造などが異なるので、各国の経済で見出される法則は決して同じものではないだろう。

さらに社会科学は、不確実性にみちた世界でそれぞれに異なる動機や期待に導かれて行動する人間を観察の対象としているという点に、その特徴がある。たとえば、リンゴが木から落ちることが、リンゴの動機に依存したり、リンゴの落下を地面が望んでいるかどうかに依存したりすることはないだろうし、リンゴが自らの落下の速度についての計算を間違うこともないだろう。これに対して、人間の行動にはさまざまな動機や目的があるので、あらかじめ予想されたとおりに行動するとは限らない。たとえば、高速道路の渋滞予報を見た人は、混雑が予想される時間をなるべく避けて出かけようと考えるだろう。その結果、車の流れが当初の予測とは変わることになる。また企業家が生産を拡大するかどうかは、今後の景気動向についての彼らの予想に依存する。生産量を増やすか否かの判断は企業ごとに異なったものとなるであろうし、あるいは後になって自らの抱いていた予想が誤りであったと判明することもあるだろう。

このように経済学においては、実験の機会が厳しく制約されていたり、観察対象の性質が時間とともに変化したりするために、さまざまな理論を検証によって完全に支持したり、あるいは完全に棄却したりすることは難しい。それゆえに、相対立する複数の理論モデルが並存することがありうるし、どのモデルが選択されるのかは、一人ひとりの経済学者の直観と洞察に依存するところが大きい。こうして経済学の研究においては、社会の構図を的確に捉え、時代の流れを正しく読むことのできる鋭い眼力が求められることになる。とはいえ、経済学者がどのような理論モデルを選ぶのかは、各自のもつ思想・信条や価値判断によるところがどうしても大きくなる。たとえば、経済的自由を旨とする者が選ぶ理論と、国家の介入を唱える者が採る理論とは、おのずから異なったものとなるだろう。それぞれの経済理論の根底にはそれを支えるビジョンや価値判断が存在するのであって、経済理論とイデオロギーとのあいだには切っても切り離すことのできない関係がある。

(2) 経済学における正統と異端

経済統計にもとづく検証を手がかりとしながらも、経済学者があれこれと思考をめぐらしたうえで、自らの価値判断にもとづいて理論を選択するのであるから、経済学においては、いつの時代にも複数の競合的な理論が存在している。図序－1に見られるように、経済学の歴史においては実に多種多様な理論が登場してきたが、それらは大きく二つの類型に分けることができる。すなわち一方には、資本主義経済が安定的・調和的な性格をもつと見て、市場の自動調整作用に信頼を寄せる考え方がある。また他方には、資本主義経済とは本来的に不安定であるので、理性的な計画や介入によって経済の安定と発展をはかるべきであるという考え方がある。そして時代状況に応じて、これら二つの競合する考え方が交互に優勢となったり劣勢となったりしながら、経済学の歴史が糾《あざな》われてきた。

そのため経済学では、正統派が異端派に転落したり、異端派が正統派に取って代わったりということが、往々にして見られる。その時々の正統派の理論が破綻の危機を迎えるときには、それまで異端とされていた理論のなかに危機の解決のための糸口が求められることになるからである。そうであるとすれば、正統派経済学の限界を乗り越え、経済学の新しい展開をはかろうとする際には、異端派の理論に対してもいくらかの目配りを欠かすことができないことになる。

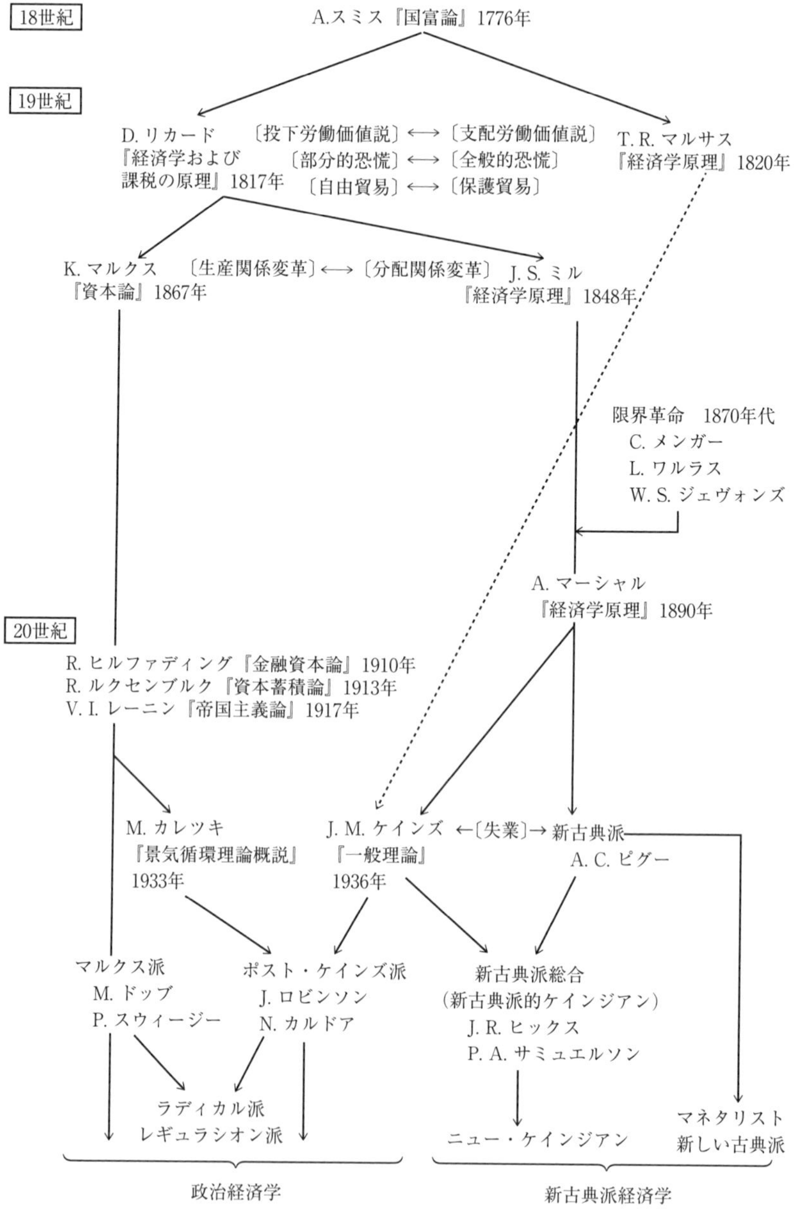
18世紀
A.スミス『国富論』1776年
19世紀
D. リカード
『経済学および
課税の原理』1817年
〔投下労働価値説〕⟷〔支配労働価値説〕
〔部分的恐慌〕⟷〔全般的恐慌〕
〔自由貿易〕⟷〔保護貿易〕
T. R. マルサス
『経済学原理』1820年
K. マルクス
『資本論』1867年
〔生産関係変革〕⟷〔分配関係変革〕
J. S. ミル
『経済学原理』1848年
限界革命　1870年代
C. メンガー
L. ワルラス
W. S. ジェヴォンズ
A. マーシャル
『経済学原理』1890年
20世紀
R. ヒルファディング『金融資本論』1910年
R. ルクセンブルク『資本蓄積論』1913年
V. I. レーニン『帝国主義論』1917年
M. カレツキ
『景気循環理論概説』
1933年
J. M. ケインズ
『一般理論』
1936年
←〔失業〕→
新古典派
A. C. ピグー
マルクス派
M. ドッブ
P. スウィージー
ポスト・ケインズ派
J. ロビンソン
N. カルドア
新古典派総合
(新古典派的ケインジアン)
J. R. ヒックス
P. A. サミュエルソン
ラディカル派
レギュラシオン派
ニュー・ケインジアン
マネタリスト
新しい古典派
政治経済学
新古典派経済学

図序-1　経済学の系譜

現代の経済学においてもさまざまな理論が存在するが、それらは大きく二つに分類することができる。すなわち、資本主義経済が本来的に自己調整的で安定的なシステムであると考える**新古典派経済学**（neoclassical economics）と、資本主義経済の矛盾や不安定性に注目する**政治経済学**（political economy）である。今日においては、新古典派経済学が正統派の地位を占めている一方、政治経済学は異端派とみなされている。しかし経済学を学ぶ者は、正統派の考え方だけではなく、それとは異なる多様な考え方についてもあわせて知る必要がある。新古典派経済学が今日において正統派の地位を占めるようになったことには相応の理由があるにせよ、新古典派の理論にも多くの欠点や弱点があるからである。

(3) 新古典派経済学の弱点

とりわけ新古典派経済学では、資本主義経済それ自体のはたらきがどのようにして不況や失業を生み出すのかを説明することができない。新古典派の理論では、市場機構の自由なはたらきによって完全雇用と物価の安定が実現すると考えられているので、不況や失業が発生する原因は、経済システムの外部からの攪乱によって市場の自由なはたらきが妨げられることにあるとされる。たとえば、労働組合の強硬な賃金要求によって賃金が高止まりする場合や、政府が誤った経済政策をとる場合などである。しかしながら、不況や失業というのは昔も今も多くの人々を悩ませている問題であるし、20世紀以降にかぎっても、1930年代の大不況、1970年代の経済停滞、そして2000年代末の世界金融危機と、資本主義経済はしばしば深刻な経済危機に見舞われてきた。これらの危機を単なる外的攪乱によって説明することは難しい。やはり、資本主義経済には不安定性を生み出すような本質的欠陥があると考えるべきではないだろうか。このような資本主義経済に内在する欠陥をとらえることのできる経済学が必要とされている。

また1980年代以降の先進資本主義諸国においては、「小さな政府」の実現を唱え、経済問題の解決を市場のはたらきに委ねる**新自由主義**（neoliberalism）の路線が経済政策運営の基調とされるようになった。このような政策路線にもとづき、規制緩和と民営化、福祉支出の削減、富裕層向けの減税、労働組合の弱体化政策などが推し進められた結果、所得格差と貧困の問題が世界各国において深刻なものとなっている。新古典派経済学では、たがいに利害対立のない同質的な諸個人から社会が構成されていると考えるので、なぜ資本主義経済において所得と富の不平等が生まれるのかについての説明はいきおい不十分なものとならざるをえない。また、不平等について何らかの説明が与えられる場合にも、不平等の存在それ自体が正当なものとして容認されることになりがちである。所得格差の是正を求める声が世界各国で高まるとともに、新自由主義政策の限界が叫ばれる今日、代替的な経済政策とその理論的基礎を構築することが経済学の重要課題となっている。

3．新古典派経済学と政治経済学

この節では、新古典派経済学と対比しながら、政治経済学の特徴がどこにあるのかについて解説する。図序-1に見られるように、政治経済学の流れに属する学派としては、ポスト・ケインズ派、マルクス派のほか、それらの影響を受けて生まれたアメリカ・ラディカル派やフランス・レギュラシオン派などがある。これらの学派はいずれも、資本主義経済は利害を異にする社会諸集団から構成され、それらの諸集団のあいだには非対称な権力関係が介在しているという考え方を共有している。

(1) 資本主義経済における権力の作用

たとえば、使用者と労働者のあいだで取り結ばれる雇用関係について考えてみよう。労働者は、職を失うと生活を維持することができなくなる。このため使用者は、解雇の脅しを用いることによって労働者を熱心に働かせることができる。これに対して労働者は、会社を辞職するという脅しを用いたとしても、賃上げの要求を使用者に飲ませることはできない。使用者の側では要求を拒んでその労働者を解雇し、代わりに現在は失業しているほかの労働者を雇うことができるからである。したがって、自らの利益を増進するために行動するよう命令を下すことができるという意味において、使用者は労働者に対して**権力**（power）をもつと言うことができる。こうした権力関係は、労働市場における使用者と労働者のあいだだけでなく、経営者市場における株主と経営者のあいだや、資本市場における貸し手と借り手のあいだなど、たがいに利害を異にするさまざまな集団のあいだでも作用している。

このように資本主義経済のいたるところに見出される利害対立や権力関係の作用に分析の光を当てようとするアプローチを「政治経済学」と呼ぶのである。その見方は、新古典派経済学と著しい対照をなしている。新古典派の理論では、富の生産、資源配分、所得分配などの経済的結果が市場における人々の自発的な取引を通じて決定されると考え、経済理論から権力の作用を排除しているからである。政治経済学の理論は、政治と経済の双方の問題を扱うことを目的としているのではないし、政治と経済の関係について論じるのでもない。そうではなく、権力や支配など、資本主義経済の内部における政治的要因のはたらきを明らかにしようとするのである。

したがって、この場合に「ポリティカル・エコノミー」という用語が意味するところは、19 世紀におけるものとは異なっている。すでに述べたように、19 世紀には「ポリティカル」は「国家の」という意味で用いられており、とくに政治的な要因が重視されていたわけではない。そのため「ポリティカル・エコノミー」は単に「経済学」と訳されたし、それが適切な訳語でもあった。これに対して、「エコノミクス」という用語が完全に定着した今日、非正統派の経済学者たちが「ポリティカル・エコノミー」という古風な名称をあえて名乗るのは、自らの理論が階級対立や所得分配などの政治的要因に光を当てたものであることを強調すると同時に、権力関係の作用を閑却した伝統的な経済学とは異なる理論が存在するのだということを広く世に知らしめるためである。このような事情を考慮するならば、非正統派の経済学の流れを指す際には、この語を「政治経済学」と訳すことが妥当であろう。

(2)　二つのアプローチの相違点

以上の議論を踏まえたうえで、新古典派経済学と政治経済学の相違点につ

表序-1　新古典派経済学と政治経済学の相違点

	新古典派経済学	政治経済学
権力の作用	存在しない	主要な課題となる
分析の方法	個人主義、原子論	全体論、有機体論
分析の焦点	交換、配分、稀少性	生産、成長、豊富
経済政策の考え方	自由な市場が望ましい	政府介入が必要である

出所）Lavoie, M., *Post Keynesian Economics: New Foundations*, Cheltenham: Edward Elgar, 2014, p. 12, Table 13 をもとに大幅な修正を加えている。

いてさらに詳しく見ていくことにしよう。ここでは、(1) 分析の方法、(2) 分析の焦点、(3) 経済政策の考え方、の三つの側面を取り上げる。表序-1に見られるように、これら二つのアプローチはあらゆる側面において対照的な見方をとっている。以下で、順番に検討していこう。

第一の相違は、分析の方法に関するものである。新古典派経済学者は、個人の嗜好やニーズが周囲の人々からの影響を受けることはなく、このような意味で原子論的な諸個人から社会が構成されると考える。最適化行動をとる自立的な個人のレベルから分析を始めるべきであり、経済全体の結果は個別主体の行動の単なる集計にすぎないと見る新古典派経済学の考え方は**方法論的個人主義**（methodological individualism）と呼ばれる。これに対して政治経済学のアプローチは、個々人にとっては正しい命題も社会全体にとっては必ずしも当てはまらないという**合成の誤謬**（fallacy of composition）が存在することに注目する。個々人が貯蓄を増やそうとして消費を切り詰めても、経済全体では所得が減少する結果、貯蓄の額は変化しないという「節約の逆説」が、その代表的な例である。社会を構成する諸個人のあいだには複雑な相互依存関係があるために、社会の各部分の総和が全体に等しくなるとは限らないのである。このような社会の見方を**全体論**（holism）あるいは**有機体論**（organicism）という。

第二の対立点は、分析の焦点をめぐるものである。イギリスの新古典派経済学者であるロビンズ（Lionel Robbins）は『経済学の本質と意義』（1932年）において、「経済学とは、代替的用途をもつ稀少な手段と目的との間にある関係性としての人間行動を研究する科学である」と定義した[4)]。すなわち、経済学とは稀少な諸資源の効率的な配分を考える学問であるとみなしたのである。しかしこの定義は、財の稀少性が経済の動向を規定すると考える新古典派理論についてしか当てはまらない。たしかに、すべての生産資源が完全に利用されているときには、それらの資源は稀少となる。このときには、より多くの商品を生産することよりも、現存の資源をより適切に利用することのほうが重要な経済問題となる。これとは対照的に政治経済学のアプローチは、現存する資源がどのていど利用されているのかに大きな関心をもつ。現実の経済においては、遊休設備や失業が存在しているのが通常の状態であり、このような意味において資源は稀少ではない。この場合、資本設備や労働などの資源を効率的に配分するよりも前に、それらの利用度を引き上げて、生産を拡大することのほうが重要である。すなわち、新古典派経済学が稀少性の世界の研究プログラムであるとすれば、政治経済学は豊富の世界の研究プログラムである。ただしケインズが述べたように、資本主義経済においては、しばしば有効需要の不足によって「豊富のなかの貧困」という逆説的な現象が生じる。

このような問題関心の差異は、市場と国家の役割に対する見解の相違によって生じるものである。したがって第三に、経済政策の考え方をめぐる相違について考察する必要がある。大多数の新古典派経済学者は、市場の自己調整的なはたらきに信頼を寄せており、それゆえ国家の介入は最小限にとどめることが望ましいと主張している。また彼らは、もし競争や情報の面における不完全性を市場から取り除くことができるならば、価格の伸縮的な変化を通じて経済が完全雇用状態に導かれるにちがいないと考えている。他方で政治経済学の流れを汲む理論家は、市場機構の効率性と公平性に対して強い疑念をもっている。すなわち自由放任の資本主義には、失業や所得格差などの経済的弊害を生み出す傾向が内在していると考える。さらに彼らの見方によると、伸縮的な価格は経済を安定化させるよりも、むしろ不安定化させる可能性が大きい。したがって国家は、市場を規制するとともに総需要を管理

4）L. ロビンズ『経済学の本質と意義』（小峯敦・大槻忠史訳）京都大学学術出版会、2016 年、17 ページ。

して、経済の安定化をはからなくてはならない。

このように、今日においても経済学にはいくつかの異なる理論が存在している。さまざまな経済理論を学ぶことによって、それぞれの理論の長所と短所について自分なりに理解することができるだろうし、また資本主義経済の諸問題を広い視野から捉えることができるようになるだろう。やがて経済学をあるていど専門的に学習する段階になると、いずれか特定の理論にもとづいて各自の研究を進めていくことになるであろうが、最初から特定の理論だけしか勉強しないというのではなく、さまざまな理論について広く学んだうえで、自分自身の考えに合う理論を選ぶことが大事である。経済や社会についての多様な見方を学ぶことは、今後の学習においても何かにつけて役に立つにちがいない。

この章のまとめ

1. 経済学とは、さまざまな経済現象の根底ではたらいている力を明らかにし、経済社会の基本的運動法則の解明をめざす学問である。その究極的な目的は、失業や貧困、不平等、物価の変動といった数多くの経済問題の解決をはかることにある。
2. 経済学者は、経済統計にもとづく検証を手がかりとしながらも、自らの思考力や価値判断を用いて理論モデルを選択する。その結果、いつの時代においても複数の異なる経済理論が存在することになる。
3. 現代の経済学には二つの大きな流れが存在する。すなわち、資本主義経済が本来的に自己調整的で安定的なシステムであると考える「新古典派経済学」と、資本主義経済の矛盾や不安定性に注目する「政治経済学」である。
4. 政治経済学のアプローチは、利害対立や権力関係の作用など、資本主義経済の内部における政治的要因の作用に分析の光を当てる。また、市場機構の効率性と公平性に対して強い疑念をもっている。したがって国家は、市場を規制するとともに総需要を管理して、経済の安定化をはからなくてはならないとされる。

第1章

経済学の基礎概念

この章で学ぶこと

序章でも見たように、現代の経済学には複数の異なる学派が存在している。そして各学派は、それぞれに独自の用語や概念を用いてたがいに異なる理論を展開している。しかしながら、資本主義経済という同じ対象を扱っている以上、各学派にほぼ共通する基本的な用語や概念も存在する。この章では、学派にかかわらず、経済学を学んでいくうえで知っておくべき基礎概念について解説する。とはいえ、多くの点で微妙な違いもなお存在するので、政治経済学に独自の視点や方法についても必要に応じて説明する。

1．市場と経済主体

(1) 市場

あらためて言うまでもなく、資本主義経済とは市場における自由な商品の取引に基礎をおく経済システムである。市場には、(1) 生産物市場、(2) 生産要素市場、(3) 金融市場、の三つがある（図1-1を参照)。

まず**生産物市場**とは、さまざまな財やサービスを取引する市場のことである。このうち財とは、テレビ、自動車、米、パン、衣服などの有形の商品のことである。これに対してサービスとは、電車による輸送や医療・教育・散髪など、物質的なかたちをもたない無形の商品のことを指す。市場を通じた商品の取引は、人類の歴史において古くから行なわれてきた。資本主義経済の特徴の一つは、労働・土地・貨幣など、ほんらい販売するために生産され

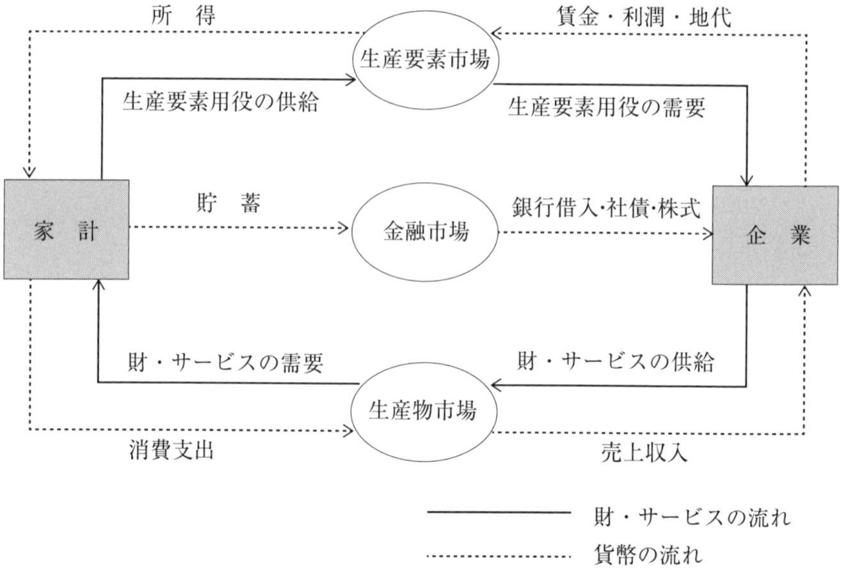

図 1－1　経済の循環

た商品ではないものが、生産物市場における商品と同様に売買されている点にある。

生産要素市場とは、**労働・土地・資本**という生産要素の用役が取引される市場のことである（生産要素それ自体が売買されるのではない）。労働・土地・資本の所有者をそれぞれ労働者・地主・資本家と呼ぶ。労働者は、労働サービスの提供に対する対価として、**賃金**というかたちで報酬を受け取る。労働サービスを取引する市場が労働市場である。地主は、土地の提供に対して**地代**を受け取る。工場や機械などの生産設備を所有する資本家は、それらの設備の提供に対する見返りとして**利潤**を受け取る。

金融市場とは、金融資産を取引する市場のことである。一口に金融資産と言っても、それらのなかには、現金・銀行預金・国債・社債・株式など、実に多種多様なものがある。一般に経済学では、これらの資産は貨幣と債券の二つに分類される。**貨幣**には、**現金通貨**と**預金通貨**が含まれる。貨幣というとき、われわれがすぐに思い浮かべるのは、100 円硬貨や 1 万円札などの硬貨や紙幣であろう。これらの硬貨と紙幣をあわせて「現金通貨」と呼ぶ。われわれは、現金通貨を用いて自由に財やサービスを購入することができる。しかしながら、現金通貨だけがこのような特徴をもつのではない。銀行預金をもっていれば、いつでも銀行からそれを引き出して現金に換え、財やサービスを買うことが可能である。また口座振替によって電話・電気・ガスなどの公共料金の支払いを行なうこともできるし、クレジット・カードで買い物をすることもできる。当座預金口座をもつ企業であれば、手形や小切手を振り出すことによって支払いを行なうことが可能である。このように、普通預金や当座預金などの「預金通貨」も現金通貨と似た性質をもつため、貨幣とみなすことができるのである。そして国債・社債・株式など、貨幣以外の金融資産をすべて一まとめにして**債券**と呼ぶ。

ここから理解できるように、貨幣の特徴は、さまざまな財やサービスと容易に交換することができるということである。貨幣のもつこのような性質のことを**流動性**という。さらに貨幣は、予想収益率は小さいが相対的に安全な資産であるという特徴をもつ。これに対して債券の特徴は、貨幣とはちょうど反対となる。第一に、債券を財やサービスと交換することはできないので、その流動性は低い。第二に債券は、予想収益率は大きいが相対的に危険な資産である。たとえば100万円の株式をもっている場合、株価が上昇すれば大きな収益を手にすることができるが、株価が下落したときには損失を被ることになる。他方で100万円を貨幣で保有する場合には、収益はほとんど期待できない半面、損失を避けることが可能となる。

金融市場とは、これらの金融資産の取引を通じて、お金の貸し借りが行なわれる市場である。手元に余裕資金のある家計は、それを銀行に預金したり、あるいはその資金で社債や株式を購入したりするだろう。これに対して資金の不足する企業は、銀行から資金を借り入れたり、あるいは社債や株式を発行したりして資金を調達する。このようにして、貸し手から借り手に資金が流れていくことになる。

(2) 経済主体

これらの市場において活動する人々や組織のことを**経済主体**という。経済主体には、家計・企業・政府の三つがある。

家計は、労働・土地・資本などの生産要素を企業に提供し、その見返りとして賃金・地代・利潤を所得として受け取る。さらに家計は、こうして得られた所得の一部で企業が生産した財やサービスを消費し、その残りを貯蓄に充てる。ただし家計といっても、いくつかの異なる類型が存在し、それらの経済行動はたがいに大きく異なっている。労働者の家計では、賃金所得の大部分を消費に充て、貯蓄に充てる部分はさほど大きくないだろう。これに対して相対的に裕福な資本家の家計は、労働者よりも多額の消費を行ない、なおかつ多くの貯蓄を行なうゆとりがあるものと考えられる。また企業の所有者である資本家が、生産量や生産物価格に関する意思決定を行なう能動的な主体であるのに対して、労働者の果たす役割はかなり受動的なものである。

企業は、生産活動を担う経済主体である。すなわち、資本家の手元資金と金融市場で調達した資金を用いて各種の生産要素用役を購入し、商品を生産する。そして、それらの商品を生産物市場で家計および他企業に向けて販売することによって売上収入を得ることができる。売上高から賃金・地代・利子・原材料費などの生産に要したすべての費用を差し引いた残りを、企業の所有者である資本家が利潤として取得する。

図 1 - 1 には描いていないが、今日では**政府**も経済主体として大きな役割を果たしている。ほとんどの先進資本主義諸国では、一国全体の財・サービス需要の 3 分の 1 から半分程度を政府支出が占めている。政府は、**租税**と**国債発行**によって資金を調達し、それをさまざまな政府支出に充てる。たとえば、道路・橋・ダムの建設などの公共投資を行なうほか、公務員に対する給与の支払いや、外交・防衛・司法・警察などの運営に必要な費用の支出を行なう。公共投資を除いたこれらの支出を政府消費という。さらに政府は、家計に対して社会保障給付などの移転支出を行なう。

現実の資本主義経済は、これよりももっと複雑である。たとえば、株式会社制度が発達した20 世紀以降の資本主義においては、とくに大企業の場合、所有者（すなわち株主）と経営者が異なっていることが普通である。このことを**所有と経営の分離**という。すなわち株主は日常の企業経営には関与せず、経営に関する重要な意思決定を専門の経営者に委ねている。また今日では、労働者が株式を購入・保有することもごく一般的なこととなっている。このため、マルクス（Karl Heinrich Marx）が観察していた19世紀の資本主義とは異なり、誰が資本家で誰が労働者なのかが必ずしも明らかではない。

とはいえ、大企業の経営者や役員は、自社の株式をほとんどもっていないか、もっていても株式全体に占める割合はきわめて小さいにもかかわらず、生産手段の運用と管理に関する決定を行なう権限をもち、また使用者として労働者を指揮・監督する立場にある。中小零細企業の場合には、今日でも、その経営者は同時に所有者であることが多い。したがって、これらの経営者や役員を資本家とみなすことができる。他方で、労働者が株式を保有していたとしても少額にすぎず、企業の重要な意思決定に影響を及ぼすことはできない。意思決定の権限に関して言えば、今日においても、資本家と労働者のあいだには大きな隔たりが存在しているのである。また当然予想されるように、資本家の所得は、労働者に比べると概して高い水準にある[1)]。

このように、家計にはいくつかの異なる類型が存在する。そして、それらの機能と性格はそれぞれに異なっているので、資本主義経済の動態を読み解いていくうえでは、それらの主体のあいだの違いや相互関係に注意を払いながら分析を進める必要がある。たとえば、生産活動に関する意思決定を行なうのは資本家であるから、一国経済全体の活動水準やその変動について考察するさいには、資本家の行動に注目しなくてはならない。また資本家と労働者のあいだでどのように所得が分配されるのかは、両者の力関係にも依存するだろう。さらに上で述べたように、資本家と労働者とでは消費や貯蓄に関する行動のあり方が異なっているので、両者のあいだでの分配関係の変化は、

1）現代日本の階級構造については、橋本健二『新・日本の階級社会』講談社現代新書、2018年を参照されたい。同書では、非正規労働者という「アンダークラス」の登場によって、今日の日本が従来とは異なる「新しい階級社会」としての性格を強めつつあると論じられている。

消費や貯蓄の水準の変化をもたらし、ひいては個々の企業の生産量や、経済全体の活動水準にも影響を及ぼすことになるだろう。

実際の資本主義社会は、資本家と労働者という二つの階級にきれいに分かれているわけではないにしても、たがいに利害を異にし、それぞれに機能や性格も異なる複数の集団から社会が構成されていることは間違いのないところである。したがって理論モデルを構築するうえで、利潤というかたちで所得を得ている**資本家**と、賃金所得によって生計を立てている**労働者**の二つの階級から社会が構成されるという仮定を設けることは、議論を単純化するための便宜としては概ね妥当なものであろう。さらに分析の目的に応じて、企業の所有者と経営者を区別したり、あるいは資本家を貨幣資本家と産業資本家の二つに分割したりすることも可能だろう。

2．ミクロ経済学とマクロ経済学

経済学の理論は、その分析の視点や方法の違いから、ミクロ経済学とマクロ経済学の二つの分野に分けられる。文字どおり、ミクロ経済学がミクロ的（微視的）な視点から経済活動の仕組みを分析するのに対して、マクロ経済学はマクロ的（巨視的）な視点から経済の動きを捉えようとする。たとえて言えば、経済という森の様子を調べようとするさい、ミクロ経済学が「虫の目」で森の木の一本一本をつぶさに観察するのに対して、マクロ経済学では「鳥の目」で森全体を俯《ふ》瞰《かん》するという違いがある。

ミクロ経済学は、家計や企業という個別の経済主体の活動について分析する。家計の場合には、自らの効用（満足度）を最大化するため、一日のうちのどれだけの時間を労働に充てるのか、労働の対価として得られた賃金のうちのどれだけを消費に充てるのか、そして消費を行なうにあたっては何をどれだけ購入するのか、という選択に直面することになる。企業にとっては、どの生産要素をどれだけ用いて、どのような生産物をどれだけ生産すれば利潤を最大化することができるのかが重要な問題となる。こうした個別の経済主体の行動の仕組みを明らかにしたうえで、さまざまな財やサービスの価格や生産量が市場機構のはたらきを通じてどのように決まるのかを考察するのがミクロ経済学である。したがってミクロ経済学では、個別企業の生産量や雇用量、特定の財やサービスの価格（生産要素用役の価格を含む）などの変数が分析の対象となる。すなわち、稀少な資源の効率的な配分を達成するうえで、市場機構がどのような役割を果たすのかを解明することがミクロ経済学の課題となる。

これに対して**マクロ経済学**は、一国経済全体の動きを研究の対象としている。すなわち、経済全体の生産・雇用・物価の水準がどのようにして決まるのかを分析する。したがって、個々の企業の生産量や雇用量、あるいは個々の生産物の価格ではなく、それらを集計したマクロ経済変数の動きや、諸変数のあいだの連関について考察することになる。主要なマクロ経済変数には、国内総生産（GDP)、経済成長率、インフレ率、失業率などがある。これらの変数の分析を通じて、国内総生産を決定する要因は何か、インフレーションやデフレーションが発生するのはなぜか、景気の変動や経済成長はどのような仕組みで起こるのかなど、一国経済全体にかかわる問題を明らかにしようとする。そのうえで、高い雇用水準を実現するとともに物価を安定させるためにはどのような方策が必要とされるのかについて考える。

経済理論がミクロ経済学とマクロ経済学の二つから成っているのは、新古典派経済学でも政治経済学でも同じである。ただしミクロ経済学とマクロ経済学の関係については、両者のあいだで見方が異なっている。新古典派経済学では、ミクロの分析から出発し、マクロの結果は単にその集計にすぎないと考えられている。これに対して政治経済学のアプローチは、個人や集団のあいだには複雑な相互作用が存在するので、ミクロの集計がそのままマクロに等しくなるとはかぎらないと主張する。

今日の主流派マクロ経済学では、マクロ経済学の「ミクロ的基礎づけ」が重視されており、マクロ経済学の理論は、経済主体の最適化行動に基礎をおくものでなくてはならないとされている。すなわち、効用最大化や利潤最大化という最適化行動をとる代表的な家計や企業を想定し、マクロ経済の動きはそれらの経済主体の行動を「相似拡大」することによって理解することができると考えるのである。こうして今日の新古典派経済学においては、マクロ経済学はミクロ経済学の応用部門の一つにすぎないとみなされている[2)]。

しかしながら、経済の各部分の総和が全体に等しくなるという見方は、現実の経済には必ずしも当てはまらない。序章第3節（2）でも述べたように、社会や経済においては、しばしば**合成の誤謬**と呼ばれる現象が発生するからである。たとえば、映画館で映画を鑑賞しているとき、自分の前に座っている人の頭が邪魔になってスクリーンがよく見えない場合、椅子から立ち上がれば、よく見えるようになるだろう。しかしながら、観客の全員がいっせいに立ち上がれば、元の状態とまったく変わらないことになる。一人ひとりの観点から見れば理にかなった行動であっても、それが集団全体にとって好ましい結果をもたらすとは限らないのである。このような経済現象の代表的な例として「節約の逆説」があることは、すでに見たとおりである。

ミクロの積み重ねがマクロにならないのだとすれば、マクロ経済の現象を説明するためには、ミクロ経済学の理論とは別個の理論が必要とされることになる。政治経済学においては、マクロ経済学とミクロ経済学は、たがいに影響を及ぼしあいながらも、それぞれが相対的に独立した並列的な関係にあるとみなされている。ただし、これまで政治経済学の研究においては、マクロ経済の分析に重きがおかれてきた一方で、ミクロ経済学的な分析がやや手薄であったことは否めない。

３．国民所得の諸概念

(1) フローとストック

マクロ経済学の基礎的な概念にフローとストックがある。図1-2にもとづいて説明しよう。ここに描かれているのは水槽である。この水槽には注水口から水が流れ込むとともに、底にある排水口から水が流出している。水槽

2）主流派マクロ経済学の現状とその問題点については、吉川洋『デフレーション——“日本の慢性病”の全貌を解明する』日本経済新聞出版社、2013年、213-221ページにおいて平易な解説があたえられている。

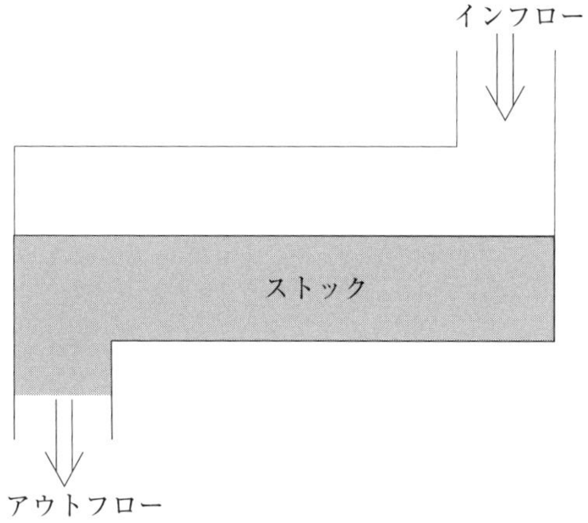

図１－２　フローとストック

に流入する水が**インフロー**であり、流出する水が**アウトフロー**である。両方を差し引きしたものが一定期間内（たとえば１分間）におけるフロー量となる。これと同様に、一定期間内（たとえば１年間）に行なわれた経済活動の成果を表わす変数を**フロー変数**という。フロー変数の例としては、GDP、消費、投資、貯蓄、経常収支などがある。他方で、ある一時点において水槽のなかに貯まっている水がストック量である。このように、過去からの経済活動の成果の蓄積を示す変数を**ストック変数**という。資本ストック、国債残高、貨幣供給量、土地、株式などがここに含まれる。

投資と資本ストックを例にとって、フローとストックの関係についてもう少し詳しく説明することにしよう。**資本ストック**とは、企業が保有する建物・工場・機械・生産設備・在庫などのことである。**投資**とは、一定期間における資本ストックの増加と減少のことを指す。言い換えるならば、企業が工場を建設したり、新しい生産設備や機械を購入したりする活動のことを投資と呼ぶのである。これがインフローに当たる。それと同時に、建物や機械は生産に使用されることによっていくらか摩耗するだろう。このことを**固定資本減耗**と呼び、これがアウトフローに当たる。現在時点での資本ストックの量は、過去から現在にいたるまでの企業の投資活動（および固定資本減耗）

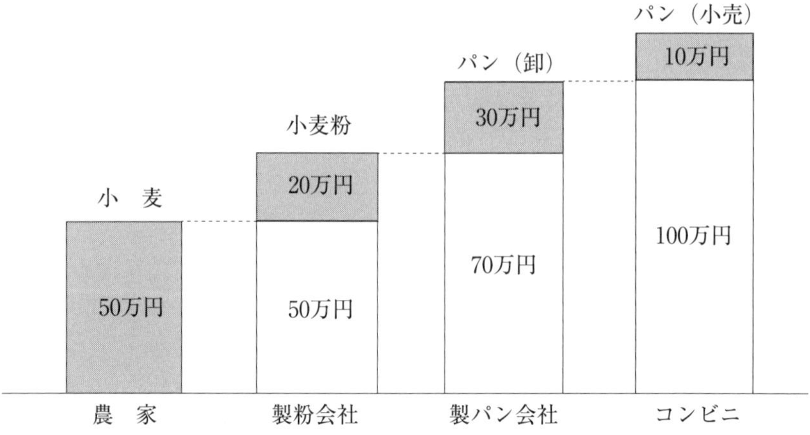

図１－３　付加価値と最終生産物価値

の蓄積によって決まることになる。また一定期間内の資本ストックの増加は、**粗投資**（一定期間内に企業が行なったすべての投資）から固定資本減耗を差し引いた**純投資**に等しい。

(2) GDPとは何か

一国の経済活動の規模を測る代表的な指標が**国内総生産**（Gross Domestic Product: **GDP**）である。それは、「ある国において１年間に生産された財・サービスの付加価値の総額」と定義される。**付加価値**とは、生産活動において新たに生み出された価値のことであり、その値は、財やサービスの生産額から原材料などの**中間生産物**の投入額を差し引くことによって求められる。一国経済の全体像を体系的に記録したマクロ経済統計を**国民経済計算**と呼び、日本では内閣府が作成にあたっている。以下では、国民経済計算の作成基準についてごく簡単に説明する。

ここで、図１－３に示されるようなパンの生産・販売過程について考えてみよう。まず農家が50万円の価値の小麦を生産する（小麦の生産には原材料は必要ないものと仮定する）。次に、その小麦を製粉会社が50万円で仕入れて加工し、70万円分の小麦粉を生産する。さらに製パン会社がその小麦粉を70万円で仕入れ、それを原料として100万円の価値に等しいパンを生産する。

そして最後に、コンビニがそのパンを仕入れて110万円分のパンを消費者に販売する。この場合、農家で50万円、製粉会社で20万円、製パン会社で30万円、コンビニで10万円の付加価値がつくり出されている。したがって、これらの付加価値を合計すると110万円となる。このようにして生み出される付加価値を、国内のすべての生産物について合計したものがGDPである。この図からも明らかなように、付加価値の合計は**最終生産物**の価値に必ず等しくなるので、GDPとは国内における最終生産物の価値の総額であると定義することもできる。

GDP統計で付加価値のみを計上するのは、二重計算や三重計算を避けるためである。たとえば、小麦粉の価値のなかにはすでに小麦の価値が含まれているし、パンの価値のなかには小麦粉の価値が含まれているので、各企業の生産額をそのまま単純に合計すると、それらを何回も重複して計算することになってしまう。このようなことを避けて、経済活動の規模を正確に測定するために、付加価値のみを計上するのである。ただし、何が中間生産物で何が最終生産物であるのかは、生産物の物質的な特性によってあらかじめ決まっているわけではない。たとえば石油は、工場の燃料として使用されれば中間生産物となるし、家庭の暖房用に使用されれば最終生産物となる。

GDP統計はその年に生み出された付加価値のみを計上するので、土地や株式などのストックの取引による収入は計上されないことになる。それらの取引によって新たな価値が生み出されるわけではないからである。同じ理由で、新車の売上はGDPに計上されるが、中古車の売上は計上されないことになる。ただし、土地の取引にともなう手数料は、不動産会社が提供した仲介サービスに対する対価としてGDPに含まれることになる。これと同じく金融資産の取引の場合も、金融機関が得た手数料はGDP統計に含まれる。中古車の売買についても、販売店の手数料収入はGDPに含まれる。

またGDP統計は、原則として市場で取引された活動のみを計上する。したがって、主婦の家事労働や学生のボランティア活動などは含まれないことになる。他方で、主婦の家事労働とまったく同じ内容の労働であっても、家政婦を雇って行なってもらえば、その賃金はGDPに含まれる。また麻薬の取引などの非合法な活動はGDPには含まれない。

なお生産活動によって付加価値が生み出される際にも、それと同時に生産過程では機械や建物などの資本ストックの減耗が生じ、その分の価値が失われている。こうした資本ストックの減耗分が固定資本減耗である。したがって、1年間につくり出された生産物の価値を正しく測定するためには、GDPから固定資本減耗を差し引かなくてはならない。そのような概念が、**国内純生産**（Net Domestic Product: **NDP**）である。しかしながら、どれだけの固定資本減耗が生じたのかを短期間で正確に把握することはきわめて困難であるため、一国の経済活動の成果を測定する指標として、多くの場合にはGDPが用いられている。GDPとは付加価値の総額として定義されると先に述べたが、厳密に言えば、固定資本減耗を含む粗付加価値の総額であるということになる。

(3) 三面等価の原則

ここまでは、生産活動によって生み出された付加価値の合計として、GDPを生産面から捉えてきた。しかし、付加価値は必ず家計・企業・政府のいずれかの部門に分配されて所得となり、さらにその所得は必ず何らかのかたちで支出されるはずである。したがってGDPは、生産面だけでなく、分配面および支出面からも捉えることができる。

まず分配面について見ることにしよう。分配面から見たGDPは**国内総所得**（Gross Domestic Income: **GDI**）と呼ばれ、次のように表わされる。

GDI ＝雇用者報酬＋営業余剰・混合所得＋固定資本減耗＋生産・輸入品に課せられる税－補助金

こうして、企業の生産活動によってつくり出された付加価値はいずれかの主体に分配され尽くすので、GDIはGDPに必ず等しくなる。ここで「雇用者報酬」とは、労働者が受け取る賃金・報酬のことである。企業の所有者ではない専門の経営者が受け取る報酬もここに含まれる。したがって、大企業の経営者や役員など「資本家」の所得の多くも、国民所得統計のうえでは雇用者報酬として計上されていることになる。「営業余剰・混合所得」とは企業の利潤のことであり、このなかには利子や地代の支払いに充てられる分も含まれる。なお混合所得とは、個人企業の得ている事業所得のことを指す。農家などの個人企業の所得は、労働所得としての性格と資本所得としての性格をあわせもっているため、その所得は混合所得と呼ばれるのである。さらに「生産・輸入品に課せられる税－補助金」は、付加価値のうち政府部門に対して分配される部分である。なお所得税や法人税などの直接税は、雇用者報酬と営業余剰・混合所得のなかから支払われることになる。

次に、分配されたGDPがどのように使われるのかについて見ていこう。支出面から見たGDPは**国内総支出**（Gross Domestic Expenditure: **GDE**）と呼ばれ、次のように表わされる。

GDE ＝民間最終消費支出＋政府最終消費支出＋国内総固定資本形成
＋在庫品増加＋輸出－輸入

ここで「民間最終消費支出」とは家計と企業をあわせた民間部門の消費支出を、また「政府最終消費支出」とは政府部門の消費支出をそれぞれ指す。「国内総固定資本形成」は、民間の設備投資と住宅投資のほか、政府による公共投資も含んでいる。「輸出」は日本国内で生産された生産物に対する海外からの需要を、「輸入」は海外で生産された生産物に対する日本国内での需要を表わす。「輸出－輸入」の差額は純輸出と呼ばれる。ここで、企業が生産した生産物がすべて販売されずに、その一部が売れ残ったときにも、GDPとGDEは等しくなるのだろうかという疑問があるかもしれない。この場合には、企業の手元に在庫が積み上がることになるので、その分がGDEでは「在庫品増加」として計上されることになる。在庫の増加にも、企業が意図したものと意図せざるものがあるが、統計上はこれらを区別せずに在庫品増加として一緒に計上するのである。その結果、やはりGDPとGDEは等しくなる。

以上の議論によって、国内総生産＝国内総所得＝国内総支出、という関係が存在することが理解された。すなわち国民経済計算においては、GDPは生産・分配・支出のいずれの面から見ても等しくなる。このことを**三面等価**

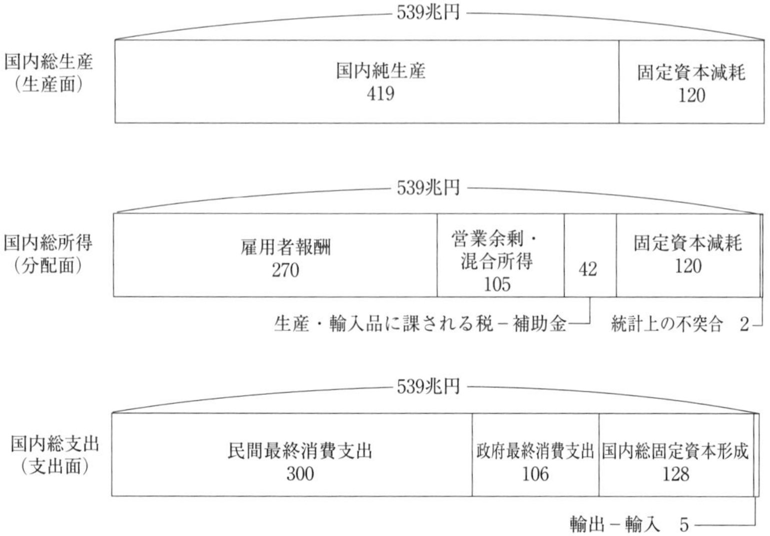

図１－４　日本経済の三面等価（2016 年度、単位：兆円）

出所）内閣府「国民経済計算」

の原則という。

さてここで、図１－４にもとづき、2016 年度の日本経済についても三面等価の原則が当てはまることを確認しておこう。まず生産面から見ると、日本の名目 GDP は 539 兆円で、そのうち固定資本減耗が 120 兆円と２割強を占めていることが分かる。したがって、固定資本減耗を差し引いた国内純生産（名目 NDP）は 419 兆円である。次に分配面について見ると、雇用者報酬が 270 兆円で全体の半分ほどを占めている。他方で企業の利潤にあたる「営業余剰・混合所得」は 105 兆円で２割程度である。支出面に目を転じると、民間最終消費支出が 300 兆円と全体の６割近くを占めている。民間消費は最大の需要項目なのである。これに対して民間部門と政府部門をあわせた投資は 128 兆円で、全体の２割強となっている。また純輸出の占める割合は小さく、在庫品増加はきわめてわずかであった。ともあれ、生産面・分配面・支出面のいずれから見ても名目 GDP は 539 兆円になり、それぞれの額が一致することが分かる。

(4) 名目 GDP と実質 GDP

GDP とは、1年間の粗付加価値（あるいは最終生産物の価値）の総額をその年の価格で評価したものである。その値は、国内で生産された最終生産物の数量にそれらの価格を乗じて合計することによって求めることができる。このようにして求められた GDP を**名目 GDP** と呼ぶ。容易に理解できるように、生産量が増えても価格が上昇しても名目 GDP は増加する。しかしながら、財やサービスの生産量がまったく変わらずに、それらの価格が上昇して名目 GDP が増加したとしても、そのことは国内の生産活動がその分だけさかんになったことを意味するわけではない。したがって、経済活動の水準がどれだけ変化したのかを正確に知るためには、名目 GDP の変化から価格変化の影響を取り除く必要がある。

物価の変動を考慮に入れた GDP を**実質 GDP** という。国民経済計算では、実質 GDP を求めるために、ある年を基準年として定め、基準年の価格を用いて GDP を再評価するという方法が採られている。たとえば基準年を 2010 年、比較年を 2015 年とすると、2015 年に生産された各々の最終生産物の生産量に、その年のそれらの価格を掛け合わせて合計したものが 2015 年の名目 GDP である。これに対して、それらの財・サービスの生産量に、2015 年時点の価格ではなく、基準年である 2010 年時点の価格をかけて集計したものが、2015 年の実質 GDP である。

名目 GDP を実質 GDP で割ったものは **GDP デフレーター**と呼ばれている。したがって、

$$\text{GDP デフレーター} = \frac{\text{名目GDP}}{\text{実質GDP}}$$

と表わされる。生産量一定のもとで一般物価水準が上昇すると、名目 GDP が増加する一方で、実質 GDP は変わらないので、GDP デフレーターの値は大きくなる。したがって、GDP デフレーターの動きを見ることによって物価の動向を把握することができるのである。2010 年を基準年とした場合、2010 年の名目 GDP と実質 GDP は等しくなるので、2010 年の GDP デフレーターはちょうど1となる。もしこれ以降に物価の上昇が続くならば、翌年以

降のGDPデフレーターはしだいに上昇していくだろう。このような方法で、ある年を基準年として定め、基準年の物価を1（または100）として、それとの比較で各年の一般物価水準を表わした指標を**物価指数**という。GDPデフレーターは、家計消費だけでなく、設備投資や公共投資なども対象とする包括的な物価指数である。このほかに、よく用いられる物価指数として、消費財を対象とする「消費者物価指数」や、企業間で取引される商品を対象とする「企業物価指数」などがある。

このように経済データを見るさいには、**名目値**と**実質値**を区別する必要がある。実質値とは名目値を物価指数で割ったものである。すなわち、

$$実質値=\frac{名目値}{物価指数}$$

である。たとえば、異なる時点での賃金水準を比較するさいには、物価変動の影響を取り除く必要があるため、貨幣単位で表示された名目賃金を物価指数で割った実質賃金で評価しなくてはならない。

4．需要と供給

この節では、市場において生産物の価格と取引量がどのようにして決まるのかを簡単に見ることにしよう。ここではパンの市場について考える。需要者である家計は、家計の所得や他財の価格などの他の条件が一定であるかぎり、パンの価格が安くなればなるほど多くのパンを購入するだろう。図1-5の曲線*DD*は、パンの価格とその需要量とのあいだに見られるこのような関係を表わしたものである。この曲線は**需要曲線**と呼ばれ、通常は右下がりとなる。これに対して供給者である製パン会社は、他財や原材料の価格などの他の条件が一定であるかぎり、パンの価格が高くなるほど、より多くのパンを生産するだろう。パンの価格と供給量のあいだのこのような関係を表わしたのが図1-5の曲線*SS*である。この曲線は**供給曲線**と呼ばれ、通常は右上がりとなる。

図1-5において需要量と供給量が等しくなるのは、需要曲線と供給曲線

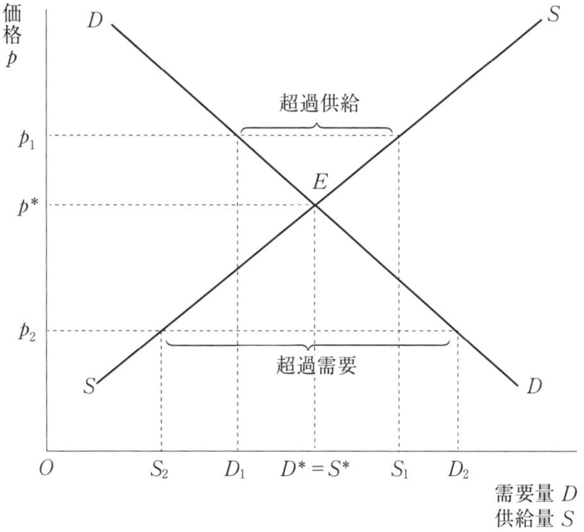

図1－5　市場均衡

の交点 E においてあたえられる価格 p^* においてだけである。すなわち価格が p^* である場合には、需要者が需要したいと望む量と、供給者が供給したいと望む量が等しくなる。このように、市場において需要と供給が等しい状態を**均衡**（equilibrium）と呼び、需要と供給の一致をもたらすような価格を**均衡価格**という。また均衡価格のもとで実現する取引量を**均衡取引量**という。

もし現実の価格 p_1 が均衡価格 p^* を上回るならば、供給量が S_1 であるのに対して需要量が D_1 となり、$S_1 - D_1$ だけの超過供給が生じる。このとき、製パン会社では売れ残りをなくそうとしてパンの価格を引き下げるだろう。これとは反対に、現実の価格 p_2 が均衡価格 p^* を下回るならば、需要量が D_2 であるのに対して供給量が S_2 となり、$D_2 - S_2$ だけの超過需要が生じる。この場合には、パンを買うことのできない需要者がより高い価格を提示してパンを手に入れようとするだろう。市場経済には、このようなかたちで経済を均衡に向かわせる力がはたらいていると考えられている。

均衡のもとでは、ちょうど消費者によって必要とされているだけのパンが生産されている。こうして家計や企業が、他の経済主体に関する情報をもたなくても、価格をシグナルとして行動することによって、効率的な資源配分が実現する。かつてアダム・スミスが述べたように、個々人の私的利益を追求する行動が、「見えざる手」に導かれるようにして社会全体の利益を増進する結果となるのである。

しかしながら現実の経済においては、このように市場がうまく機能するとはかぎらない。たとえば独占や寡占の状況のもとでは、生産が効率的に行なわれなかったり、生産量が最適な水準を下回ったりすることが知られている。市場機構が効率的な資源の配分を達成できないことを**市場の失敗**という[3]。さらに本書でこれから見ていくように、市場機構が正常に機能したとしても、それによって完全雇用が実現するとはかぎらないし、ましてや平等な所得分配が実現するという保証も存在しない。したがって資本主義経済においては、さまざまな経済問題の解決を市場の自由なはたらきに委ねておくことはできず、経済的な安定や公正を達成するためには政府の介入が欠かせない。

しかしその一方で政府は、多種多様な経済問題を解決するために必要なありとあらゆる知識や情報をもちあわせているわけではないし、また社会のなかの多様な利害を中立的な立場から調整してくれる公平無私な調停者でもない。経済政策の形成をめぐっては、資本家階級と労働者階級のあいだだけでなく、資本家階級の内部においても、大企業・中小企業間や産業間で利害の対立が存在するだろう。資本主義国家の経済政策は、こうした多数の社会諸集団のあいだの力関係を反映しながら策定されるので、その政策が社会全体にとって望ましい結果をもたらすとはかぎらない。市場と同じく、政府もまた失敗するのである。したがって政策介入のあり方を考えていくさいには、市場の有効性とその限界を冷静に見きわめたうえで、政府のなすべきことは何かを慎重に判断する必要がある。

3）「市場の失敗」についてはほとんどのミクロ経済学の教科書で説明されているので、詳しい議論を知りたい読者は、そちらを参照されたい。

この章のまとめ

1．資本主義経済における市場には、生産物市場・生産要素市場・金融市場の三つがある。市場において活動する経済主体には、家計・企業・政府の三つがある。さらに家計は、労働者の家計と資本家の家計に分類される。

2．経済学の理論は、ミクロ経済学とマクロ経済学の二つの分野から成る。ミクロ経済学は、家計や企業という個別の経済主体の活動について分析する。これに対してマクロ経済学は、一国経済全体の動きを研究の対象としている。

3．一国の経済活動の規模を測る代表的な指標が「国内総生産」（GDP）である。それは、ある国において１年間に生産された財・サービスの粗付加価値の総額と定義される。GDPは、生産・分配・支出のいずれの面から見ても等しくなる。

4．経済データを見るさいには、名目値と実質値を区別する必要がある。実質値とは名目値を物価指数で割ったものである。

5．市場において需要と供給が等しい状態を「均衡」と呼び、需要と供給の一致をもたらすような価格を「均衡価格」という。また均衡価格のもとで実現する取引量を「均衡取引量」という。

第2章

新古典派、ケインズ派、マルクス派の見方

この章で学ぶこと

経済学とは、理論モデルを用いてさまざまな経済現象を分析する学問である。この章では、現代の経済学における三つの主要な学派である新古典派・ケインズ派・マルクス派の理論モデルの基本的枠組みを紹介するとともに、それらのモデルの背後にある資本主義経済のビジョンがどのようなものであるかを明らかにする。とりわけ、セイ法則と呼ばれる命題に関するこれら三つの学派の見方について考察する。

1．セイ法則と新古典派の見解

(1) 新古典派の見解

すでに序章で見たように、新古典派経済学の見方によれば、失業や不況が発生する原因は、経済システムの外部からの攪乱によって市場の自由なはたらきが妨げられることにある。したがってそれらは一時的な現象にすぎず、市場機構のはたらきに委ねておけば短期のうちに完全雇用と物価の安定性が回復するとみなされている。市場における競争が完全雇用均衡への回帰をもたらすということを主張するために、新古典派経済学者たちは次の三つの見解を提示する。

第一に、生産物市場において生産物の供給が需要を一時的に上回ったとしても、そのような不均衡は価格機構のはたらきによって速やかに解消される。競争的な市場経済においては、生産物の超過供給が生じた場合、価格の下落

が生じて供給量が減少すると同時に需要量が増加するので、ふたたび需給が一致することになるだろう。

第二に、消費に充てられない所得（すなわち貯蓄）はすべて投資に充てられる。もし貯蓄が投資を上回るならば、貸し手のあいだの競争によって利子率が低下するので、貯蓄が減少して消費が増加すると同時に、企業の投資は貯蓄と等しくなるまで増加するだろう。その結果、消費と投資をあわせた支出は、生産物の供給量と必ず等しくなる。

第三に、生産物の超過供給が生じた結果、不況と失業が発生したとしても、その失業は一時的なものにすぎない。失業は労働者のあいだの競争を引き起こして賃金の水準を下落させるので、企業による労働需要が増加して完全雇用が回復するにちがいない。

もし生産物市場において一時的に超過供給が生じたとしても、このように生産物市場・貨幣市場・労働市場のそれぞれにおいて価格機構がはたらくことによって、経済はふたたび完全雇用均衡に回帰するというのが新古典派経済学者の見解である。したがって新古典派経済学者は、経済学の世界で古くから知られている**セイ法則**（Say's law）と呼ばれる命題を受け継いでいることが分かる。セイ法則とは、フランスの古典派経済学者であるジャン・バティスト・セイ（Jean Baptiste Say）が『経済学概論』（1803年）において提示した命題であり、一般にその考え方は「供給はそれ自らの需要をつくり出す」と表現されている。

すなわち、生産活動の結果として生産物が生産されると、生産物の価値に等しい所得が生み出される。その所得は、賃金・利潤・地代というかたちで各経済主体に分配され、すべてそれらの生産物を購入するために使われる。その結果、総所得が総生産物価値に等しくなるとともに、総供給は総需要に等しくなる。そうであるとすれば経済全体について見た場合、生産が拡大して生産物の供給が増加するときには、必ずそれに等しい需要が自動的に生み出されることになる。したがって、すべての生産物が同時に過剰になる状態である**一般的過剰生産**は起こりえないとされる。

このように、生産や雇用の水準は供給側の要因によって決定されるというのがセイ法則の考え方である。その考え方によると、人々が生産を行なうのは、自らが望むだけの財やサービスを購入するのに必要とされる所得を稼ぐためである。したがって、自らが生産した財を市場で売ることによって稼得された所得のすべては、他の人々によって生産された財を購入するために支出されるだろう。もし人々が従来よりも多くの所得を稼ぎたいと考えて、より多く働き、より多くの生産物を生産したときには、それらの生産物を購入するために十分な所得と需要がつくり出される。それゆえセイ法則の世界においては、過剰生産恐慌が起こりえないだけでなく、働く意思をもつ人は自らが望むだけ働くことができるので、非自発的な失業者も存在しないことになる。

新古典派経済学の理論は、価格・利子率・賃金などの変数が伸縮的に変化することを通じて需要と供給が自動的に調整され、その結果、資本主義経済においては完全雇用が通常の状態となることを主張する。したがって、新古典派の理論とはセイ法則をよりいっそう洗練したものであるとみなすことができる。以下では、ごく単純な新古典派の理論モデルを紹介し、ここで説明した新古典派経済学の考え方が、どのようにしてモデルというかたちで表現されているのかを見ていく[1)]。

(2) 新古典派モデル

①集計的生産関数

新古典派のモデルでは、一国全体での実質生産量（実質GDP）が、生産において利用された資本ストックと労働量の関数であるという**集計的生産関数**が用いられている。ただしここでは、議論を簡単にするために、生産に利用される資本ストックは一定であると仮定する。したがって、生産関数f^1は次の

1）本章の議論は、H.J. シャーマン・G.R. エバンズ『マクロ経済学――ケインジアン、マネタリスト、マルクス派の見解』（野下保利・原田善教・植村博恭訳）新評論、1989年（とくに第4・5章）を参考にしている。したがって、セイ法則およびその批判的分析について、さらに詳しい議論を知りたい読者は同書を参照してもらいたい。

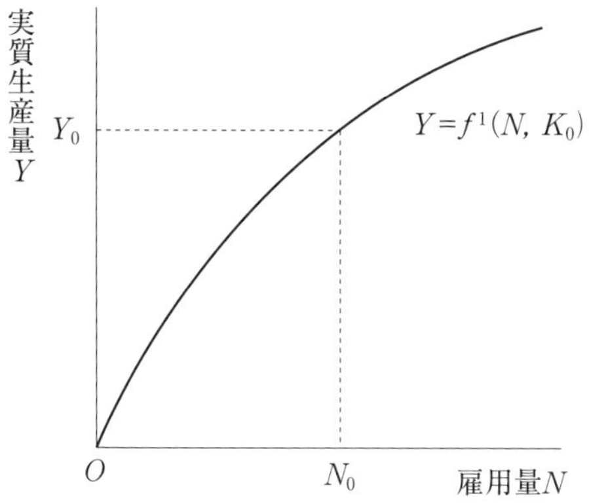

図２－１　集計的生産関数

ようになる。

$$Y=f^1(N, K_0) \tag{2-1}$$

ここでYは実質生産量、Nは雇用量、K_0は不変の資本ストックをそれぞれ表わす。図２－１に示されているように、雇用量の増加につれて生産量が増加するので、f^1は増加関数である。

②労働市場

雇用量は、労働供給関数と労働需要関数によって決定される。まず労働供給関数f^2は、次のように表わされる。

$$N^S = f^2(\omega) \tag{2-2}$$

ここでN^Sは労働供給、ωは実質賃金である。すなわち、家計の労働供給は実質賃金の増加関数である。これに対して労働需要関数f^3は、次のように表わされる。

$$N^D = f^3(\omega) \tag{2-3}$$

ただしN^Dは労働需要であり、それは実質賃金の減少関数である。ここで労働需要関数がどのようにして導かれるのか、もう少し詳しく説明することにしよう。新古典派理論では、企業は、**労働の限界生産物**（marginal productivity of labor: MPL）と実質賃金が等しくなるような雇用水準を選択するとされている。なぜなら、このときに利潤が最大となるからである。なお労働の限界生産物とは、雇用量１単位の増加に対する生産量の増加分の割合のことであり、雇用量の増加分をΔN、生産量の増加分をΔYで示すと、労働の限界生産物は$\Delta Y/\Delta N$と表わすことができる[2]。したがって、企業にとっての利潤最大化のための条件は、次のように書くことができる。

$$\omega = MPL(N_0) \qquad (2\text{-}4)$$

この式においてMPL（N_0）は、N_0の労働量が生産に利用されているときの労働の限界生産物を表わしている。

なぜ（2-4）式が成り立つときに企業の利潤が最大になるのかを、図２－２を用いて確かめてみよう。図２－２（1）は、図２－１の集計的生産関数と同じものである。雇用量の増加とともに生産量それ自体は増加するが、雇用量が大きくなればなるほど生産量の増加の度合いはしだいに小さくなっていくことが、この図から理解されるであろう。このことは、労働の限界生産物が、雇用量が小さい場合には大きいが、雇用量が大きくなるにつれて小さくなることを意味している。このように雇用量の増加とともに労働の限界生産物が減少していくことを、**労働の限界生産物の逓減**という。それが生じる理由は、生産設備が一定のもとで労働者の数だけを増やしていくと、工場の中が混雑して作業が滞ったり、一つの機械や道具を複数の労働者で共用することになったりして、生産効率がしだいに低下するためである。労働の限界生産物は、生産関数の接線の傾きとして表わされるので、雇用量と労働の限界生産物との関係を図に表わせば、図２－２（2）のような右下がりの曲線になる[3]。

ここで実質賃金が0.5単位のときに、どれだけの労働量が生産に利用されることになるのかを考えてみよう。図２－２（2）より、労働投入量が８単位

2）ここでΔはデルタと読み、変数の増加分を表わす。

3）言い換えるならば、労働の限界生産物は、生産関数を雇用量Nに関して偏微分することによって求めることができる。

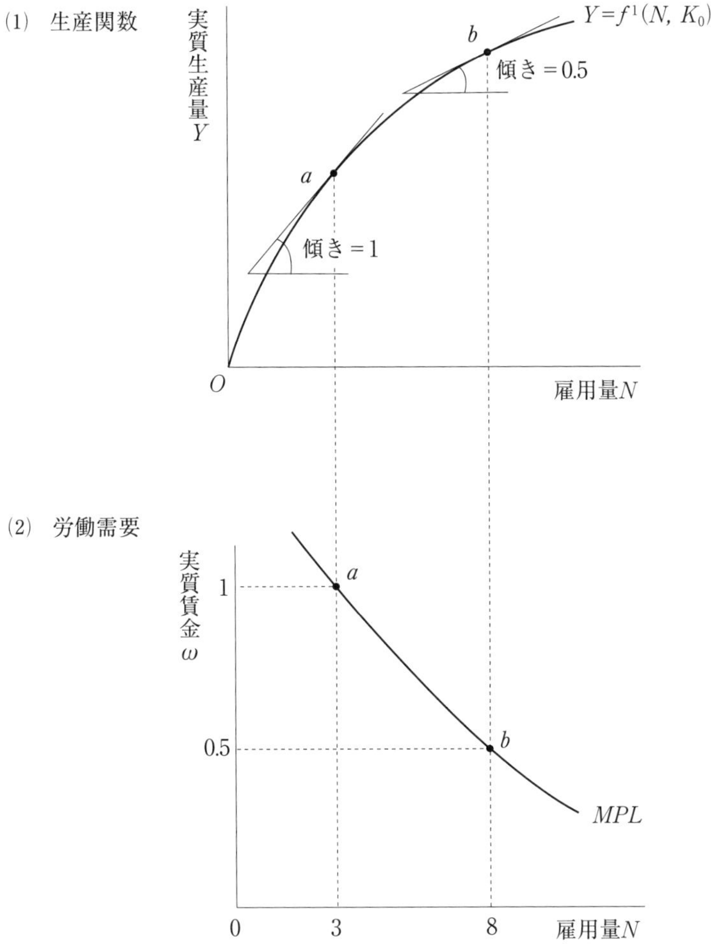

図２－２　労働需要曲線の決定

よりも小さいときには、労働の限界生産物が実質賃金を上回ることが分かる。この場合には、労働者を新たに１人雇い入れることによって得られる収入が賃金費用を上回るので、企業は生産を拡大することによって、より多くの利潤を獲得することができる。これとは反対に労働量が８よりも大きいときには、労働の限界生産物が実質賃金を下回っているので、企業には損失が生じている。この場合には、生産活動を縮小させることによって損失を減少させることができる。以上より、労働の限界生産物と実質賃金が等しくなるような雇用量8の水準を選択したときに、企業の利潤が最大となることが分かる。これと同じ理由により、実質賃金が1のときには、企業は労働投入量を3とすることを選ぶであろう。こうして（2-4）式で示したように、企業は、労働の限界生産物と実質賃金とが等しくなるような雇用量を選択する。

ここまでの議論から、労働の限界生産物曲線が労働需要曲線と一致することが直ちに理解されるだろう。労働の限界生産物曲線は、さまざまな賃金水準のもとで、それぞれどれだけの労働需要が生じるのかを示しているからである。また労働需要曲線（すなわち労働の限界生産物曲線）の位置と傾きが、生産関数の物理的・技術的特徴によって決定されるということも確認された。そして生産関数の特徴は、どのような生産設備や生産技術を用いて生産が組織されているのかによって決まってくる。したがって結局のところ、それは、生産手段の管理と運用に関する権限をもつ資本家によって決定されることになる。

さて、労働供給と労働需要が等しいときに労働市場が均衡することになる。このことは、次の式によって表わされる。

$$N^S = N^D \qquad (2\text{-}5)$$

労働市場のモデルは、（2-2）式、（2-3）式、（2-5）式の三つの式から構成される。これら三つの式は、実質賃金 ω、労働供給 N^S、労働需要 N^D という三つの独立変数から成るので、解を得ることができる。図2-3（1）で示されているように、労働供給曲線と労働需要曲線の交点において均衡実質賃金 ω^* と均衡雇用量 N^* があたえられる。もし労働市場において労働の超過供給（すなわち失業）が発生した場合には、賃金の伸縮的な変化を通じて市場の均衡が回復する。均衡のもとでは、働く意欲をもつ労働者はすべて働き、企業の側では雇用したいと望むだけの数の労働者を雇い入れているので、**非自発的失業**は存在しない。すなわち、現行賃金で働く意思をもつにもかかわらず、職に就くことのできない失業者は存在しないことになる。

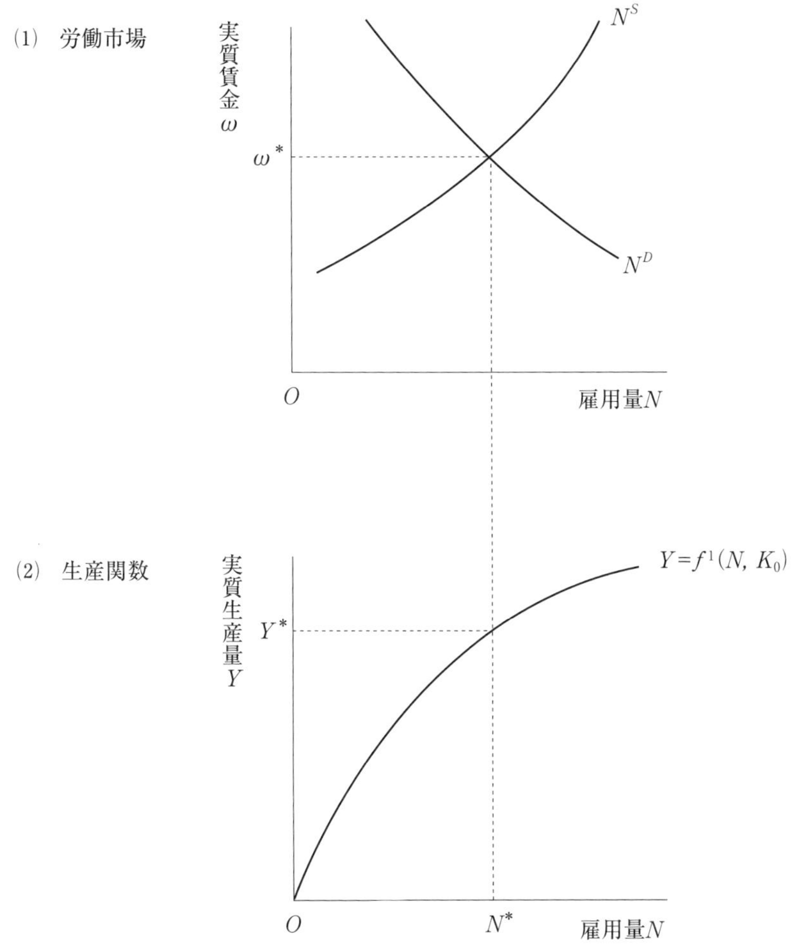

図2－3　生産量の決定

③実質生産量の決定

すでに図2－3（1）にもとづいて説明したように、労働市場において均衡雇用量 N^* が決定される。次に図2－3（2）を見れば分かるように、生産に投入される労働量 N^* がひとたびあたえられると、集計的生産関数を通じて均衡生産量 Y^* も決まることになる。こうして経済全体での生産水準は、労働

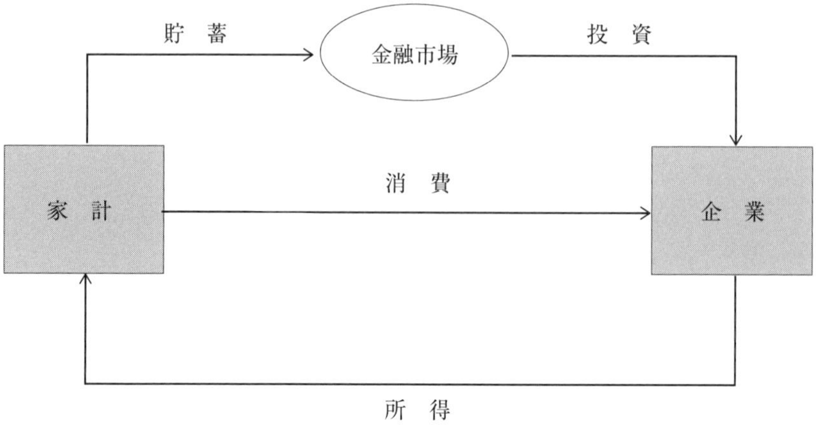

図2－4　新古典派モデルにおける所得の流れ

市場における需要と供給とによって決定される。このような見解は、生産の水準が生産物市場での需給によって決定されるというケインズ派の見方とは著しい対照をなしている。ケインズ派の見方については、本章第２節で取り上げる。

④生産物市場

ここまで労働市場について見てきた。次に生産物市場のはたらきについて検討することにしよう。新古典派モデルにおける所得と支出の流れは、図２－４のように表わされる。家計は労働・資本・土地などの生産要素の提供に対する報酬として所得を受け取る。所得の一部が消費に充てられ、残りの部分が貯蓄される。このモデルでは所得と支出の流れには漏れがなく、消費であれ投資であれ、家計の所得が最終的には全て支出されることになると考えられている。その結果、生産物の供給に等しい需要が生み出されることになるので、セイ法則が妥当することになる。

生産活動によって生じた所得 Y_s は、消費 C か貯蓄 S のいずれかに利用される。それゆえ貯蓄は、所得から消費を差し引いたものとして定義される。

$$Y_s = C + S \qquad (2\text{-}6)$$

ここでは政府部門と外国部門が存在しないものとすると、総需要水準 Y_dは、消費 C と投資 I の合計に等しくなる。

$$Y_d = C + I \tag{2-7}$$

したがって生産水準と需要水準が等しいという生産物市場の均衡においては、次の関係が成立する。

$$Y_s = Y_d \tag{2-8}$$

$$C + S = C + I \tag{2-9}$$

$$S = I \tag{2-10}$$

これら三つの式より、総供給と総需要が等しい生産物市場の均衡においては、貯蓄と投資もまた等しくなっていることが分かる。したがって図２－４に描かれているように、貯蓄が投資へと淀みなく流れていくならば、総供給と総需要とが等しくなり、セイ法則が当てはまることになる。それでは、貯蓄と投資の均等はどのようにして実現するのだろうか。このことを見るために、次に金融市場のはたらきについて検討することにしよう。

⑤金融市場

新古典派の理論によれば、利子率は貯蓄と投資によって決定される。利子率が高くなることは貯蓄に対する報酬が増加することを意味するので、貯蓄 S は利子率 i の増加関数である。

$$S = f^4(i) \tag{2-11}$$

他方で利子率が低下すると、企業が投資を行なうさいに必要とされる資金を借り入れるための費用が低下することになるので、投資 I は利子率 i の減少関数である。

$$I = f^5(i) \tag{2-12}$$

こうして図２－５に示されているように、貯蓄関数（2-11）と投資関数（2-12）

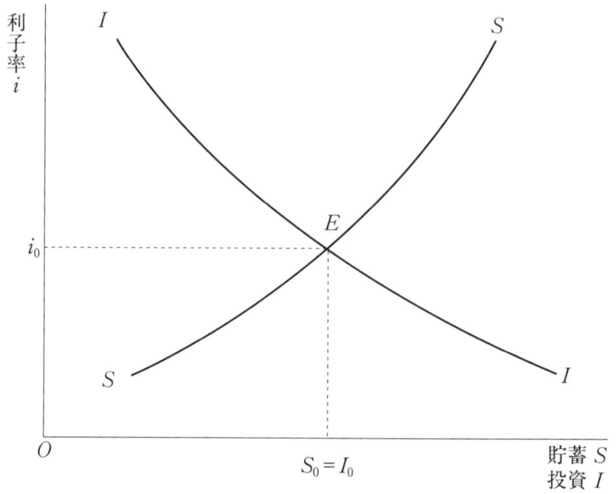

図2－5　貯蓄と投資の決定

が、均衡利子率とそのもとでの貯蓄および投資の量を決定する。したがって利子率は、所得のうちのどれだけが貯蓄に充てられ、どれだけが消費に充てられるのかを決定する。また図から明らかなように、均衡利子率 i_0のもとでは貯蓄 S_0と投資 I_0は等しくなる。もし貯蓄と投資が一致しない場合には、利子率の変化を通じて両者の均等が回復することになるだろう[4]。

⑥物価水準の決定

ここまでは、所得と支出の実質値の決定について考察してきた。これらの変数の実質値がすでにあたえられている場合、これに加えて物価の水準が分かれば、それらの変数の名目値を知ることができる。新古典派理論では、物価水準の決定を貨幣量によって説明している。そのさいに用いられる分析用具がフィッシャー（Irving Fisher）の**交換方程式**である。それは次のように示される。

4）新古典派の利子論とそれに対するケインズの批判については、第５章第３節（1）であらためて取り上げる。

$$MV = PY \qquad (2\text{-}13)$$

ここでMは貨幣量、Vは貨幣の流通速度、Pは一般物価水準、Yは実質生産量である。なお**貨幣の流通速度**とは、一定期間内に貨幣が取引に使われた回数のことである。交換方程式の右辺PYは経済全体の名目生産量であり、一定期間内の取引金額を示している。他方で左辺MVは、それらの取引において支払われた貨幣の額である。当然のことながら、一定期間における財やサービスの取引金額と、それらの財やサービスに対する支払金額とは等しくなる。したがって交換方程式は、いつでも成立する自明の理を表わす恒等式にすぎない。

そこで問題となるのは、この方程式をどのように解釈するのかである。新古典派経済学者は、交換方程式を解釈するうえで三つの留保条件を設ける。第一に、すでに見たように、実質生産量Yは労働の需給と集計的生産関数によって決定される。第二に、貨幣の流通速度Vは、貨幣市場の制度的要因によって決定される。したがってそれは、短期においては安定的であるとみなすことができる。第三に、貨幣量Mは貨幣当局によって制御される変数である。

上の（2-13）式において実質生産量Yと流通速度Vが所与の変数であるとすれば、一般物価水準Pはもっぱら貨幣量Mによって決定されることになる。すなわち、中央銀行が貨幣量を増加させればそれと同じ割合で物価が上昇し、貨幣量を減少させればそれと同じ割合で物価が下落する。このように貨幣量の変化は生産水準に何の影響もあたえず、単に物価水準を変化させるにすぎないという見解は、**貨幣数量説**（quantity theory of money）と呼ばれている。

(3) 新古典派理論の要約

ここまで見てきた新古典派の理論を要約しておこう。労働市場・生産物市場・金融市場のすべての市場において競争圧力が作用して賃金・価格・利子率などの変数が伸縮的に変化するために、経済は完全雇用均衡に向かう傾向をもつ。したがって新古典派の理論においては、非自発的失業は存在しないものとされている。

一国経済全体の実質生産量（すなわち実質 GDP）は、労働市場における需給と集計的生産関数によって決定される。そして所得は、利子率に応じて貯蓄と消費に分割される。他方で物価水準は貨幣量によって決定される。すなわち、貨幣は生産と所得の水準に対して何の影響も及ぼすことがなく、たんにそれらの変数の名目値をあたえるにすぎない。貨幣部門と実体部門とは隔てられていて、たがいに影響を及ぼしあうことはないという考え方を**古典派の二分法**という。あるいは、貨幣は実体経済を覆うベールにすぎないと見ていることから、そのような見方は**貨幣ベール観**とも呼ばれる。

2．ケインズのセイ法則批判

(1) 貨幣の保蔵と不均衡

1930 年代に勃発した大不況は、世界資本主義を深刻な危機に陥れた。とりわけ、多くの国々において大量の失業が発生し、その問題の解決が差し迫った課題となっていた。それにもかかわらず、資本主義経済においては完全雇用が通常の状態であると説く伝統的な経済学は、失業問題に対する適切な分析と処方箋を何ら指し示すことができなかった。イギリス生まれの経済学者であるケインズが、その主著である『雇用・利子および貨幣の一般理論』（以下、『一般理論』と略記する）を 1936 年に公刊したのは、このような状況においてである。セイ法則を正面から否定するとともに、資本主義経済における持続的失業の発生を説明することのできる斬新な理論を打ち出したその著作は、経済学の世界においてたちまちのうちに大きな反響を呼び起こした。

ケインズは、**貨幣の保蔵**によって貯蓄が投資を上回り、経済が不均衡に陥る可能性があることを指摘する。上の（2-8）～（2-10）式から分かるように、総供給と総需要が等しい生産物市場の均衡のもとでは、貯蓄と投資も等しくなる。新古典派の理論では利子率の変化を通じて貯蓄と投資の均等がもたらされると考えられていたのに対して、ケインズは貯蓄がすべて投資に用いら

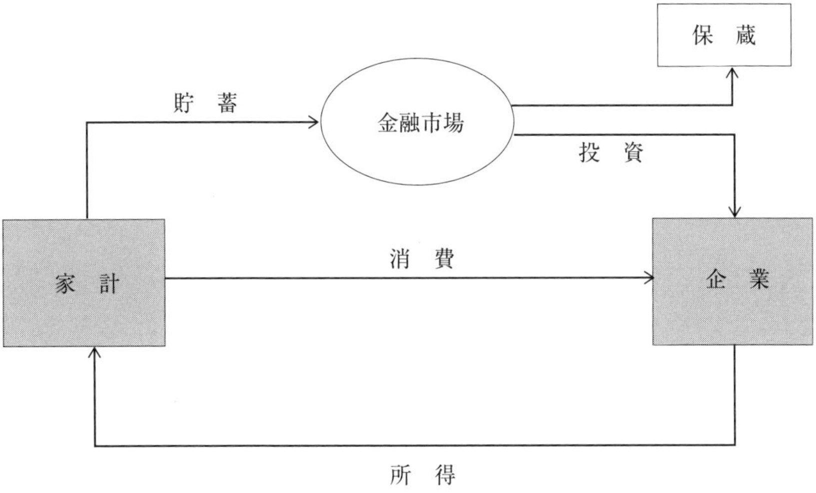

図2－6　ケインズ派モデルにおける所得の流れ

れるのではなく、貯蓄の一部が貨幣のかたちで保蔵されることがありうると主張した。したがって、次のような関係が成立する。

貯蓄＝投資＋貨幣の保蔵

家計貯蓄の多くは、社債・株式の購入や銀行預金に充てられる。そしてそれらの資金は、金融市場を通じて直接または間接に企業に貸し付けられ、投資のために用いられる。しかしながら貨幣保蔵が存在するときには、貯蓄のすべてが金融市場に供給されるのではなくなるため、貯蓄が投資を上回ることになる。この点を考慮してケインズの理論における所得と支出の流れを描くと、図2－6のようになる。

不確実な世界において、近い将来の現金の流出入を正確に予測することができないとき、現在所得の一部を貨幣のかたちで保有することはきわめて理にかなった行動である。十分な**流動性**を保有していれば、将来の所得が減少したり、あるいは必要な消費が所得を上回ったりしたときにも、現金支払い契約を決済することができなくなる恐れから自らを守ることができるからである。こうして流動性は、それを保有する経済主体に安心という効用をもたらし、またそれゆえに人々によって保有される。これに対して新古典派の理論では、貨幣は財と財の交換における媒介物として用いられるにすぎないので、貨幣の保有が効用をもたらすことはない。

さて貨幣の保蔵によって貯蓄が投資を上回ることは、総供給が総需要を上回ることと同義である。この場合、生産物市場では商品の売れ残りが生じているので、企業は生産と雇用の水準を引き下げるだろう。こうして生産活動が縮小すると、国民所得と貯蓄の減少が進むことによって、貯蓄は投資に等しくなる。その結果、総供給と総需要はふたたび等しくなり、生産物市場の均衡が回復する。このとき、労働市場においては失業が存在する一方で、それと当時に、生産物市場では均衡が実現していることになる。このように失業をともなう均衡のことを**不完全雇用均衡**（unemployment equilibrium）という。すなわち、流動性を目的として保有される貨幣という資産が存在することが、資本主義経済における失業の根本的原因であると、ケインズは見ていた[5)]。

(2) 有効需要の原理

上で述べたように、完全雇用に満たない水準でマクロ経済が均衡する可能性があることを論証した点に、経済学の歴史におけるケインズの大きな貢献がある。こうして彼は、市場機構の自由なはたらきに任せておけば完全雇用が達成されるはずだという新古典派経済学の楽観的な見解を打破したのである。以下では、ケインズの経済学の特徴と意義がどこにあるのかを、セイ法則にもとづく新古典派経済学の枠組みと対比することによって明らかにしてみたい。

ここで横軸に雇用量Nをとり、縦軸にその雇用量によって生産される生産額、すなわち総供給額Zをとるならば、雇用量の増加とともに生産額が増加するので、**総供給曲線**は図2－7に見られるような右上がりの曲線となる。セイ法則が述べていることは、総需要額Dは総供給額Zに必ず等しくなる

5）所得・投資・貯蓄の水準がどのようにして決まるのかなど、ケインズのマクロ経済理論の枠組みについては、第6章で詳しく説明する。

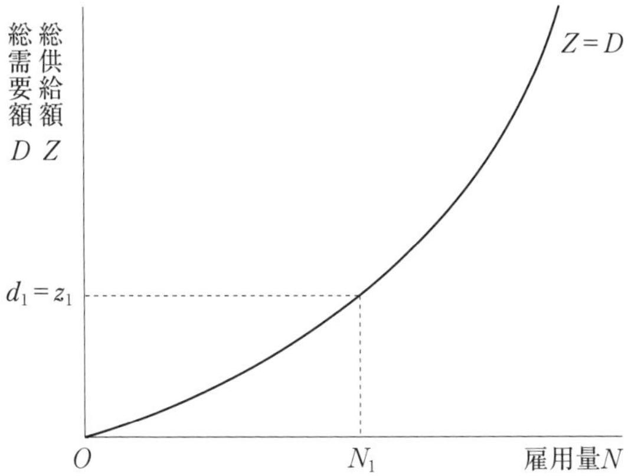

図２－７　新古典派の世界における総需要と総供給

ということであるから、総雇用量と総需要額との関係を示す**総需要曲線**は総供給曲線とちょうど重なりあうことになる。たとえば雇用量がN_1であるとすれば、このとき総供給z_1は総需要d_1と等しくなり、企業家の期待が満たされるので、彼らは生産をさらに拡大するだろう。生産を拡大するために雇用量を増加させたとしても、やはり総供給とちょうど同じ額の総需要が生み出されるので、経済は需給一致の状態で完全雇用にいたるまで拡大を続けていくことになる。セイ法則の世界においては、完全雇用の実現を妨げる障害は何ら存在しないのである。

これに対してケインズは、総需要曲線と総供給曲線が一致するとは限らないと主張する。雇用量が増加するとともに家計所得と消費需要が増加するので、総需要曲線も総供給曲線と同じく右上がりとなる。しかし、家計はすべての所得を消費に充てるのではなく、その一部を貯蓄に回すので、所得の増加ほどには消費は増加しない。その結果、総需要曲線の傾きは総供給曲線のそれよりも緩やかになる（詳しくは第６章で説明する）。

総需要曲線が図２－８のように描かれるとすれば、雇用量は総供給曲線と総需要曲線の交点Eにおいて決定される。これら二つの曲線の交点における総需要の値を**有効需要**（effective demand）という。このとき有効需要点Eにおいて決定される均衡雇用量はN_eとなる。生産設備の質と量がともに一

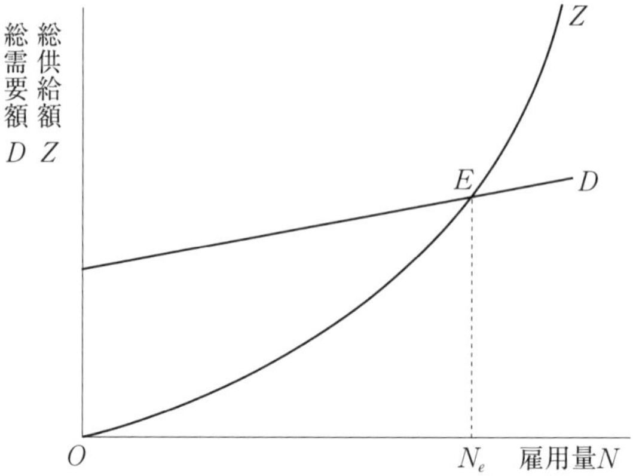

図2-8　ケインズの世界における総需要と総供給

定不変である短期においては総供給曲線の位置が不変であるので、雇用量を決めるのは総需要曲線の位置である。そして失業が発生しているとすれば、その原因は総需要曲線の位置が低すぎることにある。図から明らかなように、総需要曲線のシフトは有効需要の大きさを変化させ、雇用量の変化を引き起こす。総需要が総生産量と総雇用量を決定するというのが、**有効需要の原理**の考え方である。このようにしてケインズは、「供給がそれ自らの需要をつくり出す」というセイ法則の考え方を覆した。

ケインズの見るところ、持続的失業の原因は有効需要の不足にある。そして、有効需要が完全雇用をもたらす水準に一致すると考える理由はどこにも存在しないのであるから、資本主義経済においては失業の存在こそが通常の状態となる。それゆえ失業問題を解決するためには、市場機構の自由なはたらきに任せるのではなく、政府が総需要を適切に管理することが必要となる。たとえば、政府の公共投資は直接に総需要を増大させることになるし、金融政策を通じた利子率の引き下げは、企業の投資拡大を促して同じく総需要を増加させることになるだろう。これらの政策介入は総需要曲線を上方に移動させて、所得と雇用の水準を引き上げる効果をもつ。こうしてケインズの経済学は、不況のさいの政府の介入に対して有力な理論的根拠を提供することとなった。

３．マルクスのセイ法則批判

ケインズよりもはるか以前にセイ法則を批判していた経済学者にマルクスがいる。19世紀のドイツに生まれたマルクスの名は、その時代を代表する社会主義者あるいは革命家として広く知られている。しかしそれと同時に彼は、経済学・哲学・歴史学をはじめ、幅広い学問分野に対して多くの貢献を行ない、その影響は今日にまで及んでいる。彼の主著『資本論』（1867年）は、資本主義の発展とともに、労働者階級の窮乏化、利潤率の傾向的低下、周期的恐慌の激化などの諸矛盾が深刻化していく仕組みを客観的に明らかにすることを目的とするものである。彼は、搾取・貧困・恐慌など、当時の資本主義経済が直面していた経済問題を解決するためには、資本主義的な生産関係それ自体を廃棄しなくてはならないと主張した。

マルクスの経済理論がもつ特徴の一つは、階級間での需要行動の相違を明確に描写していることである。彼によれば、資本主義経済は**資本家**と**労働者**という二つの階級から構成されており、国民所得は資本家の所得と労働者の所得の二つに分割される。

国民所得＝資本家の所得＋労働者の所得

マクロ経済分析の観点から重要なことは、資本家と労働者ではたがいに需要行動がまったく異なるということである。すなわち労働者の所得水準は総じて低く、彼らは自らの所得のすべてを食料品や必需品などの購入に充て、まったく貯蓄を行なわない。したがって、次のようになる。

労働者の所得＝労働者の消費

これに対して資本家は労働者よりもはるかに高い所得を得ているので、多額の消費を行なったうえで、なおかつ貯蓄を行なうゆとりをもつ。

資本家の所得＝資本家の消費＋資本家の貯蓄

そして資本家の貯蓄は、金融市場を通じて一部が企業へと流れていく一方で、

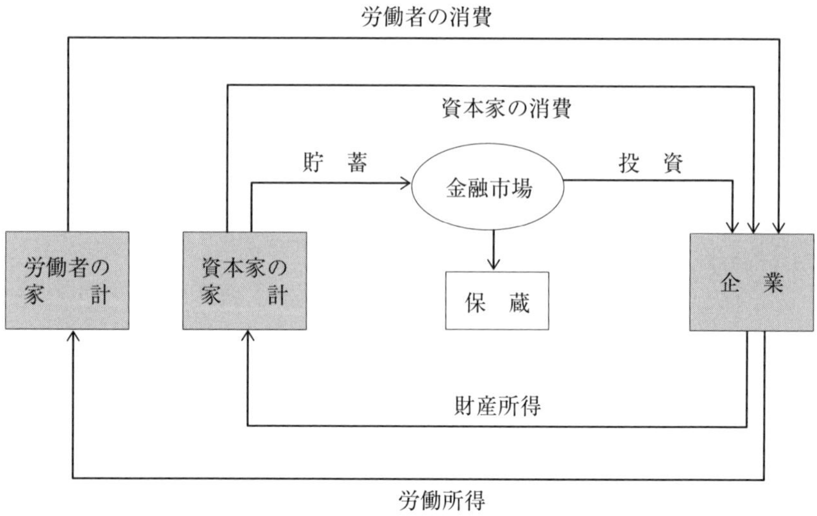

図２－９　マルクス派モデルにおける所得の流れ

一部は貨幣のかたちで資本家によって保蔵される。

資本家の貯蓄＝資本家の投資＋資本家の貨幣保蔵

資本家の家計は、貯蓄の大部分を社債・株式などの債券の購入に充てる。その目的は、利子や配当などの収益を得ることにある。しかし債券の保有によって十分な収益が得られそうにない場合、貯蓄の一部を貨幣のかたちで保蔵するだろう。資本家による**貨幣保蔵**が生じると、その分だけ支払いの流れからの漏れが生じて、貯蓄が投資を上回ることになる。このときには総供給が総需要を上回るので、セイ法則は成立しなくなる。これに次いで生産活動が縮小し、不況と失業が発生することになるだろう。ただしマルクスは、完全雇用に満たない水準でマクロ経済が均衡するのではなく、たえず不均衡をともないながら経済が変動すると考えていた。以上の議論から、マルクスの理論における所得と支出の流れを図２－９のように示すことができる。

もう少し厳密に言うならば、貨幣経済において生産物の総需要と総供給が一致しなくなる原因は、販売と購買という二つの行為が時間的にも空間的にも分離することにある。ここで商品を W、貨幣を G と表わすと、物々交換経済における商品交換は W_1—W_2という形式をとる。これは、商品 W_1が商品 W_2と交換されることを意味している。これに対して、貨幣を媒介とする交換は W_1—G—W_2という形式をとる。すなわち商品交換が、販売 W_1—G と購買 G—W_2の二つの過程に分かれることになる。かりに商品 W_1の所有者がその販売に成功して W_1—G の取引が実現したとしても、それに続いて直ちに購買 G—W_2が行なわれるとは限らない。自らの商品が実際に売れるか否かは商品所有者にとっての死活問題であるため、商品は貨幣への**命がけの飛躍**を何としても実現しなくてはならない一方、貨幣はいつでも自由にあらゆる商品と交換することができるので、さしあたり購入したい商品や有利な運用先が存在しない場合には、貨幣所有者が貨幣を流通から引き揚げて保蔵することがありうるからである。こうして貨幣の保蔵が生じると、総供給が総需要を上回るので、企業は生産水準を引き下げていくことになる。

家計による貨幣の保蔵が原因となって失業が生じると見ている点で、マルクスの見解はケインズの見解と類似している。ただし、経済行動の違いによって家計を二つの類型に区分している点に、マルクスの理論の特徴がある。すなわち家計は、所得をすべて消費に充てて貯蓄を行なわない労働者の家計と、消費に加えて貯蓄を行なうゆとりをもつ資本家の家計の二つに分かれている。これまでの議論から、次の二つの結論が導かれる。第一に、資本主義経済における不況や失業の原因は、利潤を追求する資本家の行動にある。というのも、マクロ経済の不均衡は、資本家の貨幣保蔵によって引き起こされるからである。第二に、所得の分配は、それ自体が重要な問題であるばかりでなく、生産と雇用の水準にも大きな影響を及ぼす。たとえば、所得分配が資本家の側に有利に傾いた場合、彼らは所得の一部を貯蓄に充てるので、消費の減少を通じて総需要が減少する。資本家に有利な所得の分配は、失業の問題を悪化させる恐れがある[6)]。

この節で見たように、貨幣保蔵によって失業が発生する可能性があることを、マルクスが早くから指摘していたのは事実である。ただし、失業に関するマルクスの分析の核心がこの点にあるのではないことにも留意しておく必要がある。本章では、新古典派およびケインズ派の理論と比較するという観点から、マルクス派の分析枠組みについて説明してきた。したがって、マルクス経済学のごく一面を紹介したにすぎないが、ここまでの議論からも、階級間の利害対立に焦点を合わせている点に、マルクス派の理論の大きな特徴があることを理解できたであろう。資本主義経済に関するマルクスの分析については、以下の諸章で詳しく取り上げる。

4．経済学の諸学派の見解

これまで本章では、新古典派・ケインズ派・マルクス派という現代経済学の三つの主要な学派の基本的な見解について見てきた。現代の主流派をなす新古典派経済学は、資本主義経済が安定的・調和的なシステムであるとみなす。すなわち、価格機構のはたらきを通じた経済システムの自動調整作用に信頼をおき、政府の介入は最小限にとどめることが望ましいと考える。これに対してケインズ派は、資本主義経済が本来的に不安定なシステムであると見ている。そして不況や失業が生じる主な原因は有効需要の不足にあるのだから、経済の安定化のためには国家の政策的介入が不可欠であると主張する。マルクス派もまた、資本主義経済がさまざまな欠陥をはらむシステムであると見ている点ではケインズ派と同じであるが、貧困・失業・恐慌などの経済問題が生じる原因は主として階級間の利害対立にあると考える。したがって、単なる政府介入では経済を安定化することができず、資本主義的な生産関係それ自体の変革が必要であると論じている。

ここまでの議論をまとめると、表2‑1のようになるだろう。新古典派経済学ではセイ法則が理論的支柱の一つをなしているのに対して、ケインズ派

6）所得分配の変化が生産と雇用の水準にどのような影響を及ぼすのかについては、これまでマルクス派の内部でもさまざまな議論が行なわれてきた。経済状況によっては、資本家に有利な分配が生産と雇用の水準を引き上げる可能性があることも明らかにされている。賃金上昇が雇用に及ぼす影響については、第6章第6節（2）で論じる。また景気循環の過程において分配変化が果たす役割については、第10章第3節で考察する。

表2－1　経済学の諸学派の見解

	セイ法則	貨幣	雇用論	分配論	政策論
新古典派	受容	中立的	完全雇用	重要でない	自由放任
ケインズ派	否定	非中立的	不完全雇用	やや重要	政府介入
マルクス派	否定	非中立的	不完全雇用	重要	社会主義

とマルクス派はともに、現実の経済においては貨幣保蔵が存在するために、セイ法則は成立しないと主張する。また新古典派経済学では、セイ法則と並んで貨幣数量説がその理論的支柱と位置づけられている。すなわち貨幣量の変化は、実体経済の活動水準に何の影響も及ぼすことはなく、物価水準の変化を引き起こすにすぎないとされている。このような意味において、貨幣は中立的であるとみなされている。

これに対してケインズ派とマルクス派の理論においては、貨幣部門と実体部門はたがいに密接に結びついており、資本主義経済において失業が発生するのは、流動性を目的として保有される貨幣という資産が存在するためであると考えられている。こうして貨幣は、非中立的な性格をもつ。さらに新古典派経済学では、価格や賃金の伸縮的な変化を通じて経済は完全雇用均衡に向かう傾向をもつとみなされている。他方でケインズ派とマルクス派は、貨幣の保蔵によって支払いの流れからの漏れが生じると生産活動が縮小し、失業が発生すると論じている。すなわち新古典派とは対照的に、資本主義経済においては失業の存在が通常の状態であると見ている。

マルクス派の理論の特徴の一つは、所得分配の問題を重視している点にある。それは、社会的公正という観点から見て分配の問題それ自体が重要であることに加えて、所得分配の変化が生産や雇用の水準に大きな影響を及ぼすことになるからである。新古典派経済学の所得分配理論は**限界生産力説**と呼ばれている。その理論によれば、労働・土地・資本などの生産要素に対する報酬はそれぞれの限界生産力によって決まるとされる。たとえば実質賃金は、労働の限界生産力に等しくなる水準に決まる。しかしながら新古典派経済学においては、所得分配の問題にあまり大きな関心が払われていない。所得分配の問題に関するケインズ経済学の立場は、これら二つの学派のほぼ中間にあると言ってよいだろう。マルクス派におけるように分配問題が最重要の理論的課題と位置づけられているわけではないにせよ、少なからぬケインズ派の経済学者が分配問題についてさまざまなかたちで関心を寄せている（ケインズ派の所得分配理論については、第９章で詳しく説明する）。

経済政策についての三つの学派の立場は、それぞれに異なるものとなっている。新古典派は、自由な市場のはたらきに委ねておけば完全雇用と物価の安定性が達成されるので、政府はなるべく市場に介入しないほうがよいと考えている。ケインズ派の見解は、自由放任の資本主義経済においては総需要の不足によって失業が発生するので、政府による総需要の管理を通じて高くて安定した雇用水準を実現しなくてはならないというものである。マルクス派の見方によれば、政府介入だけで経済を安定化することはできないので、資本主義的な生産関係を廃棄して社会主義という新しい経済体制へ移行することが必要であるとされる。ただし今日では、マルクス経済学者のなかでも、生産手段の国有化や計画経済を柱とするソ連型の社会主義をモデルとみなす者はほとんど存在しない[7)]。当面のところ多くの論者は、資本主義の枠内で労働者や社会的弱者がおかれている社会的・経済的状況の改善をはかろうとする社会民主主義的な政策を提唱している。したがって経済政策の面においては、ケインズ派とマルクス派の見解はさほど変わらないものとなっている。

本章の議論から理解できるように、ケインズ派とマルクス派のあいだには、若干の相違点がある一方で、多くの共通点が存在している。いずれのアプローチも、資本主義経済が本来的にはらんでいる矛盾や不安定性を直視するとともに、さまざまな経済問題を解決するためには政府の介入や制度的構造の改革が必要であると主張している。こうして今日においては、ケインズとマルクスの総合によって新古典派経済学に取って代わる新しい経済理論を構

7）実のところマルクス自身も、資本主義ののちに現われる新しい社会の基本的仕組みとして、生産手段の国有化や計画経済を提唱していたのではなかった。彼は未来社会の詳細な青写真を描くことを自らに固く禁じていたので、その未来社会像について正確なところを知ることは難しい。

築しようとする試みが、多くの理論家によって多様なかたちで進められている。

この章のまとめ

1．新古典派経済学者の見解によれば、もし生産物市場において一時的に超過供給が生じたとしても、生産物市場・貨幣市場・労働市場のそれぞれにおいて価格機構がはたらくことによって、経済はふたたび完全雇用均衡に回帰する。このように新古典派経済学者は、生産や雇用の水準が供給側の要因によって決定されるという「セイ法則」を受け継いでいる。
2．貨幣量の変化は生産水準に何の影響もあたえず、たんに物価水準を変化させるにすぎないという新古典派の見解は「貨幣数量説」と呼ばれている。
3．ケインズは、貨幣の保蔵によって貯蓄が投資を上回り、経済が不均衡に陥る可能性があることを指摘してセイ法則を否定した。このとき、生産活動が縮小することによって総供給と総需要はふたたび等しくなり、生産物市場の均衡が回復する一方で、労働市場においては失業が発生する。
4．ケインズと同じく、マルクスも、家計による貨幣の保蔵が原因となって失業が生じると論じてセイ法則を批判した。ただしマルクスは、資本家の家計と労働者の家計では経済行動に大きな違いがあることを強調していた。
5．ケインズ派とマルクス派のあいだには、若干の相違点がある一方で、多くの共通点が存在している。いずれの学派も、資本主義経済の矛盾や不安定性を直視するとともに、経済問題を解決するためには政府の介入や制度的構造の改革が必要であると主張している。

第3章

資本主義的生産の仕組み

この章で学ぶこと

この章では、マルクスの理論にもとづいて資本主義経済における生産の仕組みについて考察する。資本主義的な生産関係の特徴とは何かについて見たのちに、生産過程を通じて利潤が生み出される仕組みについて説明する。あらためて言うまでもなく、現代の資本主義は、マルクスが分析の対象としていた19世紀の資本主義とは多くの面で異なっている。それにもかかわらず、資本主義の本質を深く掘り下げたマルクスの洞察は、資本主義経済の基本的構造について考えるうえで時代を超えて多くの示唆をあたえてくれる。

1．資本主義における生産関係

(1) 労働力の商品化

資本主義社会とは、原始共同体社会、奴隷制社会、封建制社会に次いで現われた社会の発展段階の一つである。ヨーロッパにおいて資本主義が確立したのが19世紀のはじめであるから、資本主義は、人類の長い歴史のなかでまだ200年ほどの時期を占めるにすぎない。それぞれの社会は、それぞれに固有の生産関係によって特徴づけられる。**生産関係**とは、生産をめぐって人々が取り結ぶ社会的関係のことである。生産活動が組織される仕組みは時代とともに変化してきたのであり、今日においてわれわれが当然のものとみなしている資本主義的な生産関係もまた、近代になってはじめて成立したものである。それでは、資本主義的な生産関係の特徴とは何だろうか。まず、その成立過程から見ていくことにしよう。

資本主義経済のもとでは、生産手段を所有しない労働者は、資本家に対して自らの労働力を商品として販売する。そして、その見返りとして賃金を受け取ることによって生計を立てている。資本主義においては、ありとあらゆる消費財や生産手段が商品として生産されているだけでなく、労働力もまた商品化されるのである。したがって資本主義社会とは、商品経済が全面的に支配する社会であると言うことができる。

他の国々に先駆けて資本主義が発達したイギリスでは、このような**資本・賃労働関係**が、16 世紀と 18 世紀における二度の「囲い込み運動」を通じて形成された。16 世紀には、毛織物工業が勃興して羊毛価格が上昇したため、一部の領主や地主は、羊毛の生産を目的として独立自営農民（ヨーマン）の畑や共有地を柵で囲い込んで牧羊地に転換した。この第一次囲い込みによって耕地を奪われた多くの農民は、都市に流入して工場制手工業（マニュファクチュア）における賃労働者として働くことを余儀なくされた。トマス・モア（Thomas More）は、このような状況について「羊が人間を食べている」という表現で厳しく批判した。18 世紀の第二次囲い込みは農業革命と並行して進み、その結果、資本主義的な農業経営が一般化することとなった。土地と引き離された農民が賃労働者に転化し、資本・賃労働関係が創出された過程を**資本の本源的蓄積**という。

こうして農民からの土地の暴力的な収奪にもとづく本源的蓄積によって、**二重の意味で自由な労働者**が生み出された。まず農民は、封建社会における農奴的な隷属から解放された。封建制のもとでは農民は領主の支配のもとにおかれ、職業選択の自由や移動の自由が認められていなかった。土地と切り離されることによってはじめて、農民は身分的・人格的な自由を享受することになったのである。しかしその一方でかつての農民は、本源的蓄積によって生産手段からも自由になった。言い換えるならば、土地をはじめとする生産手段から引き離されることによって、自らの労働力を商品として販売する以外に生活する術をもたなくなった。自由な人格として自らの意思にもとづいて労働力を販売することのできる「二重の意味で自由な労働者」の創出は、資本・賃労働関係が成立するための主要な前提条件の一つをなすものである。

(2) 生産手段の私的所有

このように資本主義社会とは、生産手段を所有する階級である資本家階級と、それを所有しない階級である労働者階級とが分離した階級社会である。したがって、**労働力の商品化**とともに、**生産手段の私的所有**が資本主義的生産関係の基礎をなしている。そのもとでは、所有者階級である資本家が生産に関する意思決定を掌握する。そして資本家は、利潤の獲得を目的として労働者を使用して生産活動を行なう。

ただし第1章第1節 (2) でも述べたように、株式会社制度が発達して「所有と経営の分離」が進んだ20世紀以降の資本主義においては、とくに大企業の場合、1人の個人経営者が企業のすべての生産手段を所有しているのではなく、企業は多数の株主によって所有されていることが一般的である。また生産に関する意思決定は、専門の経営者に委ねられていることが多い。したがって今日では、企業の経営者や役員らが資本家としての役割を果たしていると考えることができる。このように、企業組織の歴史的変容とともに資本家の姿は大きな変貌を遂げたにせよ、生産手段の管理と運用に関する意思決定を担う資本家が労働者を指揮・監督するという関係それ自体には何ら変わりがない。生産手段の私的所有のもとで利潤の追求のために労働者を雇用して生産活動が営まれているという点に資本主義的生産の本質があるのであって、このような意味において今日の社会も依然として資本主義社会である。

資本主義社会において労働者は、人格的に自由な個人として資本家と対等な立場で雇用契約を取り結ぶ。また他の諸商品と同じように、労働力という商品も価値どおりに売買される。しかしながらマルクスの見るところでは、生産活動によって新たにつくり出された純生産物のうち、労働者の生活維持に必要とされる量を上回る生産物（剰余生産物）は資本家によって利潤として取得される。すなわち労働者は、自らが生産した生産物の一部分だけを賃金というかたちで受け取る。このように生産手段を所有する階級が生産手段をもたない直接的生産者から剰余生産物を取得することを**搾取**（exploitation）

という。搾取は資本主義に固有の現象ではなく、あらゆる階級社会に見られる現象であるが、搾取の形態は各々の社会において異なっている。たとえば中世の封建社会においては、農民は週のうちの何日かは領主の直営地で耕作に従事し、残りの何日かは自らの保有地を耕すというように、搾取がはっきりと目に見えるかたちで存在していた。これに対して資本主義のもとでの搾取は、形式的には自由・平等な関係のなかで行なわれる。そのようなことが可能になるのは、なぜだろうか。

2．利潤の源泉は何か

(1) 労働力という商品

資本主義における搾取の仕組みを理解するためには、労働と労働力の違いについて知る必要がある。まず**労働力**とは、生産活動のさいに用いられる精神的・肉体的能力の総体のことであり、要するに労働者がもつ労働能力のことを指す。これに対して**労働**とは、労働力を使用ないしは消費することである。これら二つの概念は、明確に区別されるべきものである。マルクスによれば、資本家が賃金と引き換えに買うのは、労働ではなく労働力である。資本家は自らが購入した労働力を用いて生産を行なうが、労働力から多くの労働を引き出すためにはさまざまな仕組みが必要となる。たとえば資本家は、労働強度や監視の度合いを高めることによって労働者をより熱心に働かせることができるだろう。一定の賃金で労働力を購入しても、労働者が一定量の労働サービスを提供することがあらかじめ約束されているわけではないのである。

労働力商品の価値は、労働力の再生産に必要とされる生活手段の価値によって決定される。労働者が生活を維持して心身ともに健康な状態で働き続けるためには、住居を確保するとともに、衣料や食料をはじめとする生活手段を購入しなくてはならない。これらの生活手段を購入するために必要とされる費用によって労働力の価値が決まるのである。したがって労働力が価値どおりに売買されるとすれば、労働力商品の価格である賃金の水準は、労働力の再生産費用によって規定されることになる。なお将来にわたって労働力が再生産されるためには労働者の世代交代がなされる必要があるので、労働力の再生産費用には家族の生活維持費用も含まれる。

ただし労働力の再生産に要する必要生活手段の範囲は、国と時代によって大きく異なっている。たとえば、20 世紀はじめには自動車を保有しているのは、資本主義諸国でもごく一部の富裕層にかぎられていた。しかしながら今日では、大部分の家計にとって自動車は通勤や買い物に欠かせない生活手段となっている。また現代の先進諸国では、労働者の家計のほとんどがエアコン・テレビ・パソコンなどの家電製品を所有しているが、これも 20 世紀はじめには考えられなかったことである（そもそも当時には、それらの製品自体が存在していなかった）。このように労働者の標準的な生活様式は、それぞれの社会における生産技術や歴史的伝統、文化的慣習によって大きな影響を受ける。したがって労働力商品の価値は、労働者が生存するために最低限どれだけの生活手段が必要かという生理的要因に加えて、さまざまな歴史的・社会的要因をも反映するかたちで決定される。

(2) 資本主義における搾取

さて資本家は、労働者から労働力を価値どおりに購入する。そして他の諸商品と同じように、労働力商品の場合にも、それをどのように使用するのかは、その購入者である資本家が自由に決めることができる。1 日分の生計費を支払って購入した労働力を 1 日に何時間だけ使用するのかは、自分のパソコンを 1 日に何時間使用するのかと同じく、その買い手の自由に委ねられている。資本家は、労働時間を延長したり、あるいは労働強度を引き上げたりすることによって、よりいっそう多くの生産物を生産することができる。これによって、生産手段の補填および労働力の維持・再生産に必要とされる生産物（必要生産物）を上回る生産物である**剰余生産物**を生産することが可能になるだろう。言い換えるならば、労働力からその価値を上回る新しい価値を抽出することが可能となる。

資本家は、生産活動によって新たにつくり出された純生産物のうち、賃金として労働者に支払った部分（必要生活手段の価値に等しい）を差し引いた残りの部分（剰余生産物の価値に等しい）を利潤として取得する。こうして、利潤の源泉は労働者の**剰余労働**であるということが分かる。剰余労働とは、労働者が支出した労働量のうち、必要生活手段を生産するために投じられた労働量（必要労働）を超過する部分のことである。それは、剰余生産物を生産するために投じられた労働量のことであると言うこともできる。

資本主義経済においては、資本家と労働者は法的に対等な立場で雇用契約を取り結ぶ。また労働者は、自らの意思で仕事口を選ぶ自由をもち、現在の職場に不満があれば他の企業に移ることもできる。資本主義における搾取が見えにくい理由はここにある。しかしながら、労働者が人格的な自由をもっており、契約どおりに働いて賃金の支払いを受けるとしても、やはり搾取が生じている。労働力商品が価値の源泉であり、労働力はそれ自らよりも大きな価値を生み出すことができるという点に、搾取が生じる所以《ゆえん》がある。

ここで留意しておく必要があるのは、マルクスが、資本家による剰余生産物の取得を道徳的・倫理的な観点から批判しているのではないということである。あらゆる商品が価値どおりに交換されるという市場経済の論理を受け入れるかぎり、たとえ搾取が存在していたとしても、それを不当な収奪として非難するべき理由はどこにも見当たらない。資本家が獲得する利潤は、不等価交換によってもたらされたものではなく、労働力を価値どおりに買うことによって生まれたものだからである。マルクスは、搾取が存在するからという理由で資本主義を不公正なシステムであると軽々に断罪したのではない。

また彼は、すべての労働生産物が直接的生産者である労働者に帰属するべきであると主張したのでもない。社会的総生産物を個人に分配するにあたっては、生産手段の補填と拡張のための費用や、医療・教育・社会保障などのために社会全体として必要となる費用をあらかじめ控除しなくてはならないので、いかなる社会においても直接的生産者が労働の成果のすべてを受け取ることはできないからである。生産手段の所有者である資本家が剰余生産物の用途を排他的に決定するシステムに代えて、それらの用途を社会的・共同的に決定するような新しい経済システムを実現するべきであるというのがマルクスの主張である。

3．商品の価値

(1) 商品の価値構成

以下では、剰余生産物が生産され、それが資本家によって取得される仕組みについてさらに詳しく考察していく。しかしながらそれに先立ち、商品の価値がどのようにして決定されるのかについて見ておこう。

資本家は、利潤の獲得を目的として生産活動に貨幣を投じる。すなわち、生産手段（機械・建物・原材料など）と労働力を商品として購入し、両者を結合させることによって新たな商品を生産する。さしあたり、生産活動の元手となる貨幣のことを「資本」と呼ぶことにしよう。生産過程において生産手段は新しい価値をつくり出さず、それらがもつ価値は商品に移転するにすぎないので、その価値は変化しない。このことから、生産手段の購入のために投じられた資本のことを**不変資本**と呼ぶ。生産手段のうち、一つの生産期間のなかですべて費消される原材料などの「流動資本」の価値は、そのまま商品に移転する。また機械や建物など複数の生産期間にわたって使用される「固定資本」については、その減耗分の価値だけが商品に移転することになる。

これに対して労働力商品は、生産過程で新たな価値をつくり出すことができ、その価値の大きさが変わるため、労働力の購入（すなわち賃金の支払い）に投じられた資本は**可変資本**と呼ばれる。したがって商品の価値は、生産手段から移転された価値と、労働によって新たに付加された価値の合計に等しくなる。付加価値が労働力価値を上回るとき、その超過分を**剰余価値**という。結局のところ、商品の価値は、(1) 不変資本、(2) 可変資本、(3) 剰余価値、の三つの部分から構成されることになる。ここで不変資本を C、可変資本を V、剰余価値を M でそれぞれ表わすと、次のようになる。

$$\text{商品価値}(W) = \text{不変資本}(C) + \text{可変資本}(V) + \text{剰余価値}(M)$$

個々の資本家の立場から見るならば、不変資本と可変資本の区別なく、投

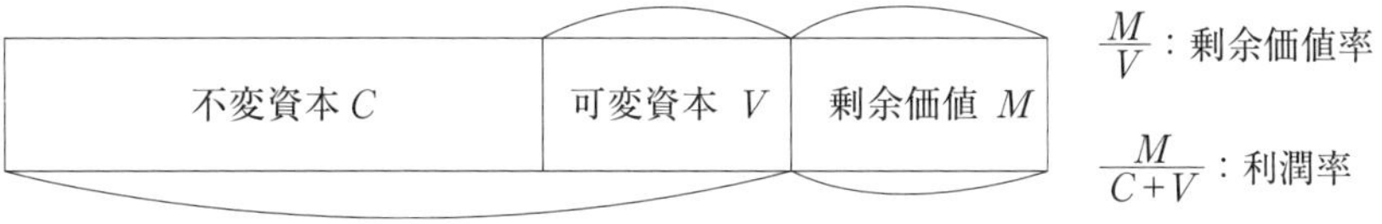

図3－1　商品の価値構成

下総資本からどれだけの利潤を手に入れることができるのかが最大の関心事である。投下総資本に対する利潤（すなわち剰余価値）の割合 $M/(C+V)$ を**利潤率**という。しかし上で述べたように、資本の価値増殖に寄与するのは労働力に投じられた可変資本のみであり、生産手段に投じられた不変資本の価値は商品にそのまま移転するにすぎない。したがって価値増殖の度合いを正確に示す指標は、可変資本に対する剰余価値の割合 M/V である。これを**剰余価値率**という。またこの指標は、資本家による労働者の搾取の度合いを表わしていることから**搾取率**とも呼ばれる（図3－1を参照）。

(2) 労働価値説

商品価値がどのようにして決まるのかの議論に戻ろう。商品に移転する生産手段の価値は、過去の労働によってつくり出されたものである。これに対して可変資本と剰余価値の合計に等しい付加価値は、現在の労働によってつくり出される。このことから、生産手段の生産のために投じられた過去の労働を**死んだ労働**、生産手段を用いて商品を生産するために投じられている現在の労働を**生きた労働**と呼ぶ。したがって商品の価値は、「死んだ労働」か「生きた労働」かにかかわらず、その商品を生産するために投入されたすべての労働量によって決定されるということになる。商品の価値を形成する実体は労働であり、商品価値の大きさはその生産に投下された労働量によって決定されるとする理論を**労働価値説**という。マルクスは、この考え方をリカード（David Ricardo）らの古典派経済学者から受け継ぎ、そのいっそうの発展をはかろうとした。

さらに厳密に言うならば、商品価値は**社会的必要労働時間**によって決定される。社会的必要労働時間とは、社会的に平均的な労働の熟練と強度、および生産技術のもとで商品1単位の生産を行なうときに必要とされる労働時間のことである。商品価値がその生産のために投入された労働量によって決まるといっても、単純に労働時間だけで投下労働量を測ることはできない。というのも、労働者のあいだで労働の熟練度はそれぞれに異なっているし、また企業間においても、労働の強度や、生産に用いられる技術には少なからぬ違いがありうるからである。

たとえば、経験の浅い未熟な労働者が商品を生産するためには平均よりも多くの労働時間を要するであろうが、その労働者が生産した商品がそれだけ高い価値をもつということにはならない。また、すでに他企業では使われなくなった古い技術で生産を行なっている企業では、他企業と比べて商品1単位あたりの生産により多くの労働時間を費やすことになるけれども、その企業の商品の価値がその分だけ高くなるということもない。商品の価値は、社会的に平均的な生産条件のもとで生産を行なったさいに必要とされる労働時間によって決定されるのである。

ここで指摘しておかねばならないのは、労働生産物の価値のみならず、労働力商品の価値の決定を説明する際にもまた、労働価値説が適用されているということである。他の諸商品と同じく、労働力の価値も、その再生産のために社会的に必要とされる労働時間によって決まることになる。とはいえ、ロボットを生産する工場とは異なり、生身の人間である労働者を生産する工場というものは存在しないので、労働力の維持・再生産に必要とされる労働時間を直接に測定することはできない。しかしながらそのための労働時間は、必要生活手段の生産に要する労働時間によって間接的に測ることができる。したがって労働力商品の価値は、それらの生活手段を生産するために必要な労働時間によって決定される。結局のところ、本章第2節のはじめにも述べたように、労働力商品の価値はその再生産費用によって決まることになる。

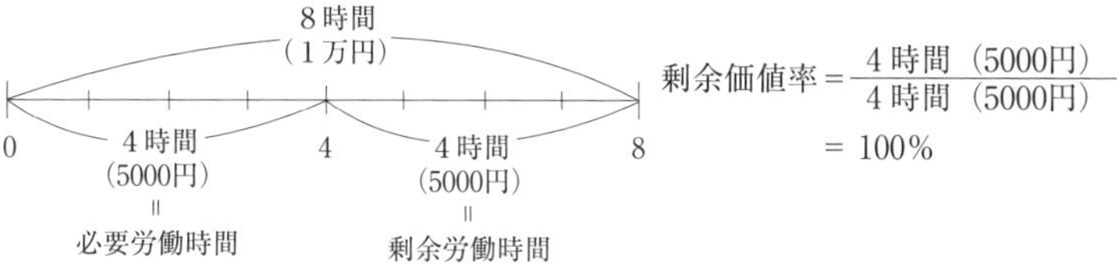

図3－2　1日の労働時間

4．剰余価値の生産

(1) 絶対的剰余価値の生産

さて、以上の議論を踏まえたうえで、剰余価値の生産の仕組みについて説明することにしよう。図3－2に示されているように、1日の労働時間は必要労働時間と剰余労働時間から成る。**必要労働時間**とは労働力の再生産に必要とされる生活手段1日分の価値に等しい価値を生産するために要する労働時間であり、**剰余労働時間**とは必要労働時間を超える労働時間のことである[1)]。ここではさしあたり、労働力の再生産に1日あたり5000円を要し、労働者は1日に8時間の労働を行ない1万円の新しい価値をつくり出すと仮定しよう。

この場合、労働力の再生産費用にあたる5000円が可変資本 V として生産に投じられ、労働者に対して賃金として支払われる。したがって、労働者がつくり出した1万円の価値から可変資本にあたる5000円を差し引いた残りの5000円が、剰余価値 M として資本家によって取得される。したがって剰余価値率 M/V は5000円／5000円で100％となる。可変資本に対する剰余価値の割合は、「必要生活手段の価値に等しい価値の生産に充てられる労働時間」に対する「剰余価値の生産に充てられる労働時間」の割合に等しいので、剰余価値率は剰余労働時間／必要労働時間と表わすこともできる。ここでは、可変資本と剰余価値がともに5000円であり、それぞれ生産物の付加価値の50％を占めることから、必要労働時間と剰余労働時間はともに4時間で

1）ここでいう「必要労働時間」は、前節で説明した「社会的必要労働時間」とはまったく異なる概念であることに注意されたい。

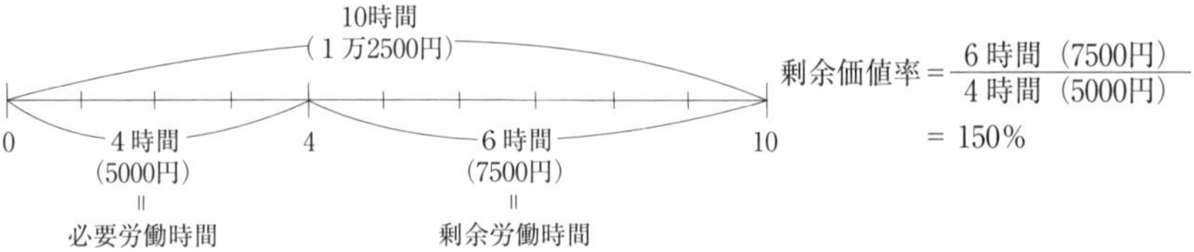

図3－3　絶対的剰余価値の生産

あり、剰余価値率は4時間／4時間でやはり100％となる。

資本家が生産活動を行なう目的は、より多くの利潤を獲得することにある。この目的を達成するためには、より多くの剰余価値を生産し、剰余価値率を引き上げなくてはならない。そのためには二つの方法がある。第一は、1日の労働時間を延長するという方法である。この方法を**絶対的剰余価値の生産**という。19世紀はじめのイギリスにおけるように、1日の労働時間についての規制が事実上ないに等しい状況のもとでは、資本家はこの方法を用いることができる。労働時間についての規制や協約が存在しているはずの今日においても、サービス残業というかたちでこの方法がしばしば用いられている。図3－3に示されているように、かりに1日の労働時間を8時間から10時間に延長した場合には、必要労働時間が4時間のままであるのに対して、剰余労働時間は6時間となる。この場合、労働者が1日につくり出す付加価値は1万2500円で、可変資本は5000円のままである。したがって剰余価値は7500円となり、剰余価値率は7500円／5000円または6時間／4時間で150％となる。

(2) 相対的剰余価値の生産

しかしながら労働者には睡眠・食事・休息などのための時間が必要であるため、1日の労働時間を無制限に延長することはできない。この方法はいずれ労働者の肉体的・精神的限界に直面するので、1日の労働時間が一定のままでより多くの剰余価値を生産するためには、必要労働時間を短縮するという第二の方法をとる以外にはない。そのためには生産方法の革新を通じて労働生産性を引き上げなくてはならない。この方法を**相対的剰余価値の生産**と

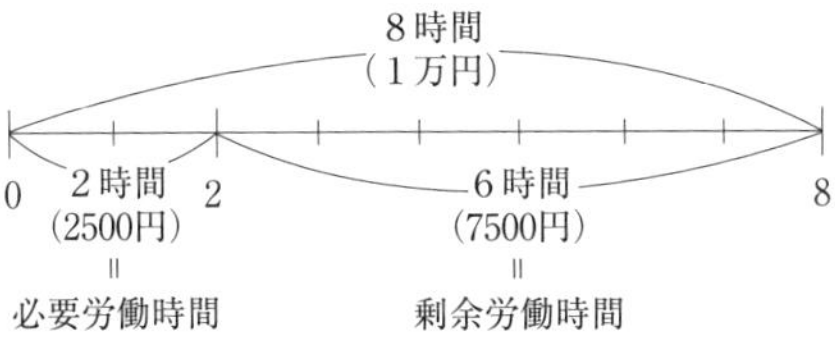

$$\text{剰余価値率}=\frac{6\text{時間}（7500\text{円}）}{2\text{時間}（2500\text{円}）}=300\%$$

図３－４　相対的剰余価値の生産

いう。

労働力の再生産に必要とされる生活手段を生産している産業（あるいは、それらの産業で用いられる生産手段を生産している産業）において生産性が上昇すると、一定の労働時間で生産することのできる必要生活手段の量は増加する。必要労働時間とは労働力の再生産のために要する労働時間のことであるから、生産方法の革新を通じて、従来と同じ量の必要生活手段を従来よりも短い時間で生産することができるようになると、必要労働時間が減少するとともに、その分だけ剰余労働時間が増加することになる。

たとえば図３－４のように、１日の労働時間が８時間のままで必要労働時間が４時間から２時間に減少するならば、剰余労働時間は４時間から６時間に増加する。この例の場合、労働者が１日につくり出す付加価値は１万円のままで、可変資本が2500円、剰余価値が7500円になる。したがって剰余価値率は7500円／2500円または６時間／２時間で300％となる。

(3) 特別剰余価値

次に、相対的剰余価値の生産がどのような過程を通じて実現されるのかについて見ていくことにしよう。個々の資本家は、市場での競争を勝ち抜くためにつねに新しい生産方法を導入するよう努めている。ある資本家がすぐれた新技術を導入した場合、その生産物の**個別的価値**は低下する。ここで生産物の個別的価値とは、その生産に個別的に必要とされた労働時間によって測られる価値のことを指す。他に先駆けて新技術を導入した資本家が労働生産性の引き上げに成功するならば、従来よりも少ない労働量でこれまでと同じ量の生産物を生産することができるだろう。本章第３節（２）で見たように、

表3－1　特別剰余価値の発生（単位：円）

	個別的価値	社会的価値	特別剰余価値
X社	100	110	＋10
Y社	110	110	0
Z社	120	110	－10

商品の社会的価値はその生産のための社会的必要労働時間によって決まるので、新技術を導入した企業は、その商品の社会的価値と個別的価値の差額に等しい超過利潤を獲得することができる。この超過利潤のことを**特別剰余価値**という。

このことを具体的な例を用いて説明しよう。ここでは、製パン産業に同じ種類と品質のパンを生産している3社が存在すると考える。それぞれの企業の商品1単位あたりの個別的価値は表3－1に示されているとおりである。各社とも生産量が同じであるとすれば、商品の社会的価値は、平均的な生産条件をもつY社の生産物の個別的価値である110円にちょうど等しくなる。したがって、3社のいずれのパンも1個110円で売れることになる。その結果、優位の生産条件をもつX社は、商品1単位につき、社会的価値と個別的価値との差額である10円を特別剰余価値として取得することができる。他方で生産条件の劣るZ社には、商品1単位あたり10円の負の特別剰余価値が生じる。すなわち、その分だけ剰余価値が失われることになる。ただしこの場合にもZ社は、商品の社会的価値が商品1単位あたりの投下資本（不変資本と可変資本の総和）を上回っているかぎりは、剰余価値を得ることができる。

さてこの場合、X社に後れをとったY社とZ社は、市場での生き残りをはかるため、X社に追随して最新の生産方法を採用するだろう。そうすると、Y社とZ社の商品の個別的価値もX社と同じく100円となる。その結果、その商品の社会的価値は100円となり、特別剰余価値は消滅することになる。これと同じように、特別剰余価値の獲得をめぐる競争は、あらゆる産業で繰り広げられ、その結果、さまざまな商品の市場価値が低下することになるだろう。とりわけ、消費財部門において生産性の上昇が実現されるならば、必要生活手段の市場価値が下落するので、その分だけ労働力商品の価値が下落する。前節で見たように、労働力の価値は必要生活手段の価値によって決まるからである。労働力の価値が低下することは、１日につくり出される付加価値のうちの可変資本の部分が相対的に減少し、剰余価値の部分が相対的に増加することを意味している。したがって、１日の労働時間が不変であるとすれば、労働力の再生産のために費やされる必要労働時間が減少して、剰余労働時間が増加することになる。

ここまでの議論から理解できるように、個々の資本家は相対的剰余価値の生産を目的として生産方法の革新に努めるのではない。彼らにとって技術革新を推進する誘因となるのは特別剰余価値である。そして、ある資本家が新しい生産方法を導入したとしても、その方法が広く普及すると特別剰余価値は消滅する。しかしながら、特別剰余価値をめぐる企業間の競争を通じて相対的剰余価値が生産されることとなるのである。

熾烈な企業間競争を動因とする技術革新の過程には終わりがない。特別剰余価値の獲得をめぐって競争している諸企業は、たえず他企業に先んじて新しい技術を開発・導入しようと努めるだろう。そしていったん後れをとった企業もまた、市場で生き残るためには先進的な企業に追随して新技術を導入しなくてはならない。このような企業間競争を通じてもたらされる不断の技術革新の結果、資本主義経済は、これまでの人類の歴史において経験することのなかったほどの社会的生産力の飛躍的な発展を実現することができたのである。

５．抗争的交換

(1) 抗争的交換とは何か

この節では、労働力からの労働の抽出に関するマルクスの洞察に着想を得て、資本主義経済における権力関係の作用を明らかにしようと試みる「抗争的交換」(contested exchange) の理論について紹介しよう。この理論は、アメリカ・ラディカル派を代表する理論家であるボウルズ（Samuel Bowles）とギンタス（Herbert Gintis）によって展開されたものである[2)]。

ボウルズとギンタスは、**抗争的交換**を次のように定義している。主体Bと交換を行なう主体Aについて考える。Bの提供するサービスがAにとって価値ある属性をもち、Bがそれを提供することには費用がかかるが、しかし費用をともなうことなしに履行を強制することが可能な契約においては、その属性が完全には特定されないとき、われわれは、その交換を「抗争的」であるとみなす。

ここでは、Aを使用者に、Bを労働者に置き換えて読むと理解しやすいだろう。雇用関係において、労働者が提供する労働サービスは使用者にとって価値あるものであるが、使用者が労働者の努力水準を正確に測定することは不可能であるか、あるいはそれには大きな費用がかかる。それゆえ、労働時間については労使間で契約が可能である一方で、労働の質と量についてはそうでない。こうして使用者と労働者のあいだでの賃金と労働サービスの交換は、抗争的交換の典型的な事例の一つであるとみなすことができる。この場合、交換の事実上の条件は一部分、制裁や監視など、契約履行を強制するために使用者が採用する制度的仕組みによって決定されることになる。以下では、抗争的交換の場としての労働市場において、賃金と労働努力の水準がどのように決まるのかを見ていこう。

(2) 競争均衡における権力の作用

労働者が解雇されて職を失ったときには、失業手当によって生活することを余儀なくされる。やがて新たな職に就くことができたとしても、賃金水準は以前の職に比べて低いことが多いだろう。ともあれ、現在の職を失うならば、いくらかの所得の喪失を避けることができない。こうして失職にともない労働者が失う所得のことを**失職コスト**と呼ぶ。また労働者にとって、雇用

2）詳しい議論については、S. ボウルズ・H. ギンタス「資本主義経済における富と力――対抗的交換の視点から」、横川信治・野口真・伊藤誠編『進化する資本主義』日本評論社、1999年、所収を参照されたい。

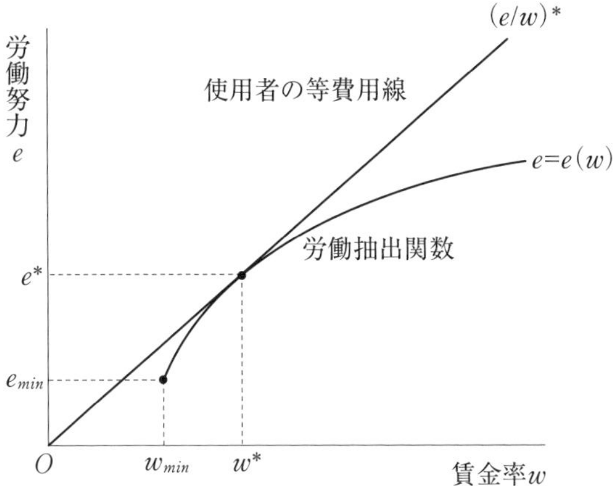

図３－５　賃金と労働努力の決定

されていることと失業していることが無差別であるような賃金水準を「留保賃金」という。留保賃金の水準は、余暇と労働に対する労働者の相対的な満足度、失業手当の水準と範囲、解雇された際の予想失業期間、などに依存する。もし現実の賃金が留保賃金に等しいならば、労働者にとっての失職コストはゼロになる。このとき、使用者による解雇の脅しは無効になり、労働者は最低限度の努力水準しか提供しなくなる。より高い努力水準を労働者から引き出すためには、留保賃金よりも高い賃金を使用者は支払わなくてはならない。賃金が上昇すればするほど失職コストが大きくなるので、使用者による解雇の脅しは効果的となる。使用者は、賃金の引き上げによる労働努力の増加にともなう利益が、賃金コストの増加と釣り合うような水準に賃金を設定するだろう。

このことを図３－５にもとづいて説明しよう。所与の賃金に対する労働者の最適な反応を示す関数を**労働抽出関数**という。ここで労働努力の水準を e、賃金率を w で表わすと、労働抽出関数は $e = e(w)$ となる。上で述べた理由から、e は w の上昇にともない増加する。ただし、その増加の度合いは逓減してゆく。使用者は、労働抽出関数を所与として、賃金１単位あたりの労働努力 e/w を最大にするような賃金の水準を選択する。

使用者にとって最適な選択は、原点から出発する使用者の等費用線 $(e/w)^*$が労働抽出関数と接する点において与えられる。このとき、等費用線の傾きが実現可能な範囲でもっとも大きくなるからである。もし使用者が均衡賃金 w^*よりも低い水準に賃金を設定するならば、賃金コストが低下する効果よりも労働努力の水準が低下する効果のほうが大きい。他方で均衡賃金 w^*よりも賃金を引き上げたとしても、労働努力が増加する効果は賃金コストの上昇に釣り合うほどのものではない。こうして、労働者の最善の反応を示す労働抽出関数を与えられたものとして、使用者が最適化を行なうことによって均衡点（e^*, w^*）が決まることになる。

この均衡点においては、労働者の努力水準 e^*が最低限度の水準 e_{min}よりも大きくなっていると同時に、賃金水準 w^*が留保賃金 w_{min}よりも高くなっていることが分かる。これより、二つの重要な結論が導かれる。第一に、失職コストと監視システムが存在する場合には、労働者はより高い水準の努力を提供する。このことは、使用者にとって満足できる成果を労働者が達成したときにだけ、将来における雇用契約の更新を約束するという「条件つき契約更新」戦略が効果的であることを意味している。第二に、労働者は留保賃金よりも高い賃金を受け取っている。このことは、競争均衡で労働市場が清算されないこと、すなわち非自発的失業が発生することを示している[3)]。

こうして均衡においては、能力や熟練の程度がまったく同じ労働者であっても、ある者は雇用され、ある者は失業することになる。このとき使用者は、解雇の脅しを用いることによって労働者から多くの努力を引き出し、自らの利益を増進させることができる。他方で労働者は、賃上げ要求が受け入れられなければ辞職するという脅しを使用者に突きつけることができるかもしれないが、この脅しによって自らの要求を使用者に飲ませることはできない。使用者はこの要求を拒んで、その労働者を解雇し、その代わりに非自発的失

3）競争均衡において労働市場が清算していないという点で、ボウルズとギンタスが用いている「均衡」の定義は通常のものとは異なっている。その用語によって彼らは、「他の経済主体の行動を与えられたものとして、どの主体も自らの行動を変える誘因をもたないような状況」を指している。

業者を雇うことができるからである。したがって、使用者は労働者に対して**権力**（power）をもつと言うことができる（これについては、序章第 3 節(1)でも論じた）。競争的な資本主義経済においても、交換当事者のあいだの利害対立と非対称的な権力関係という政治的要因が作用しているのである[4)]。

6．資本の循環

ここまで本章で見てきたように、利潤の源泉は労働者の剰余労働であり、生産過程において労働者がつくり出した剰余生産物が資本家によって利潤として取得される。しかしながら、生産過程はその前後の流通過程によって補完されると同時に、それによって一定の制約を受ける。そして実際に利潤が形成されるのは、これら両過程を通じての資本の運動のなかにおいてである。マルクスは、「資本の循環」の概念を用いてこのことを明快に論じている。資本がその姿を次々と変えながら価値増殖を遂げる過程について、図 3 - 6 にもとづき見ていくことにしよう。ここで、G は貨幣、W は商品、P_mは生産手段、A は労働力、をそれぞれ表わす。また P は、流通の中断としての生産過程を指している。

資本家は、生産活動を開始するにあたり、まず手元にある貨幣 G で原材料や機械などの生産手段 P_mと労働力 A を購入する。貨幣という形態をとる資本を**貨幣資本**、生産手段や労働力という生産要素の形態をとる資本を**生産資本**という。こうして資本家が生産活動に乗り出すことによって、資本は貨幣資本から生産資本へと転化する。これに次いで、生産手段（不変資本）と労働力（可変資本）を用いて商品の生産が行なわれると、資本は生産要素から商品へと自らの姿を変えることになる。このように商品形態にある資本のことを

4）ボウルズとギンタスの抗争的交換理論は、ニュー・ケインジアンのスティグリッツ（Joseph Eugene Stiglitz）らによって提唱された「効率賃金仮説」に類似している。効率賃金仮説とは、労働者の労働意欲を高めることを意図して、市場を清算させる水準よりも高い賃金を企業が労働者に対して支払うために失業が発生するという仮説である。このためボウルズとギンタスの理論は、効率賃金仮説の「マルクス学派版」であると称される。

$$G \text{——} W \begin{cases} Pm \\ A \end{cases} \cdots\cdots P \cdots\cdots W' \text{——} G'$$

図3－6　資本の循環

商品資本という。市場において資本家がその商品の販売に成功するならば、資本はふたたび貨幣という姿をとり、出発点に戻ることになる。すなわち、出発点が終着点となるのである。

しかしながら、出発点と終着点における貨幣の量は同じではない。生産過程においては剰余価値の生産が行なわれているので、新たに生産された商品 W' の価値は、資本家が商品として購入した生産要素 W の価値を上回る。それゆえ、自らが生産した商品を販売することによって得られる貨幣 G' もまた、生産を開始するにあたって投下された貨幣 G よりも剰余価値（すなわち利潤 ΔG）の分だけ多くなっている（したがって、$G'=G+\Delta G$ となる）。こうして生産要素の購入のために投じられた資本は、利潤 ΔG をともなって回収されることになる。

この終着点は新たな出発点となる。商品の販売によって回収された貨幣はふたたび資本として生産活動に投じられ、上と同じ価値増殖の過程が反復される。こうして資本は、貨幣資本→生産資本→商品資本→……という循環運動を繰り返しながら、無限に価値増殖を続けてゆくことになる。資本がこれらの形態を次々に着けては脱いでいくことを**資本の姿態変換**（資本のメタモルフォーゼ）という。こうして**資本**とは、「自己増殖する価値の運動体」と定義することができる。そして、資本の増殖を主目的として経済活動が営まれている社会システムのことを「資本主義」と呼ぶのである。

この章のまとめ

1．資本主義社会とは、生産手段を所有する階級である資本家階級と、それを所有しない階級である労働者階級とが分離した階級社会である。「労働力の商品化」と「生産手段の私的所有」が、資本主義的生産関係の基礎をなしている。

2．資本家は、生産活動によって新たにつくり出された純生産物のうち、労働力の再生産に必要とされる部分を上回る剰余生産物を利潤として取得する。利潤の源泉は労働者の剰余労働である。

3．商品の価値は、不変資本・可変資本・剰余価値の三つの部分から構成される。そして商品の価値は、その商品を生産するために投入されたすべての労働量によって決定される。

4．剰余価値の生産には二つの方法がある。第一は、1日の労働時間を延長するという方法によって達成される「絶対的剰余価値の生産」である。第二は、生産方法の革新を通じて労働生産性を引き上げるという方法であり、これは「相対的剰余価値の生産」と呼ばれる。特別剰余価値の獲得をめぐる企業間の競争を通じて相対的剰余価値が生産される。

5．資本は、貨幣資本・生産資本・商品資本という三つの形態を次々と着けては脱ぎながら、無限に価値増殖を続けてゆく。したがって資本とは、「自己増殖する価値の運動体」と定義することができる。

第4章

価値と価格

この章で学ぶこと

前章の議論を承けて、商品の価値と価格に関するマルクスの理論を概観する。とくに、商品の価格がどのようにして決まるのか、そして商品価格がどのようなかたちで価値によって規制されているのかについて考える。しかしながら、マルクスの理論は19世紀の自由競争的な資本主義を考察対象とするものであった。そこで、不完全競争と寡占によって特徴づけられる現代資本主義における価格決定の仕組みを分析している理論として、カレツキの「独占度理論」を取り上げる。

1．商品の二要因——使用価値と価値

商品とは市場で販売するために生産されるのであるから、それは人間にとって有用なものでなくてはならない。このように人間の欲求や必要を満たすという商品がもつ性質のことを**使用価値**という。また商品の所有者は、自らが所有している商品のほとんどを自分自身で消費するのではなく、それらを自らが必要する他の商品と交換することを望んでいる。このとき商品所有者にとっては、自らがもつ商品の有用性は問題とはならず、それと引き換えに他の商品をどれだけ手に入れることができるのかが唯一の関心事となる。ある商品が他の商品と交換される比率のことを**交換価値**という。このように商品は、使用価値と交換価値という二つの性質をあわせもっている。

商品がもつこれら二つの性質は、たがいに制約する関係にある。一方で商

品は、使用価値をもつことを前提に交換価値をもつ。どれほど多くの労働を費やして生産された商品であっても、それが人々の欲求や必要を満たすものでなければ、他の商品と交換することはできないからである。また他方で商品は、それが交換されたのちに実際に消費されてはじめて、その使用価値が現実に利用されることになる。したがって、多くの人が手に入れたいと望むような商品であっても、高価格のために買い手がつかなければ、使用価値として実現されずに売れ残ることになる。

テレビ・上着・鉛筆・パン・米など、財市場では実に多様な商品が取引されている。これらの商品の材質や用途はさまざまであるし、重さや大きさ、色や形もさまざまである。それにもかかわらず、これらの商品が市場で交換されているということは、それらのあいだに何らかの共通の性質が存在しているからであるにちがいない。

それでは、これらの異なる商品どうしを比較する基礎とは何だろうか。商品の使用価値は、その比較の基礎となりえない。使用価値は商品によってそれぞれ異なっており、それらを量的に比較することは不可能であるからだ。というよりも、たがいに異なる使用価値をもっているからこそ、商品どうしの交換が行なわれるのである。そこで、これらの数多くの商品の使用価値を度外視すると、後に残るのは、それらが労働生産物であるという属性だけである。これらの商品がたがいにどれほど異なったものであっても、人間労働の生産物であるという一点においては共通している。

しかしながら、商品の二つの性質に対応して、商品を生産する労働にも二つの側面がある。第一に労働は、上着をつくる労働やパンをつくる労働など、特定の使用価値をもつ商品の生産を目的とする**具体的有用労働**であるという側面をもっている。第二に労働は、その支出の具体的形態にかかわりのない肉体的・精神的労働能力一般の支出である**抽象的人間労働**であるという側面をもつ。もちろん、これら2種類の労働は別々に行なわれるのではなく、同じ労働が二重の機能をもつのである。そして、さまざまな商品の使用価値を度外視した後に残るのは、それらの商品がいずれも抽象的人間労働の産物であるという属性である。したがって、商品どうしの共通性の実体をなすとともに、諸商品の比較の基礎となるのは抽象的人間労働であるということになる。各商品のなかに投入されている抽象的人間労働のことを**価値**と呼ぶ。結局のところ、商品の交換価値の基礎となっているのは、このような意味での価値である。

商品とは、使用価値と価値という二要因を統一したものである。商品の使用価値は、その使用を通して感覚的に捉えることができる。たとえば、上着を着て寒さをしのいだり、パンを食べて空腹を満たしたりすることによって、われわれはそれらの商品の使用価値を体感することができるだろう。これに対して抽象的人間労働を実体とする価値は、見たり触ったりすることのできないものである。ある商品をためつすがめつ眺めてみたところで、その価値を捉えることはできない。商品の価値は、商品と商品のあいだの社会的関係、すなわち商品と商品が交換される比率である交換価値という形態でしか見ることができない。このように、目に見える量的関係というかたちをとって現われた価値が交換価値である。交換価値とは、価値の現象形態にほかならないのである。

ここまでの議論を簡単にまとめておこう。労働には、具体的有用労働と抽象的人間労働という二つの側面がある。このような**労働の二重性**が、使用価値および価値という**商品の二要因**をつくり出す。すなわち、具体的有用労働が自然素材と結合したものが使用価値であり、抽象的人間労働が結晶したものが価値である。商品価値の実体をなすのは抽象的人間労働であるから、商品の価値は、その商品の生産に必要とされる労働時間、すなわち社会的必要労働時間によって与えられる。

2．生産価格と市場価格

マルクスが考察の対象としていたのは、繊維産業を中心とする19世紀の自由競争的な資本主義であった。そのもとでは、各企業がより大きな利潤を求めて部門間を自由に移動することができるので、すべての部門において利潤率が均等化するはずである。これから見ていくように、実は、そのさいに市場で成立する価格は、商品の生産に要する労働量によって決定される価値と等しくなるとは限らないのである。このときには、商品どうしが価値どおりに交換されないことになってしまう。なぜ、そのようなことが起こるのだろうか。また、この場合には労働価値説は成り立たなくなるのだろうか。この節では、これらの問題について考えてみよう。

(1) 特殊的利潤率の相違

第3章で見たように、商品の価値 W は、不変資本 C、可変資本 V、剰余価値 M の三つの部分から構成される。不変資本 C と可変資本 V を合計した部分は、その商品を生産するために資本家が支出した費用にあたることから、商品価値 W のうち、これらの費用を補填するだけの $C+V$ の部分は**費用価格**と呼ばれる。費用価格を k で表わせば、各部門の利潤率である**特殊的利潤率** r_i は次のようになる。

$$r_i=\frac{M_i}{k_i}=\frac{M_i}{C_i+V_i}=\frac{M_i/V_i}{C_i/V_i+1}$$

したがって特殊的利潤率は、各部門における剰余価値率（M_i/V_i）と資本の有機的構成（C_i/V_i）とによって決定されることになる。ここで**資本の有機的構成**とは、生産活動に投じられる可変資本に対する不変資本の割合のことであり、言い換えるならば、生産において用いられる労働力に対する生産手段の割合のことを指す。これら二つの要因のうち剰余価値率は、労働時間や労働強度などの労働条件に依存して決まる。もしこれらの労働条件が産業部門のあいだで異なっているとすれば、労働者は自らにとってなるべく条件のよい部門に移ろうと考えるであろう。このようにして生じる労働者の移動を考慮すれば、剰余価値率は各部門で同一であると仮定することができる。したがって、部門間で特殊的利潤率の相違が生じているとすれば、それは、資本の有機的構成が部門ごとに異なっているからであるということになる。資本の有機的構成は、各部門の技術的特性によってさまざまである。一般に、金属・機械・化学などの重化学工業部門では高く、繊維・食品・製紙などの軽

表4－1　特殊的利潤率の相違

部門	各部門における商品1単位あたりの価値構成	資本の有機的構成 C/V	特殊的利潤率 $M/(C+V)$
A	$80C+20V+20M=120W$	4.0	0.2
B	$70C+30V+30M=130W$	2.3	0.3
C	$60C+40V+40M=140W$	1.5	0.4

工業部門では低い。

ここで、表4－1のようにA、B、Cの三つの産業部門が存在すると仮定しよう[1)]。この図を見ればすぐに分かるように、各部門の剰余価値率 M/V は100％で等しいものと仮定されている。また有機的構成の高い部門ほど、その部門の特殊的利潤率が低くなっていることを確認できるだろう。

(2) 価値の生産価格への転化

さて、このように部門間で利潤率に違いがあるときには、特殊的利潤率の低い部門からそれの高い部門へ向かっての資本の移動が生じるだろう。その結果、特殊的利潤率が低い部門では企業の退出が生じるために、その部門で生産されている商品の供給が減少し、商品価格が上昇して、その部門の特殊的利潤率は上昇するだろう。これとは反対に、利潤率が高い部門には他部門から企業が移動してくることにより商品の供給が増加するので、商品価格が下落してその部門の特殊的利潤率は低下する。このような資本移動は部門間での利潤率の相違があるかぎり続き、最終的に各部門の利潤率が均等化するにいたってはじめて、資本移動の誘因が消滅する。

資本移動の結果として部門間で利潤率が均等化したときの利潤率を**一般的利潤率**と呼び、またそのもとで成立する価格を**生産価格**と呼ぶ。一般的利潤率は、社会的総剰余価値を社会的総費用価格で割ることによって求めることができる。この一般的利潤率によってあたえられる利潤を**平均利潤**と呼び、

1）以下の数値例は、平井規之・北川和彦・滝田和夫『経済原論』有斐閣、1987年、第4章第3節にもとづいている。表4－1と表4－2も、同書の図に若干の修正を加えたものである。

表4－2　価値と生産価格

部門	単位あたり費用価格 (1)	単位あたり剰余価値 (2)	価値 (3) (1)＋(2)	一般的利潤率 (4) (2)/(1)	単位あたり平均利潤 (5) (1)×(4)	生産価格 (6) (1)＋(5)	生産価格の価値からの乖離 (7) (6)－(3)
A	$80C+20V$	$20M$	$120W$	0.3	30	130	＋10
B	$70C+30V$	$30M$	$130W$	0.3	30	130	0
C	$60C+40V$	$40M$	$140W$	0.3	30	130	－10
総計	$210C+90V$	$90M$	$390W$	0.3	90	390	0

それは各部門の投下資本に一般的利潤率を乗じたものである。したがって生産価格は、費用価格に商品1単位あたりの平均利潤を加えて成立することになる。あるいはそれを、費用価格に（1＋一般的利潤率）を乗じたものとして表わすこともできる。以上の過程を**価値の生産価格への転化**という。

このことを、表4－2を用いて確認してみよう。ここでは表4－1と同じく三つの産業部門が存在し、各部門における商品1単位あたりの価値構成も先の場合とまったく同じであると考える。また各部門の生産量も同一であると仮定する。一般的利潤率は、社会的総剰余価値を社会的総費用価格で割ることによって求めることができるので、この場合、総剰余価値90を総費用価格300で割ると0.3となる。したがって、各部門における利潤率はいずれも一般的利潤率0.3に等しくなる。いずれの部門も、不変資本と可変資本を合計した商品1単位あたりの投下資本は100であるので、それに一般的利潤率0.3を乗じた平均利潤30を取得することになる。それゆえ、これら三つの部門で生産されている商品の費用価格100に商品1単位あたりの平均利潤30を加えた130が、それぞれの部門の商品の生産価格となる。

こうして諸商品が生産価格で売買されるときには、各部門は投下資本量に比例した利潤を獲得することになる。したがって平均利潤とは、社会的総剰余価値を投下資本量に比例して各部門に再配分したものにほかならない。表4－2を見ると、資本の有機的構成が高い部門Aでは、利潤が剰余価値を10だけ上回っている。これとは反対に、有機的構成が低い部門Cでは、利潤が剰余価値を10だけ下回っている。中位の有機的構成をもつ部門Bでは、利潤と剰余価値がちょうど等しくなっている。このように各部門では剰余価値と利潤の乖離が生じているものの、社会的総剰余価値と社会的総利潤はいずれも90で等しい。したがって、部門Cから部門Aに10だけ剰余価値の移転が行なわれたことになる。

(3) 転化問題

ここで一つの難問が生まれる。それは、各部門の商品の生産価格が必ずしも価値と一致するとは限らないということである。すなわち、部門Aでは商品価値が120であるのに対して生産価格は130である。他方で部門Cでは商品価値が140であるのに対して生産価格は130である。部門Bでは価値と生産価格がいずれも130で等しい。このときには、たまたま中位の有機的構成をもつ部門の商品を除いては、投下労働量によって決定される価値どおりには商品が販売されないこととなる。それゆえ生産価格論は、商品が価値どおりに売買されることを想定している労働価値説とは矛盾するのではないかという疑問が浮かび上がってくる。この問題をどう考えればよいのだろうか。

たしかに生産価格体系のもとでは、各部門において利潤と剰余価値が乖離するし、商品の生産価格と価値も乖離する。しかしながら社会全体について見るならば、総利潤は総剰余価値に等しく、総生産価格は総価値に等しいという**総計一致の二命題**が依然として成立している。上で見たように、各部門が得る平均利潤は、生産過程でつくり出された剰余価値を再配分したものにすぎない。たとえ部門間で剰余価値の再配分がどれだけ行なわれたとしても、総利潤が総剰余価値から乖離することはありえない。そして、各商品の費用価格にあたる部分は価値においても生産価格においても変わらないので、総剰余価値と総利潤が同一である以上、総価値から総生産価格が乖離することもありえない。したがって全体として見ると、価値が生産価格を規制するとともに、剰余価値が利潤の源泉であると言うことができる。このように考えると、生産価格論は労働価値説に修正を加えるものではあっても、それを否定するものではないということになる。

しかし、話はこれで終わらない。マルクス自身も承知していたように、価値の生産価格への転化の議論においては費用価格の扱いに問題が残されていた。すなわち、費用価格の部分 $C+V$ が価値どおりに購入されるものと仮定したうえで、価値の生産価格への転化が説明されているのである。しかしながら、さまざまな商品を生産する企業は生産手段や労働力を市場において生産価格で購入しているはずであるから、転化の手続きを完了するためには費用価格も修正されなくてはならない。そうなると、生産価格化された費用価格にもとづいて、商品の生産価格それ自体もあらためて修正が必要となる。価値の生産価格への転化をどう説明するべきかという問題は**転化問題**（あるいは転形問題）と呼ばれている。

この問題をめぐっては、とくに20世紀半ば以降、何人かの有力な非マルクス経済学者も巻き込んで、労働価値説の成否ともかかわらせながら、多くの理論家たちのあいだでさかんに議論が戦わされてきた。そして一連の論争を通じて、費用価格を生産価格化した場合、ごく特殊な条件のもとにおいてしか「総計一致の二命題」が同時に成立しないことが明らかになった。このようななか、今日においても転化問題の解決方法を探る試みが続けられているものの、マルクス経済学者のあいだでも解法をめぐって種々に見解が分かれているなど、いまだ明白な解決を見るにはいたっていない[2)]。

(4) 市場価格の変動

ここまで価値と生産価格の関係について考察してきた。価値の生産価格への転化をめぐっては未解決の問題が残されていたにもかかわらず、マルクス自身は価値が生産価格を規制するものと考えていた。このことを踏まえたうえで、現実に観察される価格である市場価格がどのようにして決まるのか、そして市場価格は生産価格とどのような関係にあるのかについてのマルクス

2）転化問題についてもう少し詳しく知りたい読者は、伊藤誠『資本主義経済の理論』岩波書店、1989年、第16章、および八木紀一郎『社会経済学――資本主義を知る』名古屋大学出版会、2006年、第7章第2節などを参照されたい。

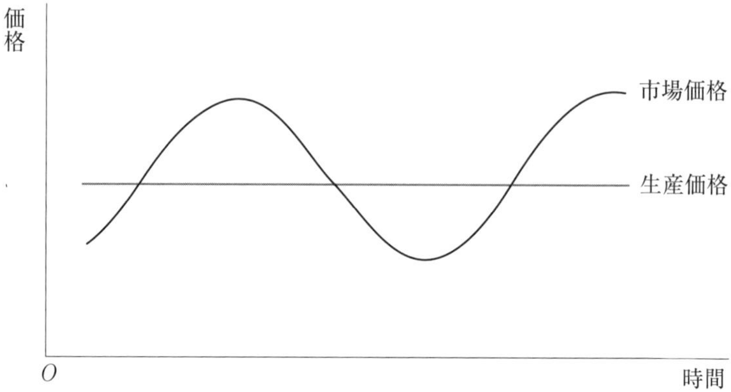

図４－１　生産価格と市場価格

の見解を追っていこう。

じっさいに商品が売買される価格を**市場価格**という。市場価格は、商品の需給関係によって変動する。すなわち、商品に対する需要量が供給量を上回れば市場価格は上昇し、反対に需要量が供給量を下回れば市場価格は下落する。しかしながら、市場価格のこのような変化は、部門間での資本移動を誘発することになる。たとえば、商品に対する需要が増加して市場価格が生産価格よりも高くなった部門では、特殊的利潤率が一般的利潤率を上回っているため、他部門から企業が新たに流入してくるだろう。その結果、商品の供給が増加するので、市場価格は下落し、ふたたび生産価格に近づいていくことになる。これとは反対に、商品に対する需要が減少して市場価格が生産価格よりも低くなった部門では、そこから撤退する企業が現われるので商品の供給が減少する。その結果、市場価格は上昇し、やはり生産価格に近づいていく。

このように需要の変化にともない、市場価格はたえず変動している。そのため市場価格はしばしば生産価格から乖離し、両者が一致することはむしろ稀である。それにもかかわらず、資本移動による供給量の調整を通じて、市場価格は生産価格に引き寄せられていく傾向をもつ。こうして生産価格は、市場価格の変動の「重心」となるのである（図４－１を参照)。

ここまでの議論から、マルクスの価格理論は、価値・生産価格・市場価格の三つの分析レベルから成っていることが理解された。市場価格は需給関係によって騰落する。したがって、需給の変動にもとづく分析によって、市場価格の変化を説明することはできる。しかしその分析では、長期の均衡価格が何によって決まるのかを説明することができない。マルクスは、それを説明するのが生産価格であると考えたのである。そして生産価格は、結局のところ価値によって規制される。このようにしてマルクスは現実の市場価格から出発し、そこから生産価格へ、さらには価値へと深く深く掘り下げていくことによって、資本主義経済における価格決定の機構を解明しようと試みたのである。

3．現代寡占経済における価格決定

(1) 自由競争資本主義から独占資本主義へ

すでに述べたように、マルクスが分析対象としていたのは自由競争的な資本主義であった。しかしながら 19 世紀末から 20 世紀はじめにかけて、生産と資本が少数の大企業に集中することによって**独占資本主義**が成立し、資本主義は大きな変貌を遂げた。このため価格決定の仕組みも大きく変わり、価値と価格に関するマルクスの理論をそのまま現実の経済に適用することが難しくなった。こうして、資本主義経済の歴史的構造変化に対応させるかたちで、マルクスの理論をどのように修正・発展させていくのかということが、当時のマルクス経済学者たちにとっての重要な課題となった。このような歴史的背景のもとで独創的な研究を進めていった経済学者の 1 人が、19 世紀末のポーランドに生まれたミハウ・カレツキ（Michał Kalecki）である。カレツキの名は、ケインズとは独立に「有効需要の理論」を発見した経済学者として広く知られている。

カレツキとマルクスの関係は、いささか複雑なものである。カレツキは独学で経済学を習得し、とくにマルクス経済学に強い関心をもった。若き日に学んだマルクス経済学の考え方は、その後の彼の研究にも大きな影響を及ぼし続けることになる。しかしながらカレツキは、マルクスの経済学のすべてを継承しているのではない。とくに労働価値説については、すでに時代遅れになった理論であるとして、それを嫌っていた。したがって価格決定に関するカレツキの分析は、マルクスの概念を用いるならば、もっぱら「市場価格」のレベルで行なわれている。このようにカレツキは、マルクスから大きな影響を受けながらも、マルクス以後の資本主義の変容と経済学の進歩に照らしながら、自分自身の理論を展開していった。この節では、現代寡占経済における価格決定の仕組みを明らかにしたカレツキの**独占度理論**について見ていくことにしよう。不完全競争と寡占が現代資本主義経済の基本的な特質をなしているというのが、彼の基本的な見方である[3]。

(2) 価格と分配の独占度理論

現代の資本主義経済において、価格形成には2種類の方式があるとカレツキは言う。すなわち、工業製品などの価格のように**費用によって決定される価格**と、原材料品・農産物などの価格のように**需要によって決定される価格**の二つである。完成財の場合には通常は生産能力に予備があるために、その供給は弾力的である。したがって完成財に対する需要が増加するときには、主として生産量の増加というかたちで対応がなされ、価格は一定に維持される傾向にある。したがって完成財の価格変化は、主として生産費用の変化によってもたらされる。これに対して一次産品の場合には、その供給が短期では非弾力的であるために、需要の増加は在庫の減少を引き起こし、価格の上昇を招くのである。ただし先進資本主義経済においては、一次産品の占める割合はごく小さなものにすぎない。そのためカレツキは、おもに「費用によって決定される価格」に焦点を当てて価格形成の分析を進めた。

工業生産物の市場は寡占によって特徴づけられるので、それらの価格は、生産物1単位あたりの主要費用に利潤の上乗せ（マークアップ）を行なうことによって設定される（図4－2を参照）。このような価格形成方式を**マーク**

3）M. カレツキ『資本主義経済の動態理論』（浅田統一郎・間宮陽介訳）日本経済評論社、1984年、第5章を参照。

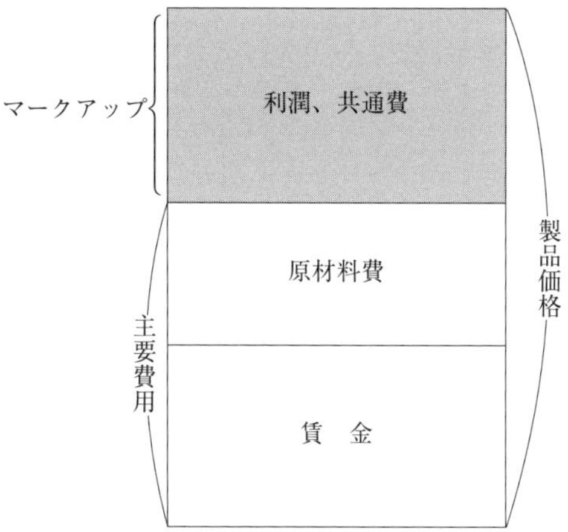

図４－２　製品価格の構成要素

アップ価格形成という。またここで**主要費用**（prime cost）とは、原材料費と賃金費用の総額のことであり、今日では一般に「可変費用」と呼ばれているものに相当する。そしてマークアップの大きさは、企業の市場支配力を意味する**独占度**（degree of monopoly）によって決定される。マークアップを行なうことによって企業が取得したマージンのうち、一部は共通費に充当され、残りが利潤となる。**共通費**（overhead）とは生産量にかかわらず一定の費用のことで、一般には「固定費用」と呼ばれているものである。これには、地代・利子・減価償却費のほか、経営者と事務職の俸給も含まれる。

工業部門の企業は、一般に完全稼働に満たない水準で生産活動を行なう。多くの企業は、ふつう生産能力の80％前後の稼働率で操業している。それは企業が、需要の増加に備えて予備の生産能力を保有しているためである。もし需要が急速に増加したときに過剰生産能力をもっていなければ、増加した需要をライバル企業に奪われてしまうかもしれない。したがって予備の生産能力を計画的に保有することは、企業が市場シェアを維持・拡大するための不可欠の戦略となるのである。また工業部門においては、完全稼働点にいたるまでは平均主要費用（および限界費用）が一定であることが、多くの実証研究によって明らかにされている。すなわち、広い範囲で収穫不変の仮定が当

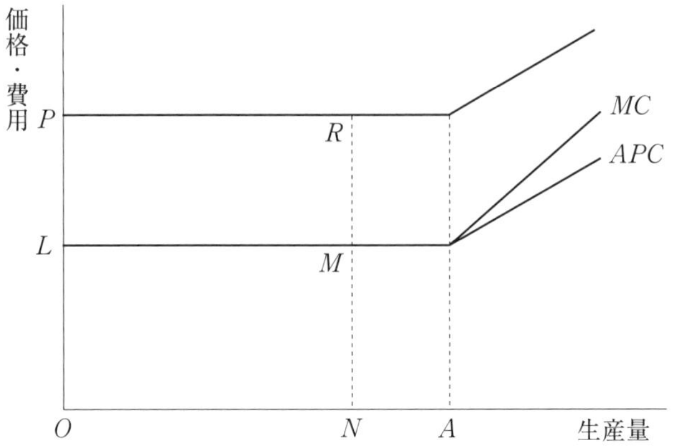

図４－３　マークアップ価格形成

てはまることが確認されているのである。なおここで平均主要費用（average prime cost）とは、生産量１単位あたりの主要費用のことであり、限界費用（marginal cost）とは、生産量１単位の増加に対する費用の増加の比率のことである。

ここまでの議論は、図４－３を用いて説明することができる。完全稼動に対応する生産量は *OA* であるとする。それ以下の生産水準では平均主要費用 *APC* は一定であるため、限界費用 *MC* と等しくなり、平均主要費用曲線（および限界費用曲線）は水平に描かれる。そして、独占度を反映しながら費用に対するマークアップが行なわれることによって生産物の価格 *OP* が設定される。完全稼動以下の生産水準では、費用が一定であるかぎり価格も一定となる。また、この範囲内では生産量が変化しても価格が変化することはない。ここで仮に生産量が *ON* であるとすれば、このときの売上高は *OPRN* となる。このうち *OLMN* の部分が賃金および原材料費の支払いに充てられるので、残りの *LPRM* の部分が利潤および共通費となる。このように独占度理論は、価格形成と同時に所得分配をも説明するのである（カレツキの所得分配理論については、第９章第３節で詳しく論じる）。以下では、工業製品の価格形成について、さらに詳しく見ていく。

(3) 寡占経済における価格形成

まず1企業による価格設定について考えてみよう。ここで、企業は完全稼動以下の生産水準で操業し、このような生産水準の範囲内では、生産物1単位あたりの主要費用は安定的であると仮定する。企業は、価格を設定するさいに、自社の単位あたり主要費用、ならびに類似の生産物を生産している他企業の設定する価格を考慮する。このとき企業は、他企業の設定する価格に比べて自社の生産物の価格が高くなりすぎないように注意しなくてはならない。なぜなら、自社の設定する価格が高すぎると売上が大幅に減少するからである。また他方で、価格が主要費用に比べて低すぎてもいけない。その場合には利潤マージンが縮小するからである。したがって、1企業についての価格方程式は次のように表わされる。

$$p = mu + n\bar{p}$$

ここで、p は当該企業の価格、u は生産物1単位あたりの主要費用、$\bar{p}$ はすべての企業によって設定された価格の加重平均値、m と n は当該企業の「独占度」を反映する正の係数である（ただし $n < 1$ と仮定する）。上の式から明らかなように m と n が大きいほど、企業はより高い価格を設定することが可能となる。こうして費用に対するマークアップの大きさは、その企業の市場支配力を示す独占度によって決定される。独占度は次の式によって示される。

$$\frac{p}{u} = m + n\frac{\bar{p}}{u}$$

1産業における価格方程式は、係数 m と n がすべての企業で等しい場合には、各企業についての価格方程式を生産量で加重平均することによって求めることができる。当該産業の平均単位主要費用を $\bar{u}$ で表わせば、その産業の平均価格 $\bar{p}$ は次のようになる。

$$\bar{p} = m\bar{u} + n\bar{p}$$

したがって、

$$\bar{p} = \frac{m}{1-n}\bar{u}$$

係数 m と n が企業ごとに異なる一般的な場合には、さらに m と n を、それぞれ各企業の総主要費用および生産量で加重平均する必要がある。このようにして次式を導出することができる。

$$\bar{p} = \frac{\bar{m}}{1-\bar{n}}\bar{u}$$

ここで、$\bar{m}$ と $\bar{n}$ は上述の方法によって求められた m と n の加重平均値である。独占度の上昇は、$\bar{m}/(1-\bar{n})$ の上昇に反映されるので、もし独占度が所与であれば、平均価格 $\bar{p}$ は平均単位主要費用 $\bar{u}$ に比例して変化する。独占度が上昇するならば、$\bar{p}$ の $\bar{u}$ に対する比率は上昇する。

(4) 独占度の変化の原因

ここまでの議論から、マークアップの大きさは独占度を反映して決まるということが理解された。それでは独占度の変化を規定するおもな要因は何だろうか。カレツキは、それらの要因として次の四つを挙げている。第一は、産業内の集中過程である。巨大企業は、自己の設定する価格 p が平均価格 $\bar{p}$ に大きな影響をあたえ、また他企業がその価格に追随することを知っているので、産業内で大きな影響力をもっていない場合に比べて高い水準に価格を設定することができる。さらに、そのような状態は企業間の「暗黙の協定」によって強められるだろう。第二は、広告や販売促進活動の展開である。これによって価格競争が緩和され、企業はより高い価格を設定することが可能になる。

このほかにも考慮しなくてはならない要因が存在する。第三の要因として、共通費の水準と主要費用とのあいだの関係の変化も、独占度に対して影響を及ぼす可能性がある。もし共通費の水準が主要費用に比べて著しく上昇するならば利潤の圧縮が生じるので、産業内の諸企業の利潤を維持するために、主要費用に対する価格の比率を引き上げようとして暗黙の協定が結ばれるかもしれない。第四に、労働組合の力もまた独占度に影響を及ぼす重要な要因の一つである。たとえば強力な労働組合の存在は、以下のような理由で独占度を低下させるかもしれない。もし高いマークアップをもつ企業において組合が賃上げ圧力を行使するならば、さしあたり賃金コストの上昇は生産物価格に転嫁されるであろう。しかしながら、そのような価格の上昇は新たな賃上げ要求を招くことになる。持続的な価格の上昇によって、その企業の競争上の地位が脅かされるようになると、やがてその企業はマークアップの縮小を甘受せざるをえなくなる。こうして、労働組合の活動によって独占度はいくらか低められることになるだろう。

このように「独占度」とは、単に産業内における企業集中の度合いを指すものではなく、企業の設定するマークアップに影響を及ぼすさまざまな制度的・環境的要因の総体を意味する概念なのである。

カレツキの独占度理論は、その後の政治経済学における価格理論や企業理論の展開に大きな影響を及ぼし、今日にいたるまでさまざまなかたちでその修正と拡張が進められてきた。たとえば、シュタインドル（Joseph Steindl）の『アメリカ資本主義の成熟と停滞』（1952 年）、バラン（Paul Alexander Baran）とスウィージー（Paul Marlor Sweezy）の『独占資本』（1966 年）は、カレツキの貢献に刺激を受けて、資本主義の成熟段階における寡占化の進行が不可避的に経済停滞を引き起こすという「独占資本主義論」を展開した。また 1970 年代にはアイクナー（Alfred Solomon Eichner）とウッド（Adrian Wood）が、企業の投資に必要とされる内部資金を形成することができるように生産物価格が決定されると説く理論モデルを構築した。今日においてもカレツキの理論は、不完全競争によって特徴づけられる現代資本主義経済のもとでの価格決定を分析するための重要な参照枠組みとなっている。

この章のまとめ

1. マルクスの見解によれば、労働には、具体的有用労働と抽象的人間労働という二つの側面がある。このような労働の二重性が、使用価値および価値という商品の二要因をつくり出す。

2. 部門間で利潤率に違いがあるときには、利潤率の低い部門からそれの高い部門へ向かっての資本の移動が生じる。資本移動の結果として部門間で利潤率が均等化したときの利潤率を「一般的利潤率」と呼び、そのもとで成立する価格を「生産価格」と呼ぶ。生産価格は、市場価格の変動の重心となる。
3. 生産価格体系のもとでは、各部門において利潤と剰余価値が乖離するし、商品の生産価格と価値も乖離する。しかしながら社会全体について見るならば、総利潤は総剰余価値に等しく、総生産価格は総価値に等しいという「総計一致の二命題」が依然として成立している。
4. 価値の生産価格への転化の議論においては、費用価格の扱いに問題が残されていた。費用価格を生産価格化した場合、ごく特殊な条件のもとにおいてしか「総計一致の二命題」が同時に成立しないことが明らかにされている。
5. カレツキによれば、工業製品の価格は、生産物1単位あたりの主要費用に利潤の上乗せ（マークアップ）を行なうことによって設定される。マークアップの大きさは、企業の市場支配力を意味する「独占度」によって決まる。

第5章
貨幣と利子

この章で学ぶこと

資本主義経済の運動を分析するさいには、貨幣と実体経済の結びつきについての考察を欠かすことができない。この章では、貨幣の機能と性格を概観したうえで、主としてケインズの貨幣経済理論の視点に拠りつつ、貨幣経済の不安定性や利子率の決定について解説する。さらに、ポスト・ケインズ派の内生的貨幣供給理論の考え方を紹介するとともに、その理論にもとづき今日の金融政策のあり方について考えてみたい。

1．貨幣とは何か

(1) 貨幣の機能

すでに第1章第1節 (1) で述べたように、貨幣には、現金通貨のほか、預金通貨も含まれる。現金通貨と預金通貨のいずれも、まったく同じではないにしても、ほぼ同じ機能を果たすことができるからである。貨幣の機能としては、(1) 価値尺度、(2) 交換手段、(3) 価値保蔵手段、の三つが挙げられる。

第一に、貨幣の**価値尺度**としての機能とは、多くの商品の相対価格を一つの尺度で示すという機能のことである。物々交換の経済においては、あまたある商品どうしの交換比率について知るために多くの時間と労力が必要とされる。これに対して貨幣経済においては、ボールペンが1本100円、食パンが1斤200円というように、諸商品の交換価値が貨幣という共通の尺度にもとづいて表示されるので、物々交換経済における不便が大幅に軽減されることになる。n 種類の商品が存在するとき、価値尺度となる貨幣がない場合の相対価格が $n(n-1)/2$ 個であるのに対して、価値尺度が導入されるならばそれは $n-1$ 個になる。

第二に、貨幣は**交換手段**として機能する。物々交換経済においては、取引が成立するために**欲求の二重の一致**が満たされなくてはならない。すなわち、自分が欲しい商品を相手が保有していると同時に、相手が欲しい商品を自分が保有しているという条件が満たされないかぎり取引が成立しない。しかし貨幣経済においては、自らが保有する商品を市場で販売することによって貨幣を手に入れたのち、その貨幣で自分が必要とするあらゆる商品を購入することができる。こうして交換手段としての貨幣を導入することによって、取引の効率性を著しく高めることができる。

第三に、貨幣は**価値保蔵手段**としての機能をもつ。すなわち人々は、貨幣によって購買力を貯蔵し、それを将来へと移転することができる。将来の成り行きについての不確実性の度合いが大きくなったと人々が考えるようになると、彼らは将来に起こりうる逆境に備えて支出を減らし、貨幣を保蔵することによって支出の意思決定を将来に先送りしようとするだろう。このように貨幣は、購買力を現在から将来へと移転する**流動性タイムマシン**としての機能をもつ。ケインズは、貨幣とは「現在と将来とを結ぶ連接環」であると述べ、貨幣の諸機能のなかでも価値保蔵手段としての機能をとくに重視している。

(2) 貨幣の定義

日本銀行が公表している「マネーストック統計」においては、対象とする金融資産や金融機関の範囲に応じて、Ｍ１《エムワン》、Ｍ２《エムツー》、Ｍ３《エムスリー》、広義流動性という四つの指標がある（表5-1を参照）。このうち**M1**とは、紙幣と硬貨から成る「現金通貨」と、普通預金・当座預金などの「預金通貨」をあわせたものである。

M1に定期預金などの**準通貨**と**譲渡性預金**（certificates of deposit: **CD**）を加

表5－1　日本銀行による貨幣の定義

	対象金融資産（対象金融機関）
M1	現金通貨＋預金通貨 （預金通貨の発行者は、全預金取扱機関）
M2	M1＋準通貨＋CD （預金通貨・準通貨・CDの発行者は、国内銀行等）
M3	M1＋準通貨＋CD （預金通貨・準通貨・CDの発行者は、全預金取扱機関）
広義流動性	M3＋金銭の信託＋投資信託＋金融債＋銀行発行普通社債＋金融機関発行CP＋国債＋外債 （M3対象機関、国内銀行信託勘定、中央政府、保険会社等、外債発行機関）

出所）日本銀行調査統計局「マネーストック統計の解説」（2019年10月）にもとづき作成。

えた指標が**M2**である。定期預金は、普通預金ほどには流動性が高くないが、いくらかの手間と時間をかければ中途解約して現金通貨や預金通貨に換えることができる。譲渡性預金とは、預金者が自由に金融市場で売却することのできる無記名の定期預金証書のことである。最低発行単位が5000万円以上と高額なものが多いため、個人が利用することはほとんどなく、企業などが余裕資金の運用や決済などに利用している。なお全預金取扱機関を対象とするM1とは異なり、M2では、ゆうちょ銀行、信用組合、労働金庫、農協、漁協などが対象金融機関から除外されている。

M3は、M2と同じ範囲の金融資産を全預金取扱機関について集計したものであり、したがってM1に、全預金取扱機関の準通貨とCDを加えた残高である。M3はしばしば、マネーストック統計の代表的な指標とみなされている。さらに広い貨幣の定義として、M3に投資信託・金融債・国債などを加えた**広義流動性**がある。対象となる機関はM3対象金融機関よりも広く、中央政府や外債発行機関なども含まれる。

2019年3月時点におけるマネーストックは、表5－2に示されているとおりである。ただちに分かるように、現金通貨が広義流動性に占める割合はわずか5.7%にすぎない。それがM3に占める割合も7.6%ほどである。その一方で、普通預金・当座預金などの「預金通貨」が、広義流動性の4割程度

表 5－2　日本のマネーストック（2019 年 3 月平均残高）

M1	781.4 兆円（43.6%） 〔現金通貨　102.1 兆円（5.7%）、預金通貨　679.3 兆円（37.9%）〕
M2	1012.5 兆円（56.5%）
M3	1344.4 兆円（75.0%） 〔準通貨　535.8 兆円（29.9%）、CD　27.2 兆円（1.5%）〕
広義流動性	1793.2 兆円（100%）

出所）日本銀行「マネーストック統計」
注）（　）内は、広義流動性に対する比率を示す。

（M3 の 5 割程度）を占めている。また定期預金などの「準通貨」が、広義流動性の 3 割程度（M3 の 4 割程度）を占めている。現代の資本主義経済においては、貨幣の大部分が銀行預金というかたちをとっていることが分かる。

(3) 貨幣の歴史

上で見たように物々交換には多くの不便がともなうことから、分業や交換が発達する過程のなかで、いつしか特定の商品が一般的交換手段として使われるようになった。時代や場所によりまちまちであるが、金属・布・貝殻・穀物・家畜などのさまざまな商品が貨幣として用いられた。このように特定の商品が貨幣として使用されたものを**商品貨幣**（commodity money）という。しかしながら、これらの商品の多くは時間とともに腐敗・劣化したり、あるいは持ち運びに不便であったりするために、やがて金銀などの貴金属がもっぱら貨幣として流通するようになった。金銀は少量で大きな価値をもち、また耐久性にすぐれ、分割や運搬が容易であるという貨幣に適した性質を備えているからである。貨幣として使われる商品が金銀などの金属の場合には、その貨幣を**金属貨幣**という。

しかし、金銀を貨幣として用いる場合にも、取引のたびにその品質を確かめたり重さを量ったりしていたのでは手間がかかる。そこで金属の地金を鋳造・加工し、重量や額面を表示した**鋳造貨幣**（coin）が製造されて広く流通するようになった。国王などの権力者が、自らの肖像を刻印して、そのコインの品位と重さを保証したのである。こうすれば、取引のさいにはコインの枚数を数えるだけで済むようになる。世界最古の鋳造貨幣は、紀元前７世紀に小アジア西部のリディア王国でつくられたとされている。貨幣の鋳造と使用は、まもなくギリシャの諸都市にも伝播した。しかし、ヨーロッパにおいて貨幣経済が農村にまで浸透し始めるのは、中世後期の13世紀以降のことである。

これに続いて**信用貨幣**（credit money）と呼ばれる貨幣が登場する。銀行券や預金通貨など、本位貨幣（一国の貨幣制度の基本となる貨幣）である金貨の代用物として、信用にもとづき流通する貨幣がそれに当たる。17世紀のイギリスでは、商売柄、堅牢な金庫をもっていた金細工師（goldsmith）が、貨幣や貴金属の保管を商人たちから請け負うようになった。そして、金細工師が発行した金貨の預かり証書（金匠手形）が取引や支払いの手段として流通し、これが銀行券の起源となった。17世紀末頃のイギリスでは多くの民間銀行がそれぞれ独自に銀行券を発行していたが、1694年にイングランド銀行が設立されると、しだいにイングランド銀行券が広く流通するようになった。ただし、イングランド銀行券に法貨[1]（legal tender）としての地位が与えられたのは、銀行の設立から140年ほどを経た1833年になってからである。またイングランド銀行が中央銀行として銀行券の発行を独占するようになったのは、さらにその11年後の1844年に成立した「ピール銀行条例」によってである。

1816年にイギリスで制定され、それに続いて世界各国に普及していった金を本位とする貨幣制度を**金本位制**（gold standard）という。金本位制のもとで中央銀行は、紙幣の保有者の請求がありしだい金との兌《だ》換《かん》に応じる義務を有するので、紙幣を過剰に発行すれば兌換請求に応じることができなくなる。そのためピール銀行条例では、銀行券の発行額と同額の金準備を保有することをイングランド銀行に義務づけ、銀行券の発行が金保有量によって制約を受けることになった。金や銀などの本位貨幣との引き換えが保証されている紙幣のことを**兌換紙幣**という。

1）　法貨とは「法定貨幣」の略で、法律により強制通用力を付与された貨幣のことを指す。したがって、取引のさいに法貨による支払いを拒否することは一般にはできない。

第一次世界大戦の勃発により金本位制が一時的に停止されたのち、ケインズは、イギリスの金本位制復帰をめぐる論争で反対の論陣を張った。1923年に刊行された『貨幣改革論』では、金本位制は「未開社会の遺物」と化していると述べ、厳しい批判を加えている。物価の安定を目標として、イングランド銀行が裁量的な通貨供給の管理・調節を行なうべきであるというのが、当時の彼の見解であった。このようなケインズの反対にもかかわらず、イギリスは1925年にいったんは金本位制に復帰する。

しかし世界大不況が深刻化するなかで、1931年9月のイギリスを皮切りにすべての国が金本位制から離脱し、通貨当局が政策目標に即して通貨量を調節する**管理通貨制**（managed currency system）へと移行した。金本位制の廃止にともない、各国の中央銀行が発行する紙幣は兌換紙幣ではなくなった。本位貨幣との兌換が保証されていない紙幣のことを**不換紙幣**という。日本では、1897年の貨幣法によって金本位制が確立したのち、日本銀行が日本銀行兌換券を発行していたが、1931年12月に金兌換を停止したことにより、金本位制は事実上の終焉を迎えた。

このように貨幣は、商品貨幣から鋳造貨幣へ、さらには信用貨幣へと人類の長い歴史のなかで大きな進化を遂げてきた。また信用貨幣の一種である紙幣も、兌換紙幣から不換紙幣へと変化した。あらためて言うまでもなく、商品貨幣と信用貨幣はたがいに大きく性格を異にしている。したがって、商品貨幣経済に基礎をおく経済理論を信用貨幣経済に適用することはできない。信用貨幣経済の特質に光を当てることによって、新古典派経済学とは異なる新しい経済理論を構築した経済学者がケインズその人である。

2．ケインズの「生産の貨幣理論」

(1) ケインズ経済学の核心

ケインズは、のちに経済学の革命を引き起こすことになる『一般理論』（1936年）の執筆に悪戦苦闘していた1933年に、自らが新たに構築しようと試みている経済理論の基本的性格について、次のように述べている。

> 私が切望している理論は、貨幣がそれ自らの役割を演じ、動機や決意に影響を及ぼし、要するに、貨幣が状況を左右する諸要因の一つとなるような経済を扱うものである。したがってその理論は、最初の状態と最後の状態とのあいだにおける貨幣の動きに関する知識なしには、長期においてであれ短期においてであれ、事象の成り行きを予測することのできないような経済を扱うものである[2)]。

ここで明快に語られているように、ケインズが考察の対象としているのは、貨幣が人々の動機や決意に入り込むような経済である。彼は、このような経済を「貨幣経済」(monetary economy) と名づけている。もちろん、ケインズ以前の新古典派の理論においても、貨幣の存在が考慮されていないわけではない。しかしながら新古典派の経済学者が扱っているのは、貨幣を交換の媒介手段としてのみ用いる経済であり、そのような経済では貨幣は実体経済に対して中立的な存在にすぎない。したがってケインズは、新古典派経済学者が扱っている経済を「実物交換経済」(real-exchange economy) と呼んでいる。

ケインズは、景気循環や恐慌の発生において貨幣が重要な役割を果たしているにちがいないと考えた。しかしながら、これらの現象が発生する仕組みはまだ十分に解明されていない。こうして、貨幣と実体経済とがどのように結びついているのかを明らかにする**生産の貨幣理論** (monetary theory of production) とも呼ぶべき理論が求められている。ケインズが構築をめざしていたのは、まさにこのような理論であった。ケインズ経済学の核心の一つは、短期においても長期においても貨幣が非中立的であると見ている点にある。

(2) 不確実性

ケインズの経済学においては、**不確実性**の概念が決定的に重要な役割を演

---

2) Keynes, J. M., "A Monetary Theory of Production", in *Der Stand und die nächste Zukunft der Konjunkturforschung: Festschrift für Arthur Spiethoff*, 1933, reprinted in Keynes, J. M., *The General Theory and After: Part* Ⅰ*, Preparation, Collected Writings of John Maynard Keynes*, Vol. 13, London: Macmillan, 1973.

じている。過去を変更することができず、将来を予測することはできないという**歴史的時間**の流れのなかで経済過程は進行する。このように不確実性にみちた世界においては、移ろいやすく突然の変化にさらされる期待が、投資や金融取引に関する人々の意思決定に重大な影響を及ぼす。したがって、人々のいだく期待のあり方が、経済の動向を大きく左右することになる。

ケインズは、不確実であるということを、蓋然性が小さい（ものごとが起こる見込みが小さい）という意味で用いているのではない。たとえば、宝くじを買っても当選する見込みはきわめて小さいだろう。しかし、当選本数と発行枚数があらかじめ公表されているならば、当選の確率についてはほぼ正確に知ることができる。したがって宝くじの当たりはずれは、不確実性のもとにあるのではない。明日の天気についても、おおよその確率を知ることができるので、わずかに不確実であるにすぎない。しかしながら、近い将来において日本が戦争に巻き込まれる見込みや、20 年後の原油価格や利子率、人工知能の進化、50 年後の雇用制度や金融制度などについて、われわれは何も知ることができない。これらの事柄に関しては、何らかの確率を算出することができるという科学的な根拠は存在しない。このように確率計算を行なうことが不可能な事象を指すのが、ケインズの用いる不確実性の概念である。これに対して、確率計算が可能な事象に適用されるのが「リスク」の概念である。

新古典派経済学とケインズ経済学の重要な違いの一つは、経済主体の期待形成についての考え方にある。今日の新古典派経済学においては、**合理的期待形成仮説**（rational expectation hypothesis）と呼ばれる考え方が一般に採用されている。すなわち、経済主体は将来のさまざまな事象の客観的な確率分布に関する正確な知識をもっているので、人々は平均的には正しい予想を行なうという仮定にもとづいて理論が構築されている。言い換えると、新古典派の理論では、不確実性の問題がリスクの問題に置き換えられているのである。

これとは対照的にケインズは、さまざまな事象が生起する確率すら計算することのできない**根本的不確実性**（fundamental uncertainty）のもとにある現実の世界において、人々は将来の成り行きについて何も知ることができないと論じている。このような不確実性に対処するために、人々はさまざまな方法を工夫する。たとえば、現在を将来の有益な指針であるとみなしたり、あるいは大多数の人々の行動を模倣したりするだろう。しかし、このような慣習的判断にはもともと薄弱な根拠しかないのであるから、それは突然の激しい変化にさらされる。

(3) 貨幣の基本的性質

ケインズは、『一般理論』第17章「利子と貨幣の基本的性質」において、貨幣には二つの独特な性質があると指摘している。第一は、その**生産の弾力性**がゼロか、あるいはきわめて小さいということである。すなわち、民間企業が労働者を雇用することによって貨幣を生産することはできない。言い換えると、自動車やテレビなどの工業製品に対する需要の増加が労働需要の増加をもたらすのとは異なり、貨幣に対する需要が増加しても、貨幣を生産するために雇用が増えることはないということである。

第二は、生産可能な財やサービスに対する**代替の弾力性**がゼロか、あるいはほぼゼロに等しいということである。ある財の代替の弾力性が正であるならば、この財の価格が上昇するとき、この財に対する需要の一部が他の財に移転する。たとえばコーヒーの価格が上昇すると、コーヒーの需要が減少すると同時に、紅茶の需要が増加するだろう。貨幣の代替の弾力性がゼロであるということは、貨幣の相対価格が上昇しても、他の商品がそれに代わって価値保蔵手段として用いられることはないということを意味している。

根本的不確実性をともなう世界においては、所得の一部分を貨幣で保蔵することが人々にとって賢明な行動となる。したがって将来に関する不確実性が高まるときには、人々は工業生産物の購入を減らし、その代わりに、自らの購買力を現在から将来に移転させるための「流動性タイムマシン」として、貨幣に対する需要を増加させるだろう。こうして貨幣に対する需要が増えると、その分だけ生産可能財に対する需要が減少して、失業が増加することになる。というのは、貨幣の生産の弾力性がゼロであるので、需要の増加した貨幣を生産するために、民間部門で新たに労働者が雇用されることはないからである。現代の信用貨幣経済においては、貨幣の大部分が預金通貨であることを想起するならば、このことを容易に理解することができるだろう。さらには現金通貨でさえも、そのほとんどが物質的価値をもたないに等しい紙幣なのである。

それに加えて、貨幣と生産可能財との代替の弾力性がゼロであるから、貨幣に対する需要が増加してその価格（すなわち利子率）が上昇しても、貨幣に対する需要が何らかの生産可能財へと移ることはない。いかなる生産可能財も、流動的価値保蔵手段として機能する貨幣のすぐれた代替物とはなりえないからである。こうして貨幣に対する需要の増加は、工業生産物に対する需要の減少をもたらすと同時に、失業の増加を引き起こす。

歴史的時間の流れのなかで進行する経済過程においては、将来はつねに不確実である。価値保蔵手段としての貨幣の存在は、このような不確実性に人々が対処することを可能にしてくれる。しかしそれと同時に、まさに貨幣の保蔵が生じるがゆえに生産活動の縮小がもたらされる。ケインズの理論が扱う「貨幣経済」においては、貨幣に対する人々の需要が生産と雇用の水準に重大な影響を及ぼすので、貨幣は中立的ではありえない。資本主義経済において不完全雇用均衡が生じる根本的な原因は、貨幣という生産不可能な流動資産が存在することにある。

3．流動性選好説――利子率の決定

ここまで、貨幣に関するケインズの見解について学んできた。それでは彼は、利子の性格や利子率の決定についてはどう考えていたのだろうか。この節では、ケインズが新古典派の利子論をどのように批判し、それに代えてどのような利子理論を提示したのかについて解説することにする。

(1) 新古典派利子論に対する批判

新古典派の利子論については、第2章第1節（2）ですでに説明した。利子率は、投資（投資資金の需要）と貯蓄（投資資金の供給）とが一致する点で決定

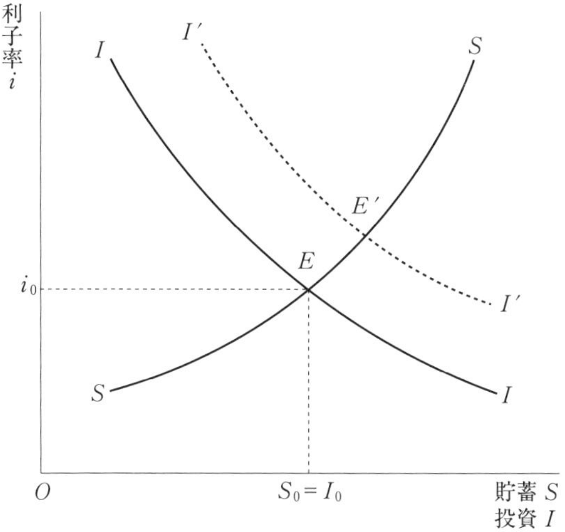

図5－1　利子率の決定（新古典派）

されるというのが、その考え方である。新古典派の理論では、利子は貯蓄（あるいは待忍）に対する報酬であるとされている。言い換えると、消費を抑制することに対する報酬が利子であるということになる。この場合、利子率 i が上昇すると貯蓄に対する報酬が増えることになるので、貯蓄 S は利子率の増加関数となる。これに対して、投資 I は利子率の減少関数であるとされている。そして、貯蓄曲線と投資曲線の交点において均衡利子率 i_0 が与えられる（図5－1を参照）。

このような新古典派の見解に対して、ケインズは正面から異議を唱える。まず利子率の決定の説明において、新古典派が所得水準を一定であると仮定していることを批判する。ここで何らかの理由によって投資が増加したと考えよう。そうすると総需要の増加を通じて、所得と貯蓄が増加するにちがいない。図5－1において、投資の増加は投資曲線 II の右上への移動によって示されている。投資の増加は所得を増加させ、さらに所得の増加はそれぞれの利子率のもとで行なわれる貯蓄の額を増加させるので、貯蓄曲線 SS は右方に移動するはずである。それにもかかわらず、新古典派の理論では所得水準が一定であると仮定されているので、貯蓄曲線がどう移動し、利子率がどう変化するのかを説明することができない。新古典派の理論が妥当性をもつのは、投資が増えても所得水準が不変にとどまる場合、すなわち完全雇用の場合だけなのである。ケインズの見るところ、貯蓄は利子率の関数ではなく所得の関数なのであり、また投資と貯蓄を一致させるのは、利子率での変化はなく所得の変化を通じてである（詳しくは第6章第3節で説明する）。

貯蓄が利子率の関数ではないとすれば、利子とは貯蓄に対する報酬であるという見方も成り立たないことになる。この問題に関してケインズは、貯蓄を行なったとしても、それを現金のかたちで保有していたのでは利子は生じないと指摘する。いわゆるタンス預金によって消費を抑制するだけでは、利子を手に入れることはできないのであり、貯蓄された貨幣を他人に貸し出すことによってはじめて利子が発生する。したがって、消費と貯蓄のあいだの選択によって利子の発生を説明することはできないのである。

人々が所得の用途について考えるときには、二段階の意思決定を行なわなくてはならない。まず第一の段階では、所得のどれだけを消費に充て、どれだけを貯蓄に充てるのかという選択にわれわれは直面する。これに次いで第二の段階で、貯蓄を貨幣で行なうのか、それとも債券で行なうのかを決定しなくてはならない。すでに述べたように、新古典派経済学者は、もっぱら第一の段階での意思決定によって利子の発生を説明している。したがって彼らは、第二の段階における選択を見逃したことになる。これに対してケインズは、どのような資産で貯蓄を行なうかという第二の段階での選択によって、利子の発生を解明しなくてはならないと考えた。それでは、ケインズの利子理論について見ていくことにしよう。

(2) ケインズの流動性選好説

貨幣は、容易に他の商品と交換することができるとともに、その価値が安定的であるという性質をもつ。貨幣のもつこのような属性を**流動性**という。利子を生まない貨幣が貯蓄の手段として用いられるのは、ほかの資産と比べてそれが高い流動性をもっているからにほかならない。貨幣の形態で富を保有しようとする欲求のことを**流動性選好**（liquidity preference）という。利子とは、債券と引き換えに一定のあいだ流動性を手放すことに対する報酬なのであり、したがって利子率は、貨幣を手放したくないという人々の欲求の強さを示す尺度である。

先にも説明したように、新古典派の理論においては、貯蓄と投資を均衡させる点において利子率が決まる。すなわち、貯蓄と投資というフローの変数にかかわらせて利子率の決定が説明されている。これに対してケインズは、貨幣を保有しようとする公衆の欲求を、現存の貨幣量と均衡させる点において利子率が決定されると主張する。言い換えるならば、利子率は、貨幣のストックに対する需要と供給を等しくするような水準に決まる。フローの次元ではなく、ストックの次元の市場において利子率が決定されると考えるところに、ケインズの理論の特徴がある。『一般理論』においてケインズが提示した利子理論は、**流動性選好説**と呼ばれている。

利子率を決定する二つの要因である貨幣の需要と供給のうち、まず貨幣需要について考えていこう。ケインズは、貨幣の需要には三つの動機があると述べている。すなわち、(1) 取引動機、(2) 予備的動機、(3) 投機的動機、の三つである。

貨幣需要の**取引動機**とは、日常取引のために必要とされる貨幣を保有しようとする動機のことである。日々の取引を滞りなく進めるために、家計の場合には、さまざまな財やサービスを購入するための貨幣を保有しておく必要があるし、企業の場合には、賃金の支払いや原材料の購入のための貨幣が必要となる。経済活動が活発になるほど取引のために必要とされる貨幣量も増加するので、取引動機にもとづく貨幣需要は、国民所得の増加関数であると考えることができる。

予備的動機とは、予期せぬ支出や有利な買い入れの機会に備えて一定額の貨幣を手元に保有しておこうという動機のことである。家計であれば、病気や事故、災害などのさいに余儀なくされる思いがけない支出に備えてあらかじめいくらかの貨幣を保有しておこうと考えるであろう。また企業であれば、いつ訪れるか分からない有利な取引の機会に備えて貨幣を手元に置こうとするだろう。予備的動機にもとづく貨幣需要が国民所得とどのような関係にあるのかは、必ずしも明らかでない。しかしケインズは、議論を単純にするために、この動機にもとづく貨幣需要もまた、国民所得の増加関数であると仮定している。

投機的動機とは、利子率の動向について他の人々よりも先読みすることによって利益を得るために貨幣を保有する動機である。第1章第1節 (1) で述べたように、債券は、収益性は大きいが相対的に危険な資産である。したがって人々が貯蓄を行なうさいには、資本利得を目当てに債券のかたちで保有するか、それとも債券価格の下落による損失を避けるために貨幣のかたちで保有するかを選択しなくてはならない。債券利子率が高いときには、債券保有の魅力が大きくなるので、債券の需要が増加し、貨幣の需要は減少する。これとは反対に債券利子率が低いときには、債券需要が減少し、貨幣需要は増加する。それゆえ、投機的動機にもとづく貨幣需要は利子率の減少関数であると考えられる。

ここまでの議論をまとめると、貨幣需要 L は、国民所得 Y の増加関数であるとともに、利子率 i の減少関数であるということになる。貨幣需要のうち、国民所得に依存する部分を L_1、利子率に依存する部分を L_2 で表わすと、貨幣需要関数は次のようになる。

$$L = L_1(\underset{\oplus}{Y}) + L_2(\underset{\ominus}{i})$$

言うまでもなく、L_1 は取引動機と予備的動機にもとづく貨幣需要を、L_2 は投機的動機にもとづく貨幣需要を示している。また Y の下の⊕は、L_1 が Y の増加関数であることを表わし、i の下の⊖は、L_2 が i の減少関数であることを表わしている。この貨幣需要関数は、より一般的には次のように書くことができる。

$$L = L(\underset{\oplus}{Y},\ \underset{\ominus}{i})$$

さてケインズの流動性選好説によれば、中央銀行によって決定される貨幣供給量 M と、公衆の貨幣需要 L とが等しくなる点において利子率が決定されるのであるから、貨幣市場の均衡を表わす次の式を得ることができる。

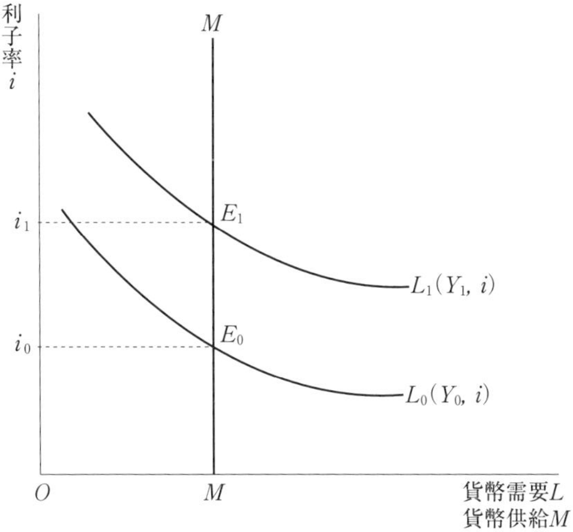

図５－２　利子率の決定（ケインズ）

$$M=L(Y, i)$$

いま国民所得が Y_0の水準に与えられているとしよう。貨幣需要は利子率の減少関数であるから、縦軸に利子率、横軸に貨幣量をとった図５－２において、貨幣需要曲線は右下がりになる。他方で、貨幣量は利子率とは独立に決定されるので貨幣供給曲線は垂直になる。そして、これら二つの曲線の交点E_0において利子率は i_0の水準に決定される。

したがって、利子率の変化を引き起こす変数は、国民所得 Y と貨幣供給量 M であることが分かる。ここで所得の水準が Y_0から Y_1に増加すれば、取引動機と予備的動機にもとづく貨幣需要 L_1が増加するので、貨幣需要曲線は右上に移動する。その結果、均衡点が E_0から E_1に移動して、利子率は i_1に上昇する。また一定の所得水準のもとで、中央銀行が貨幣供給量を増加させれば、貨幣供給曲線が右に移動して利子率が低下することも、容易に理解することができるだろう。

このように、中央銀行が政策的な判断にもとづいて裁量的に貨幣量を決定することができるのだとすれば、それを通じて利子率に影響を及ぼすことも可能となる。したがって中央銀行が拡張的な金融政策をとって貨幣供給量を増加させた場合、利子率の低下が投資を刺激することによって総需要の拡大をもたらし、その結果、所得と雇用の水準が上昇することになるだろう。こうしてケインズは、セイ法則と並んで新古典派経済学の理論的支柱をなす**貨幣数量説**を否定した（貨幣数量説については、すでに第2章第1節（2）で説明した）。新古典派の見解によれば、貨幣量の増加は単に比例的な物価の上昇を引き起こすにすぎず、実体経済活動には何の影響も及ぼさないとされる。これに対してケインズは、貨幣と実体経済のあいだには密接不可分な結びつきが存在するのだと主張した。

4．内生的貨幣供給理論

(1) マネタリストのケインズ政策批判

こうして貨幣数量説はケインズの手によって葬り去られたかに思われたものの、その理論は完全に滅亡することなく、1970年代に**マネタリズム**（monetarism）という新しい装いのもとに復活を遂げることになる。この理論を提唱する経済学者は、マネタリスト（monetarist）と呼ばれる。シカゴ大学のフリードマン（Milton Freedman）がその代表的な存在である。

1970年代半ば以降、経済成長が減速して失業率が上昇すると同時に、インフレーションが加速的に進行する**スタグフレーション**[3)]と呼ばれる現象が発生し、世界経済はかつて経験したことのない困難に見舞われた。これによって、高度経済成長期には先進各国の経済政策運営に基本的な指針を与えていたケインズ経済学の威信が揺らぎ、それに代わって、反ケインズ主義の立場をとるさまざまな経済理論が次々と登場した。これらの理論はいずれも、ケインズ主義的な安定化政策の有効性を否定するとともに、自由な市場経済の調整機能に強い信頼を寄せるものであった。マネタリズムもそうした潮流の一つである。

3）スタグフレーション（stagflation）とは、経済停滞（stagnation）とインフレーション（inflation）の合成語である。

マネタリストの主張は、貨幣数量説を現代において復活させたものと見ることができる。フィッシャーの交換方程式を用いて、その考え方を説明することにしよう。貨幣量を M、貨幣の流通速度を V、物価水準 P を、実質生産量を Y で表わすと、交換方程式は次のように示される。

$$MV=PY$$

古典的な貨幣数量説では、貨幣量 M と物価水準 P とのあいだに安定的な関係が見られることが指摘されていた。この見方によれば、貨幣量の増加は比例的な物価の上昇をもたらすだけで、実質生産量には何の影響も及ぼさないことになる。これに対してマネタリストは、貨幣量 M と名目国民所得 PY のあいだに安定的な関係があることを強調する。すなわち、短期においては貨幣量の増加が実質生産量 Y の増加をもたらすことを認めているのである。彼らの見方によると、貨幣量の増加は、一定のタイムラグを経て、それに比例した名目国民所得の増加をもたらす。名目国民所得の増加は、最初は主として生産量の増加というかたちで実現するが、のちには主として物価の上昇というかたちをとる。

こうしてマネタリストの見るところでは、インフレーションが生じる原因は、中央銀行が実質生産量の増加を上回って貨幣量を増加させることにある。フリードマンは、「インフレーションはいつでもどこでも貨幣的現象である」と述べている。このような見解にもとづき、マネタリストは、1970 年代当時に深刻になっていたインフレーションの問題を解決するために、毎年の貨幣供給の増加率を一定に維持するべきであるという **k%ルール**を提唱した。景気安定化のための裁量的な経済政策は景気の変動をかえって増幅させる結果となりかねないので、それに代えて「ルールにもとづく政策」を採用するべきであるというのが、マネタリストの主張である。

(2) 外生的貨幣供給——伝統的見解

マネタリストの議論では、中央銀行が政策的な判断にもとづいて貨幣量を決定できることが前提とされている。すなわち貨幣量は、経済体系の外から金融当局があたえる外生的な変数であると考えられている。このような見方は、マネタリストを含む新古典派経済学者たちのあいだで伝統的に受け継がれてきたものである。また前節の議論から理解されるように、ケインズも『一般理論』においては貨幣供給が外生的であると仮定していた。それでは、貨幣供給量はどのようにして決まるのだろうか。以下では、まず貨幣供給のメカニズムについての伝統的な見解について説明し、それに続いてポスト・ケインズ派の代替的な見解を見ていくことにしよう。

①貨幣の供給

これまでにも繰り返し述べてきたように、貨幣量 M は、現金通貨 C と預金通貨 D から構成される。

$$M = C + D \tag{5-1}$$

また、現金通貨 C と民間銀行の預金準備 R の合計を**ベース・マネー**（あるいはハイパワード・マネー）という。これを B で表わす。

$$B = C + R \tag{5-2}$$

準備預金制度のもとでは、民間銀行は自らが受け入れている預金の一定割合を中央銀行に預け入れることが義務づけられており、その割合が法定準備率である[4]。預金残高に法定準備率をかけたものが法定準備預金額（または所要準備額）となる。したがって民間銀行は、少なくとも法定準備預金額に等しい預金準備を中央銀行に当座預金として預け入れなくてはならない。預金準備 R は、預金通貨 D に預金準備率 k をかけたものである。預金準備率は法定準備率に等しいか、それよりも大きい。

$$R = kD \qquad (0 < k < 1)$$

4）2019年1月時点では、残高が2兆5000億円を超える場合、定期性預金についての法定準備率は1.2%、その他の預金については1.3%である。残高が小さくなると、法定準備率はこれよりも小さくなる。

（5-1）式を（5-2）式で割ると、貨幣量 M とベース・マネー B のあいだに次のような関係が存在することが分かる。

$$M=\frac{C+D}{C+R}B=\frac{(C/D)+1}{(C/D)+(R/D)}B \tag{5-3}$$

（5-3）式の現金／預金比率（C/D）を c、預金準備率（R/D）を k で表わすと、次式のようになる。

$$M=\frac{c+1}{c+k}B \tag{5-4}$$

（5-4）式の（$c+1$）/（$c+k$）を**貨幣乗数**（money multiplier）と呼ぶ。以上より、

貨幣量＝貨幣乗数×ベース・マネー

という関係が存在することが分かる。したがって、中央銀行がベース・マネーを増加させると、その乗数倍の貨幣量の増加が生じることになる。貨幣乗数がほぼ一定であるならば、中央銀行は、ベース・マネーを管理することを通じて間接的に貨幣量を制御することができる。

ここまで見てきたように、伝統的な見解においては、ベース・マネー B から貨幣量 M へ、さらに貨幣量 M から名目国民所得 PY へという因果関係が存在するものと考えられている。したがって中央銀行は、ベース・マネーを管理することによって貨幣量を制御することができるし、さらにそれを通じて物価を安定化することができると主張されている。貨幣供給が外生的である場合の貨幣量と金利の決定は、図５－３に示されている。この場合、貨幣量 M が中央銀行によって政策的に決定される外生変数であるのに対し、利子率 i は貨幣市場での需給によって経済体系の内部で決定される内生変数となる。なおここで貨幣需要は、名目国民所得の増加関数とされている。経済活動がさかんになると、取引動機にもとづく貨幣需要が増加するからである。

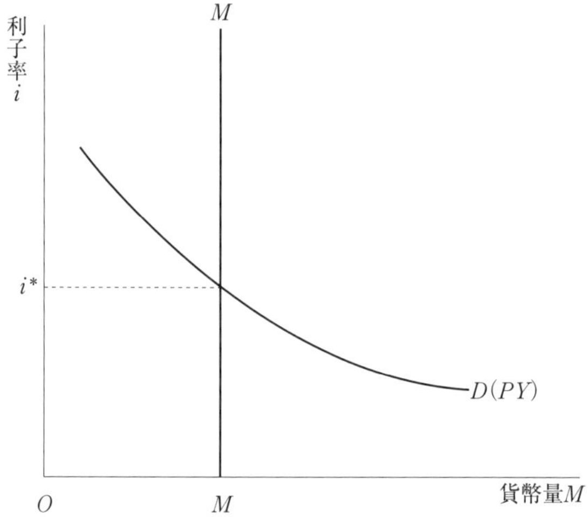

図5-3　外生的貨幣供給

②金融政策の手段

貨幣量を制御するための手段としては、(1) 公開市場操作、(2) 貸出政策（あるいは公定歩合政策）、(3) 法定準備率操作、の三つがある。これらのうち、公開市場操作と貸出政策はベース・マネーを変化させる方法であり、法定準備率操作は貨幣乗数を変化させる方法である。

公開市場操作とは、金融市場において中央銀行が債券や手形を売買することによって市中の資金量を調節する政策である。中央銀行が債券や手形を購入することを「買いオペレーション」（略して「買いオペ」）、それらを売却することを「売りオペレーション」（略して「売りオペ」）という。中央銀行が買いオペを行なうと、その分だけ金融市場に資金が供給されて、ベース・マネーが増加する。たとえば中央銀行が民間銀行から債券を購入する場合には、民間銀行が中央銀行にもつ当座預金口座にその代金が振り込まれるので、預金準備が増加することになる。これとは逆に、売りオペが行なわれると市場から資金が吸収されるので、ベース・マネーが減少する。今日では、ほとんどの先進諸国において公開市場操作が金融政策の主要な手段となっている。

貸出政策（あるいは公定歩合政策）とは、中央銀行が民間銀行に貸出を行なうさいの利子率である「公定歩合」を変更する政策のことである。中央銀行が公定歩合を引き下げると、民間銀行にとっての借入コストが低下するので中央銀行借入が増加し、その結果、預金準備が増加する。民間銀行は、預金準備の増加分を家計や企業への貸出に充てるだろう。これとは反対に公定歩合が引き上げられると、中央銀行借入の減少によって預金準備も減少するので、民間銀行の貸出態度は慎重なものとなるだろう。日本では、かつては貸出政策が金融政策の中心的な手段として用いられていた。しかし1990年代以降、金融自由化の進展にともない、貸出政策に代わって公開市場操作が日銀の主な金融調節手段となった。また公定歩合が民間銀行にとって最も低い利子率でもなくなった。こうして公定歩合に政策金利としての意味合いがなくなったため、2006年以降、日銀は従来の「公定歩合」に代えて「基準割引率および基準貸付利率」の名称を用いている。

法定準備率操作とは、法定準備率を引き上げたり、あるいはそれを引き下げたりする政策である。通常の場合、民間銀行が中央銀行に預け入れている預金準備には利子がつかないので、民間銀行にとって法定準備預金額を上回る預金準備を保有する誘因は存在しない。この場合には、預金準備率は法定準備率にほぼ等しくなるので、法定準備率の変更は、預金準備率と貨幣乗数を変化させ、さらにそれを通じて貨幣量を変化させることになる。ただし日本では、1991年10月以降、現在にいたるまで法定準備率の変更が行なわれていない。このことにも見られるように、今日の先進諸国においては、法定準備率操作には金融政策の重要な手段としての位置づけがあたえられていない。

(3) 内生的貨幣供給——ポスト・ケインズ派の見解

1970年代以降、マネタリズムをはじめとする反ケインズ主義の経済学が勢いを得ていくなか、ケインズ派の経済学者のあいだでは、このような流れに対する反転攻勢の試みがさまざまなかたちで進められた。**ポスト・ケインズ派**（Post Keynesian）と呼ばれる新しい学派が形成されたのも1970年代半ばのことであった。彼らは、ケインズ自身の革命的な理論にあらためて立ち返るとともに、所得分配や経済成長の問題に関するカレツキの貢献に学ぶことによって、新古典派経済学に取って代わる新しい経済理論の構築を進めている。ケインズから直接に教えを受けたロビンソン（Joan Violet Robinson）やカルドア（Nicholas Kaldor）などのケンブリッジ大学の経済学者が、学派創設当時の中心的存在であった。またアメリカでは、デヴィッドソン（Paul Davidson）やミンスキー（Hyman Philip Minsky）らが、その担い手となった。

ポスト・ケインズ派のなかでも、マネタリストとの論戦をひときわ精力的に展開した理論家がカルドアである。彼の見るところ、マネタリストの台頭を許した原因の一つに、貨幣数量説に対するケインズの批判が不十分なものに終わっていたことがある。すなわち、ケインズは交換方程式の解釈において、貨幣の流通速度 V が可変的であることを指摘して、貨幣量 M の増加が比例的な物価 P の上昇を引き起こすとはかぎらないと論じていた。しかしそのような見解は、貨幣数量説に修正を加えるものではあっても、それを放棄するものではない。貨幣量は依然として、中央銀行が決定する外生変数とされているからである。実は、交換方程式の因果関係それ自体が、右辺から左辺へと逆に読まれなくてはならないと、カルドアは主張する。すなわち、マネタリストの見解とは正反対に、名目国民所得 PY から貨幣量 M へという因果関係が存在しているというのが彼の見方である。言い換えるならば、信用貨幣経済においては、貨幣の供給はその需要に対して受動的に調節される。カルドアをはじめとするポスト・ケインズ派の経済学者によって提唱されているこの理論を**内生的貨幣供給理論**という[5)]。

名目国民所得が増加すると、取引動機にもとづく貨幣需要が増加する。そして貨幣需要の増加に対応するかたちで銀行貸出も増加するだろう。銀行の貸出は、家計や企業がもつ預金口座への振り込みというかたちで行なわれるので、貸出の増加にともない預金通貨が増加する。こうして貨幣に対する需要の増加が、その供給の増加を引き起こすことになる。そして預金が増加すると、それにともない民間銀行の所要準備額も増加する。このとき中央銀行

5）詳しい議論については、N. カルドア『マネタリズム――その罪過』（原正彦・高川清明訳）日本経済評論社、1984年、を参照されたい。

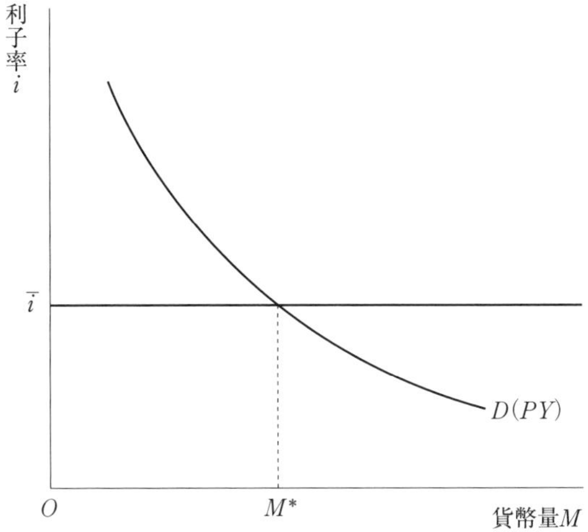

図５－４　内生的貨幣供給

は、金融市場において準備需要をみたすのに十分な資金の供給を行なわなくてはならない。というのは、そうしない場合、民間銀行どうしが短期資金の貸し借りを行なう市場（日本ではコール市場）において金利が高騰し、市場の大きな混乱が生じるからである。金融市場の安定的秩序を維持するために、中央銀行は公開市場操作を通じて同調的な準備の供給を行なわざるをえないのである。

したがってポスト・ケインズ派の見解によれば、伝統的な見解とはまったく反対に、名目国民所得 PY から貨幣量 M へ、さらに貨幣量 M からベース・マネー B へという因果関係が存在する。すなわち貨幣は、「信用によって誘発され、需要によって決定される」（credit-driven and demand-determined）内生変数である。図５－４に示されているように、貨幣供給が内生的である場合には、中央銀行が利子率 i を決定し、その利子率のもとで銀行貸出を通じて貨幣の需要に対して弾力的に貨幣の供給が行なわれる。したがって、貨幣供給曲線は水平に描かれることになる。このとき、利子率が中央銀行によって決定される外生変数であるのに対して、貨幣量は需要によって決定される内生変数となる。

ポスト・ケインズ派が主張するように貨幣供給が内生的であるとすれば、

貨幣量の増加を抑制することによって物価の安定化をはかるべきであるというマネタリストの政策提案は、そもそも実行不可能なものであるということになる。ポスト・ケインズ派の見解によれば、中央銀行の主な役割は、物価を安定させることではなく、**最後の貸し手**（lender of last resort）としての機能を果たすことによって信用秩序を維持することにある。すなわち、同調的な準備の供給を通じて金利の乱高下を防ぎ、金融システムの安定を実現することが中央銀行の最大の責務であると主張する。

さて、マネタリストの見解を否定するのであれば、インフレーションの原因についてポスト・ケインズ派はどう考えているのか、そしてインフレーションを抑制するためにどのような政策を提案しているのかが問われることになる。これらの問題については、本書第8章第4～6節で論じる。

5．今日の金融政策

1970年代には、マネタリストの強い影響のもとに、アメリカをはじめとする多くの先進諸国の中央銀行は、貨幣量の制御を通じたインフレーションの抑制に乗り出した。しかしながらその後、金融自由化と金融イノベーションが進展した結果、貨幣量と名目国民所得（および物価）とのあいだの関係が不安定化すると、マネタリストの影響力がしだいに衰え、多くの国で、貨幣量ではなく、金利をおもな政策手段とする金融政策運営が採用されるようになった。こうして2000年代になると、中央銀行は短期金利の操作を通じて物価の安定をはかるべきであるという**ニュー・コンセンサス**（new consensus）が、主流派マクロ経済学者や中央銀行関係者のあいだでの支配的な見解となった。

マクロ経済学におけるニュー・コンセンサスのおもな命題は、(1) 物価の安定が金融政策の主要な目標である、(2) 中央銀行は、金利を操作することによってのみインフレーションを抑制することができる、というものである。これを踏まえ各国の中央銀行は、**インフレ目標政策**を採用するとともに、その目標を達成するべく**テイラー・ルール**と呼ばれる金融政策ルールにもとづく金利の設定を行なっている。

テイラー・ルールとは、アメリカの経済学者であるテイラー（John Brian Taylor）によって1993年に提案されたものであり、中央銀行はインフレ率や産出量ギャップに対応して短期金利を調節するべきであるという考え方である。金利の決定ルールを示す式は次のようなものである。

$$i = r^* + \pi + \alpha(\pi - \pi^*) + \beta(Y - Y^*) \qquad (5\text{-}5)$$

ここで記号は、iが名目短期金利、πがインフレ率、π^*が目標インフレ率、Yが現実産出量、Y^*が潜在産出量である。潜在産出量とは、資本や労働が最大限に利用された場合に達成可能な産出量のことである。YとY^*の差を産出量ギャップという。またαとβは正の係数であり、r^*は産出量ギャップがゼロのときに成立する均衡実質金利である。

テイラー・ルールのもとでは、インフレ率が目標インフレ率を上回ったり、現実産出量が潜在産出量を上回ったりするときには、中央銀行は名目金利を引き上げて総需要の抑制をはかる。このような金利の操作によって、中央銀行は現実産出量を潜在産出量に等しくするとともに、物価を安定化することができる。ただし、目標インフレ率からのインフレ率の乖離は産出量ギャップの存在によって生じるのであるから、究極的には産出量ギャップに反応するかたちで金利の調整が行なわれることになる。また(5-5)式から分かるように、産出量ギャップが解消してインフレ目標が達成されたときには、名目金利iからインフレ率πを引いた実質金利はr^*に等しくなる。この均衡金利のことを**自然利子率**（natural rate of interest）という。

ニュー・コンセンサスにもとづく政策運営方式のもとでは、金利が外生変数となる一方で、貨幣量は内生変数となる。したがってニュー・コンセンサスは、一見したところ、ポスト・ケインズ派が長らく唱えてきた見解によく似ている。しかしながら、このような類似は見かけ上のものにすぎない。というのも、ニュー・コンセンサスにおいては、マクロ経済の長期均衡が供給側の要因によって決定されると考えられているからである。

ニュー・コンセンサスの見解によれば、総需要が変化して現実産出量が潜在産出量から乖離することによって物価の変動が引き起こされる。この場合、中央銀行は金利の操作を通じて現実産出量を潜在産出量に調節することによって、物価を安定化することができる。しかしながら経済の潜在産出量は、技術水準・労働供給・資本ストックという供給側の要因によって決定されるので、総需要の増加が産出水準を引き上げるのは短期においてだけである。また金融政策は長期においては物価水準の変化を引き起こすだけで、生産と雇用の水準に持続的な影響を及ぼすことができないとみなされている。すなわちニュー・コンセンサスは、貨幣の長期的中立性という伝統的な考え方を固守しているのである。

これに対してポスト・ケインズ派は、短期においても長期においても、経済活動水準の決定において需要が主導的な役割を演じると考える。そしてそれゆえに、財政政策や金融政策は、実体経済に対して長期的な効果を及ぼすことができると主張している。さらに金融政策の目標に関しても、ポスト・ケインズ派はニュー・コンセンサスと見解を異にしている。前節で見たように、ポスト・ケインズ派は、金融政策の目標が、物価の安定ではなく、金融システムの安定におかれるべきであると主張している。この目的のために金融政策が用いられるならば、物価の安定のためには、所得政策など、他の手段によって対応しなくてはならない（詳しくは、第8章第6節で論じる）。

この章では、「生産の貨幣理論」の構築をめざしたケインズの経済学の核心がどこにあるのか、そしてポスト・ケインズ派がどのようなかたちでケインズの洞察の継承と発展をはかっているのかについて紹介した。貨幣は非中立的であり、実体経済の活動と不可分な関係にあるというケインズおよびポスト・ケインズ派の視点は、現代の政治経済学に一つの重要な理論的拠り所をあたえている。

この章のまとめ

1．貨幣には、価値尺度・交換手段・価値保蔵手段という三つの機能がある。ケインズは、不確実な世界において貨幣が価値保蔵手段として果たす役割を重視した。

2．ケインズは、自らが構築しようと試みていた理論を「生産の貨幣理論」と呼んだ。ケインズ経済学の核心の一つは、短期においても長期においても貨幣が非中立的であると見ている点にある。
3．ケインズの見解によれば、貨幣は、「生産の弾力性」と「代替の弾力性」がともにゼロであるという性質をもつ。資本主義経済において不完全雇用均衡が生じる根本的な原因は、貨幣という生産不可能な流動資産が存在することにある。
4．ケインズは、貨幣のストックに対する需要と供給とが等しくなる点において利子率が決定されると主張した。このようなケインズの利子理論は「流動性選好説」と呼ばれている。
5．ポスト・ケインズ派は、内生的貨幣供給理論と呼ばれる理論を提唱している。それによれば、信用貨幣経済においては、貨幣の供給はその需要に対して受動的に調節される。すなわち、名目国民所得から貨幣量へ、さらに貨幣量からベース・マネーへという因果関係が存在する。
6．2000年代以降に支配的となった「ニュー・コンセンサス」は、貨幣供給が内生的であり、利子率が外生的であると見ている点において、ポスト・ケインズ派の見解に類似している。しかしながらニュー・コンセンサスにおいては、マクロ経済の長期均衡が供給側の要因によって決定されると考えられている。

第6章

所得と雇用の決定

この章で学ぶこと

ケインズが提唱した「有効需要の原理」にもとづき、所得と雇用の決定の仕組みについて理解することが、この章の目的である。総需要を構成する主要な項目である消費と投資がどのようにして決まるのかを見たのち、国民所得の決定について説明する。そのうえで、完全雇用を実現するために政府はどのような経済政策をとることができるのか、またそれらの政策を通じて完全雇用の達成にいたる道にはどのような障害が横たわっているのかについても考えてみたい。

1. 有効需要の原理――再論

一国の経済活動の規模を表わす国民所得（GDP）の大きさはどのようにして決まるのか。また雇用量はどのようにして決定されるのだろうか。所得と雇用の決定についても、新古典派経済学と政治経済学のあいだには大きな見解の相違が存在する。新古典派経済学では、かりに市場において不均衡が発生したとしても、賃金や価格が伸縮的に変化することによって経済体系はふたたび均衡に向かうと考える。すなわち資本主義経済は、それ自らのはたらきに委ねておけば完全雇用を達成するような機構を備えた本来的に安定的なシステムであるとみなされているのである。これに対して政治経済学のアプローチにもとづく経済学者たちは、たとえ賃金や価格が伸縮的であったとしても完全雇用が実現するとはかぎらないと主張する。国民所得と雇用量は有効需要の水準によって決定されるのであり、有効需要が完全雇用をもたらす水準につねに一致するとはかぎらない。すなわち、失業は有効需要の不足によって発生するというのが彼らの見方である。

所得と雇用が総需要によって決定されるという**有効需要の原理**は、ケインズによって明快なかたちで定式化された。ケインズは、完全雇用を仮定している伝統的な新古典派経済学では1930年代の大不況のさいに生じた大量失業を説明することはできないと考え、非自発的失業の原因を解き明かす新しい経済理論の構築へと向かった。そして、1936年に公刊した『一般理論』において自らの理論的枠組みを提示した。そのごく大まかな考え方については、すでに第2章第2節で見たとおりである。

今日では、ケインズの「有効需要の原理」は、ポスト・ケインズ派はもとより、マルクス派にいたるまで、政治経済学の理論的基礎として広く受容されている。そこで、この章では、「有効需要の原理」にもとづきながら国民所得と雇用量の決定の仕組みについて見ていくことにする。さらに、完全雇用を実現するために政府はどのような政策をとることができるのかについても考えてみよう。

2．消費と投資

(1) 消費関数

議論を単純にするために政府部門と外国部門を捨象すると、総需要は、消費と投資という二つの項目から構成される。これらのうち、まずはじめに消費がどのようにして決まるのかについて考えることにしよう。第1章第3節(3) で見たように、民間消費は、日本経済において総需要の約60%を占める最大の需要項目である。

ケインズは、消費 C は主に現在所得 Y によって決定されると考えた。消費と所得との関係を示す関数を**消費関数**という。彼は、人々は所得の増加につれて消費を増加させるが、消費の増加は所得の増加ほど大きくはないという法則が存在することを指摘する。彼は、これを「近代社会の基本的心理法

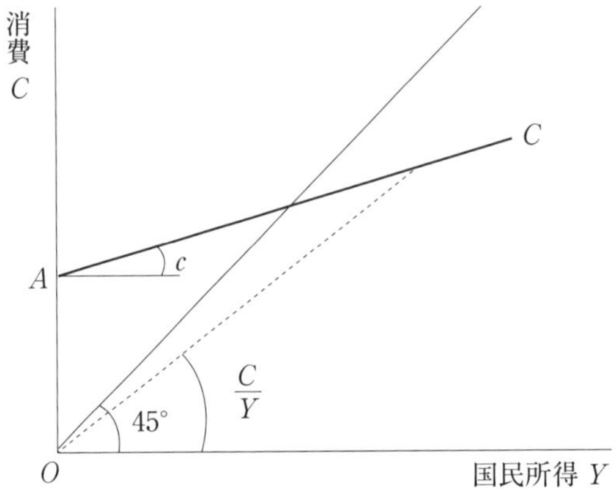

図 6－1　消費関数

則」と呼んだ。したがって、所得 1 単位の増加 ΔY に対する消費の増加 ΔC は 1 よりも小さくなる。所得の変化に対する消費の変化の比率 $\Delta C/\Delta Y$ を**限界消費性向**という。たとえば、所得が 1 万円増加したときに消費が 8000 円だけ増加するならば、限界消費性向は 0.8 となる。さらに、所得水準にかかわらず固定的な消費が存在する。この部分を**基礎消費**という。以上より、ケインズ型の消費関数は次のように表わされる。

$$C = A + cY \qquad (0 < c < 1) \tag{6-1}$$

ここで C は消費、A は基礎消費、c は限界消費性向、Y は国民所得を表わす。この消費関数は図 6－1 のようになる。限界消費性向は 1 よりも小さいので、消費関数は 45°線よりも緩やかな傾きの直線となる。この図より、所得がゼロのときには消費は基礎消費に等しく、所得が増加するにつれて消費も増加することが分かる。

それでは、所得に対する消費の割合はどのように変化するのだろうか。この比率 C/Y は**平均消費性向**と呼ばれており、次の式で表わされる。

$$\frac{C}{Y} = \frac{A + cY}{Y} = \frac{A}{Y} + c \tag{6-2}$$

この式から明らかなように、平均消費性向は所得の増加とともに低下する。このことは図６-１からも理解することができる。平均消費性向は、原点と消費関数の上の点を結ぶ直線の傾きによって示される。その傾きは所得の増加とともに緩やかとなる。このように、限界消費性向が定数であるのに対して、平均消費性向は所得の増加とともに低下するという性格をもっている。このことは、所得の増加とともに、所得と消費の差額が拡大するということを意味している。

社会が豊かになればなるほど、現実の生産量と潜在的な生産量との差はますます拡大していく傾向があり、資本主義経済に内在する矛盾はますます明白かつ深刻なものとなる、とケインズは言う。所得と消費の差額が拡大するならば、その差額を補うに足るだけの十分な投資がなければ、その時点での所得水準を維持することはできない。しかもいっそう悪いことに、資本蓄積が進んだ豊かな社会においては、魅力的な投資機会がますます乏しくなっている、とケインズは考えていた。投資が不足するならば、所得水準が低下して、非自発的失業が増加することになるだろう。豊かな社会における失業は、投資の不足によって生じるのである。このような逆説的な現象を、ケインズは**豊富のなかの貧困**と呼んだ。先進資本主義経済における完全雇用の達成は、大きな投資誘因を維持することができるか否かにかかっているのである。

(2)　投資決定の理論

消費と並んで総需要を構成する主要な項目が投資である。前項で見たように、消費は所得によって決定される。また消費関数はかなり安定的な関数であり、そのため消費支出もほぼ安定的に推移している。このことは、経済システムにそれなりの安定性をもたらす一つの要因となっている。これに対して、投資が総需要に占める割合は消費よりも小さいが、その変動は消費と比べてはるかに大きい。

図６-２は、1956年以降の日本における消費と投資の変化率を示したものである。投資については、企業設備投資の変化率を示している。企業設備投資は民間投資の多くを占め、それ自体で総需要の15％ほどになる。このため、

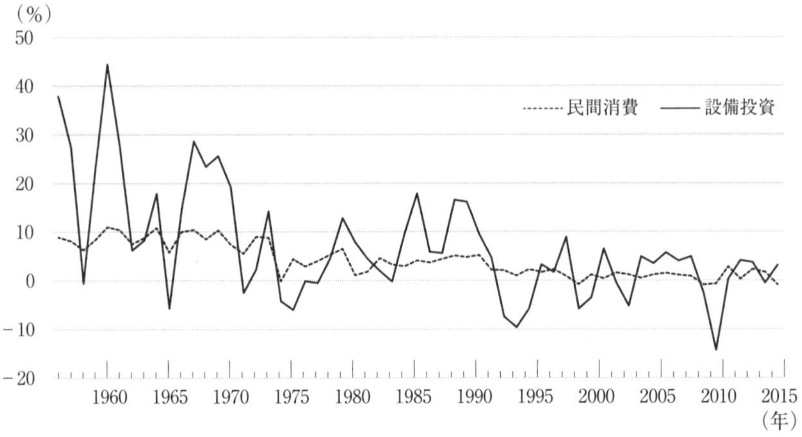

図6－2　消費と投資の変化率

出所）内閣府「国民経済計算」
注）実質値で見た消費（民間最終消費支出）と設備投資（民間企業設備投資）の変化率を示している。

経済学で投資という場合には、企業設備投資を指すことが多い。この図から、消費がかなり安定的に推移しているのに対して、企業設備投資は激しく変動していることを理解することができる。そして、これから見ていくように、投資の変動こそが、生産量と雇用量の変動を生み出す原動力となるのである。

ケインズは、投資誘因として**資本の限界効率**（marginal efficiency of capital）と**利子率**の二つを挙げている。資本の限界効率とは、投資の予想利潤率のことである[1]。企業家は、追加的な１単位の投資を行なうことによって実現すると予想される利潤率と、投資資金の借入費用である利子率とを比較しながら、投資を行なうか否かを判断する。資本の限界効率が利子率を上回るならば企業家は投資を拡大し、逆の場合には投資を縮小するだろう。その結果、

1）この概念が意味しているのは、すでに企業が保有している資本ストックの予想利潤率ではなく、企業がこれから実行しようと考えている投資案件の予想利潤率である。したがって正確には「投資の限界効率」と呼ぶことが適切である。ただし本章では、ケインズ自身と同じく「資本の限界効率」の用語を用いることにする。

資本の限界効率と利子率とが等しくなる点において投資量が決定されることになる。資本の限界効率は、以下のようにして求めることができる。

いま、n 年の耐用期間をもつ資本資産の予想収益の系列が Q_1、Q_2、……、Q_nであるとすれば、それを新たに１単位だけ生産するときの販売価格である**資本資産の供給価格** P_Iと予想収益とのあいだには、次のような関係が成立する。

$$P_I = \frac{Q_1}{(1+m)} + \frac{Q_2}{(1+m)^2} + \cdots\cdots + \frac{Q_n}{(1+m)^n} \qquad (6\text{-}3)$$

資本資産の現在価値は、毎期の予想収益の系列 Q_1、Q_2、……、Q_nを現在時点から見て評価した値である。たとえば、この資本資産がかりに毎期 100 万円の収益をもたらすとしても、現在の 100 万円と１年後の 100 万円、n 年後の 100 万円とではそれぞれ価値が異なるので、その資産の価値を評価するためには、将来の予想収益を現在の価値に直してやる必要がある。このとき、予想収益の系列の割引現在価値を資本資産の供給価格に一致させるような割引率 m が「資本の限界効率」として定義される。(6-3) 式から明らかなように、資本資産の供給価格 P_Iが低下すればするほど、また予想収益 Q_1、Q_2、……、Q_nが高まれば高まるほど、資本の限界効率 m の値は大きくなる。それゆえ、資本の限界効率を予想利潤率として解釈することができるのである。

資本の限界効率は、投資の増加とともに低下すると考えられる。その理由は、一つには、特定類型の資本設備の供給が増加するにつれて予想収益 Q_1、Q_2、……、Q_nが低下するからである。すなわち、その資本設備が生産する生産物の価格は企業間競争の激化によって低下するので、投資の予想収益もまた低下するであろう。いま一つには、その類型の資本設備の生産が増加すると、収穫逓減法則の作用によって限界費用が増加するために、その資本資産の供給価格 P_Iが上昇するからである。これら二つの要因のうち、長期になればなるほど第一の要因が重要となるだろう。

これに対して、利子率 i は投資の水準にかかわらず一定であるとみなされている（利子率の決定については、第５章第３節 (2) で説明した)。したがって図

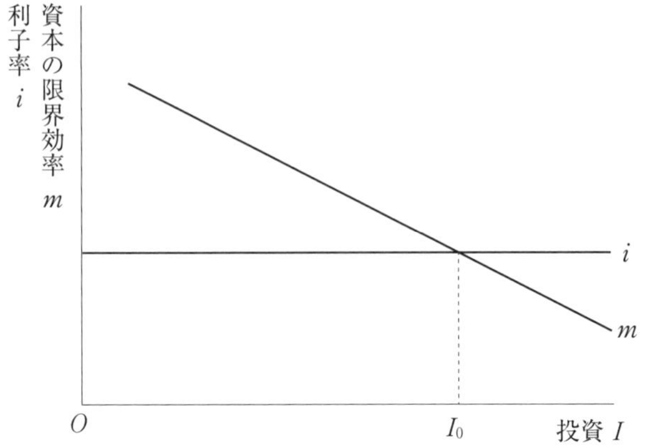

図６－３　投資の決定（ケインズ）

６－３に見られるように、資本の限界効率 m と利子率 i が一致する点で投資量が決定されることになる。m が i を上回るかぎり企業は資金の借入を増やして投資を拡大することが有利であり、反対に m が i を下回るときには投資を行なうと損失を被ることになるので、企業は投資を行なわないからである。ここで利子率が不変の場合、将来収益についての企業家の予想が楽観的となれば、資本の限界効率曲線が右にシフトして投資は増加することになる。反対に彼らの予想が悲観的となれば、資本の限界効率曲線が左にシフトして投資は減少する。投資によってもたらされる収益についての企業家の期待を、ケインズは「長期期待」と呼んでいる。他方で、資本の限界効率曲線が不変であるときには、利子率が上昇（低下）すると、投資は減少（増加）する。このように投資 I は、予想収益を推定する基礎となる長期期待の状態 E および投資にともなう費用である利子率 i に依存して決まるのであるから、**投資関数**は次のように表わされる。

$$I = I\ (\underset{\oplus}{E}, \underset{\ominus}{\mathrm{i}}) \qquad (6\text{-}4)$$

ケインズは、長期期待の状態と利子率という二つの投資決定要因のなかでも、長期期待の状態が根本的な重要性をもっていると主張する。投資物件の将来における収益を規定する要因についてのわれわれの知識の基礎はまったく当てにならないというのが、不確実性にみちた現実世界における顕著な事実である（第5章第2節（2）を参照)。このような**根本的不確実性**をともなう資本主義経済においては、投資の将来収益に関する企業家の予想はきわめて移ろいやすい性格をもつ。このため、資本の限界効率曲線はしばしば激しい変動にさらされる。投資の決定においては、企業家のいだく長期期待の状態が決定的に重要な役割を演じるのである。楽観的な期待に導かれて、積極的な活動に乗り出そうとする企業家の自生的な衝動のことを、ケインズは**血気**（animal spirits）という言葉で表現している。

（3）危険逓増の原理

ここまで見てきたように、ケインズは、企業が一定の利子率で望むだけの資金を借り入れることができるという仮定にもとづいて投資の決定を説明した。すなわち、金融市場は完全競争的であるとされていたのである。しかしながら、現代資本主義経済においては、生産物市場と同様に、金融市場も一般に不完全競争的であると考えられる。このことを鋭く指摘したのがカレツキであった。

カレツキが提唱した**危険逓増の原理**によれば、企業家の保有する自己資本に比べて投資が増加すればするほど、投資が失敗したときの企業者所得の減少は大きくなる。投資の増加につれて「借り手のリスク」とともに「貸し手のリスク」が逓増するので、貸し手は、限界リスク率σの増大とともに貸出利子率を引き上げるであろう。すなわち、借入額の増加とともに企業家にとっての資金調達コストは増大するのである。この場合には、図6－4のように資本の限界効率mが投資とともに逓減しないときにも投資水準の決定を説明することができる。すなわち投資は、資本の限界効率mが利子率i（投資量にかかわらず一定の部分ρと限界リスク率σの和）に等しくなる点において決定される。

このようなカレツキの見方によれば、投資は、企業家の所有する自己資本によって制約を受けることになる。自己資本は、それ自体が投資資金として使用されるだけでなく、外部資金を誘引するための源泉としての役割をも

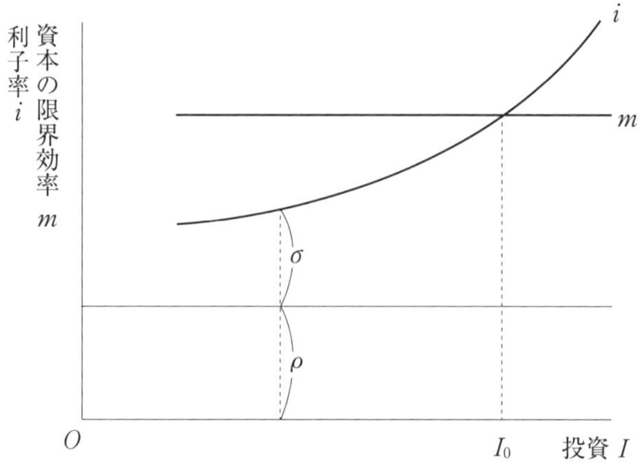

図6－4　投資の決定（カレツキ）

もっている。そのために、企業家の所有する自己資本が大きくなればなるほど、実行することのできる投資の額もまた大きくなるのである。自己資本の増加は、図6－4においてi曲線の右方シフトによって示されるので、このときには投資量が増加することが分かる。したがって、ケインズが投資決定に影響を及ぼす金融的要因として利子率を重視したのに対して、カレツキの見解によれば、利子率よりも**信用の利用可能性**が重要であるということになる。このような見解は、スティグリッツをはじめとする現代のニュー・ケインジアンの「信用割当の理論」においても主張されている。

3．国民所得の決定

本章の枠組みにおいては政府部門と外国部門が捨象されているので、国民所得は消費と投資から構成される。すでに述べたように、このうち消費は所得によって決定されるので、結局、国民所得と雇用量はもう一つの需要項目である投資によって決定されるということになる。ここでは、国民所得の決定について図6－5にもとづいて説明しよう。

まず横軸に国民所得Yをとり、縦軸に総需要Dと総供給Zをとる。企業

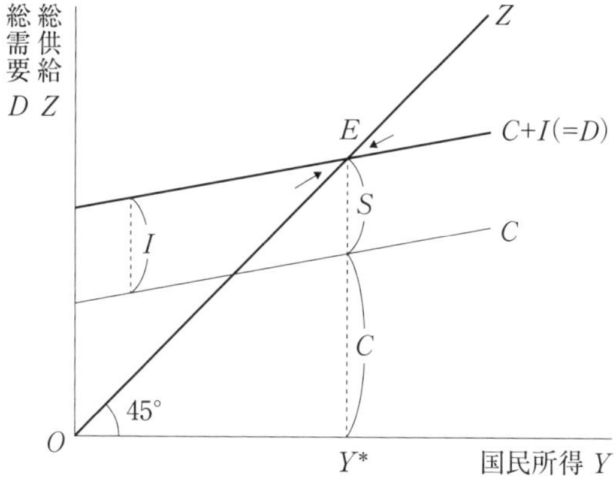

図6－5　国民所得の決定

の生産活動によって生産物が生産されるときには必ずそれに等しい所得が生み出されるので、総供給曲線は原点から出発する45°線によって示される。消費関数は45°線よりも緩やかな傾きの右上がりの直線として描かれる。総需要は消費 C に投資 I を加えたものであるから、消費関数に投資を上乗せすることによって総需要曲線を得ることができる。総需要曲線は消費関数を I だけ上に平行移動したものであるから、その傾きは消費関数に等しい。このようにして得られた総需要曲線と総供給曲線との交点において総需要と総供給が等しくなるので、マクロ経済の均衡は点 E であたえられる。このとき、**均衡国民所得**は Y^* である。この図における三角形 OEY^* は直角二等辺三角形であり、OY^* と EY^* は同じ長さであるから、ここで総需要と総供給はともに国民所得に等しくなっていることが分かる。また図より、均衡においては投資 I と貯蓄 S が等しくなることも分かる。もし投資が増加するならば、総需要曲線の上方シフトを通じて国民所得が増加し、その結果、投資の増加に等しい貯蓄の増加がもたらされることになる。

次に、点 E が安定的な均衡点であるかどうかについて考えてみよう。もし現実の所得が均衡国民所得 Y^* を下回る場合には、総需要が総供給を上回り、生産物市場において超過需要が存在する。このとき企業にとっては生産を拡大しようとする誘因がはたらくので、国民所得は増加し、経済は点 E に向かって動くであろう。反対に、国民所得が Y^* よりも大きい場合には生産物市場において超過供給が存在するので、生産物の一部が売れ残り、企業にとって意図せざる在庫の増加が生じるであろう。この場合には、企業は生産を削減しようとするから、国民所得は減少して、経済は点 E に引き戻されることになる。こうして、点 E は安定的な均衡点であることが理解される。

ここで問題となるのは、上のようにして決定された均衡国民所得が完全雇用国民所得に等しくなるとは限らないということである。ある時点での均衡国民所得の水準が完全雇用をもたらすような国民所得の水準に及ばないときには、生産物市場においては均衡が実現している一方で、労働市場では失業が生じている。このような失業をともなう均衡、すなわち**不完全雇用均衡**が発生する可能性を理論的に明らかにしたところにケインズの大きな貢献がある。

さて、これまでの議論をふまえたうえで、貯蓄・投資・所得のあいだの関係についてあらためて考えてみよう。総需要 D は消費 C と投資 I から構成されるので、

$$D=C+I \tag{6-5}$$

となる。また総供給 Z は国民所得 Y に等しく、さらに国民所得は消費 C か貯蓄 S のいずれかに充てられることから、次の式が成立する。

$$Z=C+S \tag{6-6}$$

したがって、総需要と総供給が等しいマクロ経済の均衡のもとでは、

$$C+I=C+S \tag{6-7}$$

となるので、両辺から C を引くと、

$$I=S \tag{6-8}$$

という関係が導かれる。先に述べたように、このような投資と貯蓄の均等は国民所得の変化を通じてもたらされる。自立的な投資の変化が国民所得の変

化をもたらし、それに次いで投資の変化に等しい貯蓄の変化が生じる。このように、投資の変化こそが経済変動を引き起こす起動力となるのである。それでは、投資の変化はどのような過程を通じて所得の変化をもたらすのだろうか。またそのさい、どれだけの所得の変化を引き起こすのだろうか。この問いに答えることが次の課題となる。

4．乗数

上の（6-5）式と（6-6）式から、総供給と総需要が等しいというマクロ経済の均衡のもとでは、$Y=C+I$ であることが分かる。この式に消費関数（6-1）式を代入すると、次の式を得ることができる。

$$Y=A+cY+I \tag{6-9}$$

これを Y について解くならば、

$$Y^{*}=\frac{1}{1-c}(A+I) \tag{6-10}$$

となる。（6-10）式が均衡国民所得の決定式となる。ここに見られるように、均衡国民所得 Y^{*} は、基礎消費 A と投資 I の和に $1/(1-c)$ をかけた値に等しくなる。基礎消費と投資はともに国民所得とは独立に決定される支出部分であることから**独立支出**と呼ばれている。また $1/(1-c)$ は**投資乗数**（investment multiplier）と呼ばれている。$0<c<1$ であるから、乗数は1よりも大きい。限界貯蓄性向 s は $s=1-c$ と定義されているので、乗数は $1/s$ と表わすこともできる。ともあれ、

均衡国民所得＝乗数×独立支出

という関係が存在していることが分かる。したがって独立支出の増加は、その乗数倍の所得の増加をもたらす。たとえば投資が1兆円だけ増加し、このとき限界消費性向 c が0.8であるとすれば乗数の値は5であるから、5兆円

の所得の増加が生じることになる。さらに、限界消費性向が大きければ大きいほど、乗数の値は大きくなる。限界消費性向が0.9に上昇するならば乗数は10となるので、この場合には、投資の増加はその10倍の所得の増加をもたらすことになる。

これとは反対に、人々が節約に励めば励むほど、限界消費性向が小さくなることによって乗数も小さくなり、均衡国民所得は減少する。その結果、当初の意図に反して貯蓄額Sは変わらない。このことは、今日では**節約の逆説**と呼ばれている。たしかに個人の観点から考えるならば、貯蓄を増やすためには限界貯蓄性向sを引き上げる必要がある（これは、限界消費性向cを引き下げることとまったく同じことを意味する）。しかしながら、経済を構成する人々がいっせいにこのような行動をとるならば、投資Iの大きさに変化がないかぎり国民所得が減少するので、限界貯蓄性向が上昇したとしても貯蓄額Sは変わらない。(6-8) 式に見られるように、マクロ経済の均衡においては貯蓄と投資は等しくなるので、貯蓄性向が上昇するならば、貯蓄額が不変に保たれるところまで所得が低下するからである。このように、個々人にとっては妥当な結論も社会全体に当てはまるとはかぎらないことを**合成の誤謬**という（合成の誤謬については、序章第3節 (2) ですでに述べた）。

さて、それでは投資の増加が、それに等しいだけの所得の増加をもたらすにとどまらず、その乗数倍の所得の増加をもたらすのはなぜだろうか。その仕組みを明らかにするために**乗数過程**をたどっていくことにしよう。ここで、上の数値例のように、限界消費性向cが0.8のときに1兆円の投資の増加があったとする。この場合、1兆円の投資財生産の増加が生じるので、投資の増加はそれに等しい国民所得の増加を生み出す（第1ラウンド）。これに次いで、1兆円の所得の増加は、限界消費性向が0.8であることから、8000億円の消費の増加をもたらす。この8000億円の消費の増加は、同じく8000億円の消費財生産と所得の増加をもたらす（第2ラウンド）。さらに第3ラウンドでは、8000億円に0.8をかけた6400億円の消費と所得の増加が生じる。これと同じようにして、第4ラウンドでは5120億円の消費と所得の増加が生じるだろう。このようにして、需要の増加が経済の各部門に次々と波及していく過程（乗数過程）が無限に続くことになる。

このことを一般的な式で表わすと、ΔI だけの投資の増加によってもたらされる所得の増加 ΔY は、

$$\begin{aligned}\Delta Y &= \Delta I + c\Delta I + c^2\Delta I + c^3\Delta I + \cdots\cdots \\ &= (1 + c + c^2 + c^3 + \cdots\cdots)\Delta I\end{aligned}$$

となる。ここで無限等比級数の和の公式[2)]を用いるならば、上の式を次のように書き直すことができる。

$$\Delta Y = \frac{1}{1-c}\Delta I \qquad (6\text{-}11)$$

これより、投資の増加は、その乗数倍の所得の増加をもたらすことが理解される。このようにして、投資の変動こそが経済変動の根本的な原因であることを明らかにした点に、乗数理論の意義が認められる。

5．所得決定理論の要約

ここまで説明してきたケインズの所得決定理論を要約すると、図6－6のようになる。まず、貨幣のストックに対する需要と供給とが等しくなる点において利子率があたえられる。これに次いで、資本の限界効率 m と利子率 i が一致する点において投資 I が決定される。ただしケインズは、資本の限界効率が投資量の増加とともに低下し、また利子率は投資量にかかわらず一定であると仮定していた。これに対してカレツキは、金融市場は一般に不完全競争的であるという理由から、利子率一定というケインズの仮定は非現実的であると述べて、それを批判した。ともあれ投資量が決まれば、乗数過程を通じて国民所得 Y の水準が決まる。国民所得は有効需要に等しく、それは投資と消費の総額に等しい。消費 C は、消費関数を通じて所得によって決定

2）$|r| < 1$ のとき、$1 + r + r^2 + r^3 + \cdots\cdots = 1/(1-r)$ という公式が成り立つ。この公式を無限等比級数の和の公式という。

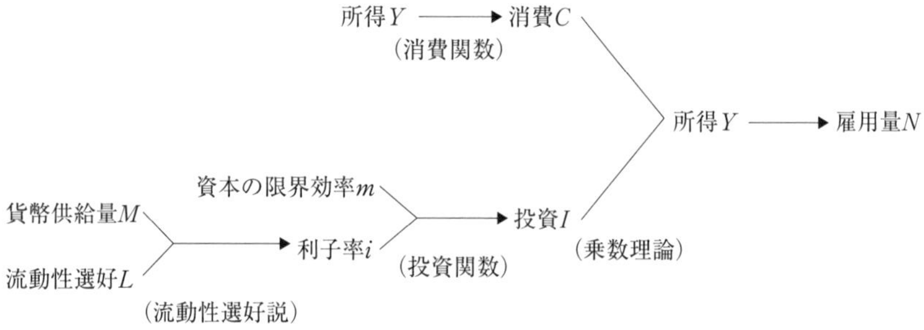

図6－6　所得決定理論の構造

される。国民所得があたえられると、それに対応する雇用量が決まる。

このように、ケインズの所得決定理論は因果順序がはっきりしている体系である。一般にケインズの経済学体系を要約したものとして知られている ***IS-LM* 分析**が相互依存・同時決定の体系であることを考えると、それがケインズ理論のエッセンスを正確に捉えたものであるか否かについては疑問の余地も残されている[3]。

6．経済政策の効果

(1) 完全雇用のための三つの政策

失業は、有効需要の不足、とりわけ民間投資の不足のために生じるというのが、ケインズの診断であった。したがって彼は、政府の積極的な介入を通じて総需要を管理することによって、失業問題を克服することができると主張した。伝統的な自由放任政策を否定し、国家の経済介入に理論的な根拠をあたえたところに、ケインズ経済学の大きな意義がある。ケインズの所得決

3）*IS-LM* 分析とは、生産物市場と貨幣市場を同時に均衡させるような国民所得と利子率の組み合わせがどのように決まるのかを示す分析枠組みである。イギリスの経済学者であるヒックス（John Richard Hicks）によって1930年代後半に考案された。マクロ経済学の学部生向け教科書の多くで平易な解説があたえられている。

定理論から、完全雇用を達成するための政策として、財政政策・金融政策・所得再分配政策の三つが導き出される。

第一に、赤字財政による公共投資の拡大という**財政政策**がある。ここで政府支出を G で表わすと、(6-5) 式と (6-6) 式であたえられたマクロ経済の均衡条件は、次のように変わる。

$$Y=C+I+G \tag{6-12}$$

また租税 T の存在を考慮して、消費関数も次のように修正される。

$$C=A+c(Y-T) \tag{6-13}$$

すなわち、消費は所得 Y それ自体にではなく、**可処分所得** $Y-T$ に依存して決まることになる。(6-13) 式を (6-12) 式に代入すると、

$$Y=A+c(Y-T)+I+G \tag{6-14}$$

となる。これを Y について解くならば、均衡国民所得 Y^* の水準

$$Y^*=\frac{1}{1-c}(A+I+G-cT) \tag{6-15}$$

を求めることができる。この式において乗数は $1/(1-c)$ であるので、$\varDelta G$ だけの政府支出の増加があれば、それに乗数をかけた額に等しい所得の増加 $\varDelta Y$ がもたらされることが分かる。したがって、

$$\varDelta Y=\frac{1}{1-c}\varDelta G \tag{6-16}$$

という関係を導くことができる。(6-16) 式における乗数 $\varDelta Y/\varDelta G$ を**政府支出乗数**という。民間投資が落ち込んだとしても、政府は、公共投資を行ない、自ら需要をつくり出すことによって、高くて安定的な雇用水準を維持することができるのである。

このことは、図6-7を用いて説明することができる。ここでは、消費 C

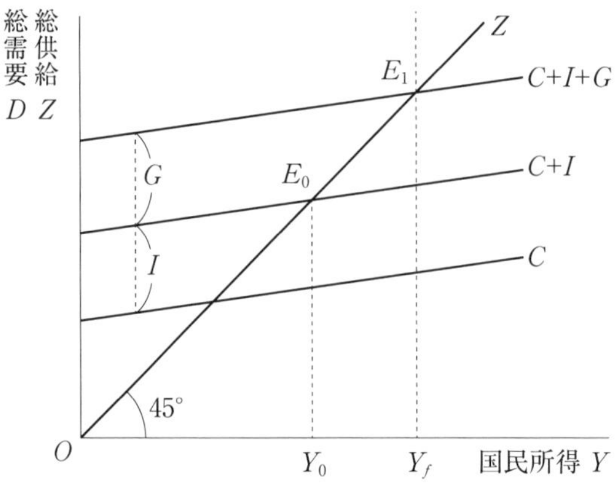

図６－７　政府支出の効果

と投資 I を合計した民間部門の総需要 D によって決まる国民所得の水準は Y_0 である。したがって、完全雇用国民所得を Y_f とすれば、完全雇用を実現するためには $Y_f - Y_0$ だけの所得が不足することになる。しかしながら十分な額の政府支出 G があれば、その分だけ総需要曲線が上方にシフトして均衡点が E_0 から E_1 へと移るので、所得水準を Y_0 から Y_f にまで引き上げることができる。ケインズは、完全雇用に近い状態を確保するための政策として、国家が長期的な視野にもとづいて経済全体の投資量を管理するという**投資の社会化**を提案した。

完全雇用を実現するための第二の政策は、金利の引き下げという**金融政策**である。本章第２節 (2) で見たように、利子率の引き下げは投資を増加させるので、このことは乗数過程を通じて所得と雇用の増加をもたらすであろう。図６－７にもとづいて説明するならば、低金利によって引き起こされた投資の増加は、$C+I$ で表される総需要曲線の上方へのシフトを通じて均衡国民所得の水準を引き上げることになる。

第三の政策として**所得再分配政策**がある。一般に貧しい人々は豊かな人々よりも高い消費性向をもつ。富裕層は所得の多くの部分を貯蓄に充てることのできるゆとりをもっているのに対して、貧困層は所得の大部分を必需品の購入をはじめとする消費に充てざるをえないからである。したがって、累進課税などの手段によって富裕層から貧困層に所得の再分配を行なうならば、社会全体についての消費性向が上昇するであろう。このような社会的消費性向の上昇は投資乗数の値を大きくするので、一定の額の投資について、より高い水準の所得がもたらされることになる。

(2) 賃金上昇が雇用に及ぼす効果

賃金の引き上げもまた、所得再分配政策と同じように、雇用を増加させる効果をもつ可能性がある。労働者の消費性向が資本家の消費性向よりも高いとすれば、賃金上昇は利潤所得から賃金所得への再分配をもたらして、社会的消費性向を引き上げるからである。この場合には、賃上げによって労働者所得が増加すると、これに続いて消費財需要が増加して総需要と雇用の水準が上昇することになる。しかしながら賃上げは、これとは反対の方向に作用する効果をももっている。すなわち、賃金の上昇は利潤を圧縮するので、企業家の長期期待にマイナスの影響をあたえて投資支出の減少をもたらす。これによって、総需要と雇用の水準は低下する。したがって、賃金の上昇が雇用を増加させるか否かは、これら二つの効果のいずれがより強いのかによって決まることになる。

賃金上昇によってもたらされる消費の増加が、賃金上昇によってもたらされる投資の減少を上回るならば、賃金の上昇は総需要と雇用の増加を引き起こすことになる。多くの遊休設備が存在する不完全稼動の状態においては、企業は、それらの設備をふたたび稼動させることによって需要の増加に対応することができるので、たとえ利潤が増加したとしても投資を行なって新たな資本設備を購入しようとはしないだろう。そのため、このような状況においては、賃金の上昇による利潤圧縮が投資を減少させるという効果は小さい。したがって不完全稼動状態のもとでは、賃金上昇は、総需要の増加と経済成長を導くことになるだろう。このように賃金上昇に導かれて実現するような経済成長の類型を**賃金主導型成長**（wage-led growth）という。

これに対して完全稼動状態（およびそれに近い状態）においては、利潤率が高ければ企業は積極的に投資を行なうはずであるから、賃上げによる利潤圧縮が投資の減少をもたらすという効果が強く作用するようになる。したがって、完全稼動状態のもとでの賃金上昇は、総需要と雇用をかえって減少させる可能性が大きい。これとは反対に、賃上げの抑制は利潤を増加させ、さらに利潤の増加は投資の拡大を導いて総需要と雇用を増加させるであろう。ここに見られるような、利潤と投資の増加によって牽引される経済成長のパターンを**利潤主導型成長**（profit-led growth）という。

要するに、賃金上昇が雇用に及ぼす効果は、経済がおかれている状況によって異なってくる。不況の局面においては、賃金の引き上げは雇用を増加させる可能性が大きい。これに対して、好況の局面において経済成長を持続させるためには過度の賃金上昇を防ぐような制度的仕組みが必要となる。

(3) 完全雇用の達成に対する制約

ここまでの議論によって、政府の積極的な経済政策や賃金の引き上げという手段を用いて完全雇用を達成する可能性があることが明らかにされた。しかしながら、これらの需要創出政策を通じて完全雇用にいたる道には、さまざまな障害や制約が横たわっている。まず第一に、生産と金融のグローバリゼーションが急速に進行しているなかで、各国が独自に拡張的なマクロ経済政策を追求することのできる余地がますます小さくなっているということがある。ある一国が拡張的な財政・金融政策をとるとしても、輸出入の開放度が高い経済では、新たにつくり出された需要の多くの部分が外国に漏出してしまうかもしれない。この場合には、拡張的な経済政策の効果は著しく低減する。また所得再分配政策は、高賃金・高福祉の負担を嫌う企業が生産拠点を海外に移動するというかたちでの資本逃避を引き起こす可能性がある。今日では、賃金の「需要」としての側面よりも「費用」としての側面に人々の関心が集まっており、賃金と雇用を抑制して国際競争力を高めることが唯一のとるべき進路であるという見方が各国において支配的となりつつある。

グローバリゼーションの奔流が国民国家の枠組みを打ち破り、各国レベルでの自立的な経済政策の政治的・経済的基盤を掘り崩した以上、市場原理にもとづく新自由主義の路線に対抗して民主主義的・平等主義的な経済政策の新たな可能性を追求しようとする側も、旧来の「一国ケインズ主義」を乗り越える「グローバル・ケインズ主義」という国際主義的なプログラムを構築する必要がある。そのプログラムにおいては、多国籍企業と国際金融資本の活動に対して何らかの社会的規制を加えることが不可欠となるであろう。すなわち、グローバル資本主義のもとで多くの国々に経済的な繁栄と安定をもたらすためには、各国間の協調的なマクロ経済政策によって総需要を拡大するとともに、資本規制などの措置を採用して投機的な国際資本移動を制限しなくてはならない。すべての外国為替取引に対して低率の税を課すというトービン（James Tobin）の提案（トービン税）は、この方向に沿ったものである。世界各国で拡大している所得格差を是正するために、世界的な資本課税を導入するべきであるというピケティ（Thomas Piketty）の主張も、このような観点から見て意義ぶかいものである。

完全雇用の達成に対するいま一つの制約として、カレツキが1943年の論文「完全雇用の政治的側面」において指摘したように、持続的な完全雇用は労働者の階級的力量を高めて政治的不安定性を生み出すので、資本側からの反対に遭うだろうということがある。完全雇用経済においては、解雇の脅しによる労働者の規律づけ効果が機能しなくなるので、資本・労働間の力関係は労働側に有利に傾き、その結果、大幅な賃金上昇が生じる。それと同時に「工場内の規律」が弛緩することによって労働生産性の低下が生じるであろう。これらは、ともに利潤率を低下させる要因としてはたらくので、資本側は完全雇用政策に反対して、緊縮的な財政・金融政策に後戻りすることを強く求めるであろう。不況がこれに続き、政府支出の拡大を求める声がふたたび強くなる。このようにして人造的につくり出される景気循環をカレツキは**政治的景気循環**と呼んだ。政府支出の操作を通じて完全雇用を達成することは、たしかに技術的には可能であるかもしれないが、政治的にきわめて大きな困難をともなうのである。このことについて、カレツキは次のように述べている。

公債で賄われた政府支出を通じて完全雇用を維持することについて、近年さかんに議論がたたかわされている。けれども議論は問題の純経済的な側面に集中しており、政治的現実には然るべき考慮が払われていない。資本主義ではもし政府がそのやり方さえ知っていれば完全雇用を維持しようとするはずだ、という仮定は誤っている[4]。

したがって、完全雇用の実現に向けた政策が実行されるためには、それを可能とするような社会的合意が、資本側と労働側のあいだで取り結ばれなくてはならない。持続的な経済成長を実現するためには、単なる国家の政策介入だけでなく、労使妥協をはじめとする安定的な社会的・制度的枠組みの存在が必要となる。すなわち、諸個人・諸集団・諸制度のあいだの矛盾・対立を緩和し、個人や集団の行動を適切な方向に誘導していくための制度的仕組みが確立されることによってはじめて、経済システムを安定化することが可能となるのである。このような観点から、第11章第4～5節では、社会諸制度の果たす役割に注目しながら資本主義経済の長期的・歴史的動態について考察する。

4）M. カレツキ『資本主義経済の動態理論』（浅田統一郎・間宮陽介訳）日本経済評論社、1984年、141ページ。

この章のまとめ

1．ケインズ型の消費関数においては、消費は現在所得の関数であるとされている。消費関数はかなり安定的な関数であり、そのため消費支出も安定的に推移している。
2．ケインズの見解によれば、企業の投資は、長期期待の状態と利子率という二つの要因によって決定される。根本的不確実性をともなう資本主義経済においては、投資の将来収益に関する企業家の予想はきわめて移ろいやすい性格をもつ。
3．ケインズの「有効需要の原理」によれば、総需要（とりわけ投資）の大きさが一国経済全体の生産量と雇用量を決定する。総需要が不足するならば、経済は不完全雇用均衡の状態に陥る。
4．投資の動きは消費に比べてはるかに不安定である。さらに投資の変化は、その乗数倍の所得の変化を生み出す。それゆえ、投資の変化が経済変動の原動力となる。
5．完全雇用を実現するために、政府は、財政政策・金融政策・所得再分配政策などの政策をとることができる。しかし、完全雇用にいたる道にはさまざまな制約や障害が横たわっている。とりわけ、資本側は持続的な完全雇用に強く反対する。

第7章

資本の蓄積と再生産

この章で学ぶこと

資本主義社会が存続するためには、生産が繰り返されなくてはならない。そのためには、生活手段や生産手段が繰り返し生産されるだけでなく、資本・賃労働関係という社会関係それ自体もまた再生産されなくてはならない。この章では、マルクスの再生産表式分析にもとづき、資本主義経済の再生産の仕組みやその条件について学ぶ。さらに、マルクスとケインズのマクロ経済分析を架橋する理論的枠組みとしてカレツキの所得決定理論を取り上げ、その特徴と意義について考える。

1. 資本主義経済の再生産

(1) 資本・賃労働関係の再生産

人間社会が存続するためには、さまざまな財やサービスが繰り返し生産されなくてはならない。人々が暮らしていくうえで必要となる生活手段だけでなく、それらの生活手段を生産するための生産手段（原材料、機械、建物など）もまた毎年毎年、繰り返し生産される必要がある。資本主義経済とは、「自己増殖する価値の運動体」としての資本が社会的再生産の担い手となる経済システムにほかならない。さらに資本主義社会が存続するためには、生活手段と生産手段が再生産されるだけでなく、資本・賃労働関係という資本主義社会の前提をなす社会関係もまた再生産されなくてはならない。

労働者は、自らが生産した生活手段を賃金によって買い戻し、それらの生活手段を消費することによって労働力を再生産する。したがって労働者は、少なくとも労働力の再生産費用に等しいか、あるいはそれを上回る賃金を受け取ることによってはじめて、労働力商品の販売者として繰り返し労働市場に現われることが可能となる。もし賃金の水準が労働力の再生産費用を下回るならば、社会全体として労働力の再生産を行なうことができなくなるだろう。生産活動を担う労働者が労働市場からいなくなるならば、生活手段や生産手段の生産を行なうこともできなくなるので、資本主義経済の存続は不可能となる。

他方で、賃金水準が生活費用を著しく上回るならば、労働者は定期的に働かなくとも生活できるようになるため、資本家の側では、生産活動に必要な労働力を確保することが困難になるだろう。あるいは労働者が貯蓄を行なって資産を形成するならば、機械や道具などの生産手段を購入して独立した個人事業主となることも可能である。こうして賃金が極度に高くなった場合には、もはや労働者は雇用関係に依存する必要がなくなるので、資本主義経済の基礎をなす資本・賃労働関係という生産関係を再生産することができなくなる。したがって、低すぎることもなく、高すぎることもない適度な範囲のなかに賃金水準をとどめておくことが、労働者と生産手段の分離を維持し、資本・賃労働関係を再生産するための必要条件であることが分かる。

したがって、財やサービスの生産が継続的に行なわれるためには、毎年の生産物の一部分が１年のあいだに消耗した生産手段の補填に充てられるとともに、他の一部分が労働力の再生産に向けての労働者の消費に充てられなくてはならない。これによって生産手段と労働力がともに更新され、今年の生産過程が開始する前と同一の状態が回復されるので、ふたたび新たな生産過程を遂行することが可能となる。

資本家が、利潤というかたちで取得した剰余価値をすべて個人的消費に充てるならば、経済は同一の規模で生産過程を反復することになる。このことを**単純再生産**と呼ぶ。これに対して、剰余価値の一部が追加的資本として充用される場合、すなわち追加的生産手段と追加的労働力の購入に投じられる場合には、生産の規模が拡大することになる。資本によって生み出された剰余価値をふたたび資本へと転化することを**資本蓄積**という。また、拡大された規模で再生産が行なわれることを**拡大再生産**と呼ぶ。

(2) 領有法則の転回

ここで、拡大再生産が繰り返されるときに何が起こるのか考えてみよう。最初は資本家が自己労働によって取得した資本によって生産活動を始めるものと仮定する。すなわち資本家は、第1年度に生産手段と労働力の購入のために自らの資本を投じることによって生産を開始する。その結果、期末には生産過程において生み出された剰余価値を取得する。第2年度には、この剰余価値の一部が追加的資本として投下される。したがって、生産手段や労働力を購入するために投じられた資本の少なくとも一部分は、労働者の剰余労働によって生み出されたものであるということになる。そして第3年度以降も、剰余価値が資本に転化され、それが新たな剰余価値を生むという過程が繰り返されてゆく。

したがって資本の蓄積が進むと、時間の経過とともに、資本総額のうちの自己労働にもとづく部分（すなわち、第1年度に投下された元の資本）の割合はしだいに低下してゆき、そのほとんどが他人労働にもとづくものとなる。いまや、過去の不払い労働の所有が、現在の不払い労働の取得をますます拡大するための唯一の条件となる。こうして蓄積が進行するにつれて、「自己労働にもとづく所有」という商品生産の所有法則は、「他人労働にもとづく他人労働の取得」という資本主義的領有法則へと転回してゆく。マルクスは、このことを**領有法則の転回**と呼んでいる。

資本家が労働者から労働力商品を購入するにあたっては、商品の売り手である労働者に対してきちんと価値どおりに支払いがなされているので、生産過程において生み出された剰余価値を資本家が取得することを直ちに不当なものであると非難することはできないように思われる。しかしながら資本家は、上で見たように、過去の不払い労働によって現在の労働力を購入しているのであり、それは、征服者が先住民から略奪した貨幣でもって先住民から商品を買うというやり方と変わらないと、マルクスは述べている。労働力商品の売買は、形式的には等価交換であるとしても、実質的には強奪と同じであるというわけである。

ここまでの議論をまとめておこう。資本蓄積とは、ますます拡大する規模での資本の再生産にほかならない。資本の拡大再生産によって、資本家がますます多くの剰余価値を取得し、ますます多くの生産手段を所有するようになるのに対して、労働者には労働力の再生産費用に等しい水準の賃金しか支払われない。したがって資本の拡大再生産とは、労働者と生産手段の分離の拡大された規模での再生産であることから、それは資本・賃労働関係の拡大再生産でもある。

２．再生産表式

これから見ていくマルクスの**再生産表式**とは、資本主義経済の社会的再生産のメカニズムとその条件を示した分析枠組みである。上で述べたように、再生産には単純再生産と拡大再生産の二つの類型がある。これに対応して、再生産表式についても、単純再生産表式と拡大再生産表式の二つを考えることができる。ここで生産部門は、生産手段生産部門（第Ⅰ部門）と消費財生産部門（第Ⅱ部門）の二つに分割される。社会的総生産物 W' は、不変資本 C、可変資本 V、剰余価値 M という三つの価値成分から構成される（本書第３章第３節（1）を参照）。また議論を単純にするために、固定資本は存在せず、すべての生産手段が一つの生産期間のうちに費消されるものと想定する。

(1)　単純再生産表式

まず単純再生産表式から見ていくことにしよう。この場合には、剰余価値 M がすべて資本家によって個人的に消費され、蓄積は行なわれない。したがって、二つの部門の総生産物の価値構成は次の表式のように表わされる。

$$\text{Ⅰ}\quad C_1+V_1+M_1=W_1'$$

$$\text{Ⅱ}\quad C_2+V_2+M_2=W_2'$$

これが**単純再生産表式**である。表式における各成分（C、V、M）は、それぞれ需要と供給を同時に表わしている。すなわち、生産手段を生産している第Ⅰ部門は、$C_1+V_1+M_1$に等しい W_1' の価値額の生産手段を供給する。また生産手段の生産にあたっては、不変資本 C_1の価値額に相当する生産手段が費消されているため、その分を補填しなくてはならず、その額に等しい生産手段需要が生じる。可変資本 V_1は賃金として労働者に支払われるので、この部分は消費財に対する需要となる。M_1は資本家が取得する剰余価値であり、単純再生産の場合にはそのすべてが個人的消費に充てられる。したがって合計すると、第Ⅰ部門では V_1+M_1の消費財需要が生じることになる。他方で第Ⅱ部門では、$C_2+V_2+M_2$に等しい W_2' の価値額の消費財が供給される。それと同時に第Ⅱ部門では、C_2の額に等しい生産手段需要と V_2+M_2の額に等しい消費財需要が生じる。

それでは、生産手段と消費財に対するこれらの需要がどのようにして満たされるのかについて考えてみよう。まず C_1は第Ⅰ部門の資本家による生産手段需要を表わすが、生産手段の供給者もまた第Ⅰ部門の資本家であるから、C_1の生産手段需要は第Ⅰ部門の資本家どうしの交換によって満たされる。次に、V_2+M_2は第Ⅱ部門の労働者と資本家による消費財需要である。消費財の供給者は第Ⅱ部門の資本家であるから、この額に等しい消費財需要は、第Ⅱ部門の内部での交換によって満たされることになる。他方で、V_1+M_1は第Ⅰ部門で生じる消費財需要であり、C_2は第Ⅱ部門で生じる生産手段需要である。これらの需要は部門間での交換によって満たされなくてはならない。すなわち、単純再生産が実現するためには、第Ⅰ部門で生じる消費財需要と第Ⅱ部門で生じる生産手段需要とがたがいに等しくならねばならない。したがって、単純再生産の条件は次のようになる。

$$V_1+M_1=C_2$$

このことを、数値例を用いて確認することにしよう。ここでは、次のような仮定をおく。第Ⅰ部門と第Ⅱ部門の総生産物の価値は、それぞれ 6000 と 4000 である。不変資本 C と可変資本 V の比は、第Ⅰ部門が４：１であり、第

Ⅱ部門が２：１である。また剰余価値率 M/V は両部門とも 100％であるとする。そうすると、単純再生産表式は次のようになる[1]。

$$\text{I}\quad 4000C_1 + \boxed{1000V_1 + 1000M_1} = 6000W_1'$$

$$\text{II}\quad \boxed{2000C_2} + 1000V_2 + 1000M_2 = 4000W_2'$$

この場合、$4000C_1$は第Ｉ部門の内部で交換される。また $1000V_2 + 1000M_2$ は第Ⅱ部門の内部で交換される。他方で $1000V_1 + 1000M_1$と $2000C_2$とが、部門間で交換されなくてはならない。この数値例では、第Ｉ部門で生じる消費財需要と第Ⅱ部門で生じる生産手段需要とがたがいに等しくなっている。

(2) 拡大再生産表式

次に、拡大再生産表式について説明する。社会的再生産の規模が拡大するためには、第Ｉ部門で生産される生産手段が両部門の生産手段を補填するだけでなく、さらに追加的な生産手段が供給されなくてはならない。このことを不等式によって表わすと、次のようになる。

$$W_1' = C_1 + V_1 + M_1 > C_1 + C_2$$

したがって、

$$V_1 + M_1 > C_2$$

という関係が成立しなくてはならない。これが拡大再生産の「物質的前提」であり、生産手段生産額 W_1' から生産手段補填額 $C_1 + C_2$を差し引いた残りを余剰生産手段という。

１）数値例は、八木紀一郎『社会経済学――資本主義を知る』名古屋大学出版会、2006 年、第６章第３節にしたがっている。以下で見ていくように、単純再生産と拡大再生産のいずれの数値例においても、資本構成比 $C : V$ は、第Ｉ部門では４：１、第Ⅱ部門では２：１としている。

この前提が成立しているもとで、拡大再生産がいかにして可能になるのかを拡大再生産表式にもとづき検討することにしよう。単純再生産においては剰余価値 M がすべて資本家の個人的消費に充てられるのに対して、拡大再生産においては剰余価値が資本へと転化される。すなわち、剰余価値 M の一部分が追加的不変資本 mc および追加的可変資本 mv として蓄積に回され、その残りの部分が資本家の個人的消費 mk に充てられる。このため拡大再生産の場合には、剰余価値 M は $mc+mv+mk$ に等しくなる。したがって**拡大再生産表式**は次のように示される。

$$\text{I}\quad C_1+V_1+mc_1+mv_1+mk_1=W_1'$$
$$\text{II}\quad C_2+V_2+mc_2+mv_2+mk_2=W_2'$$

ここで、C_1+mc_1は生産手段の供給と需要を同時に表わしているので、第Ⅰ部門の資本家どうしの交換によってその需要が満たされる。また第Ⅱ部門においては $V_2+mv_2+mk_2$に等しい消費財需要が生じるが、その需要は第Ⅱ部門内部での交換によって満たされる。他方で、$V_1+mv_1+mk_1$は第Ⅰ部門で生じる消費財需要であり、C_2+mc_2は第Ⅱ部門で生じる生産手段需要である。これら両者については、部門間での交換によってたがいの需要が満たされなくてはならない。それゆえ、拡大再生産の条件は次のようになる。

$$V_1+mv_1+mk_1=C_2+mc_2$$

ふたたび数値例を用いて、このことを確認することにしよう。ここでは、次のような仮定をおくこととする。第Ⅰ部門と第Ⅱ部門の総生産物の価値は、それぞれ6000と3000である。不変資本 C と可変資本 V の比は、第Ⅰ部門では4：1であり、第Ⅱ部門では2：1である。また剰余価値率 M/V は両部門とも100%である。さらに第Ⅰ部門の蓄積率が50%であるとする。そうすると、第1年度の表式は次のようになる。

$$\text{I}\quad 4000C_1+1000V_1+1000M_1=6000W_1'$$
$$\text{II}\quad 1500C_2+\ \ 750V_2+\ \ 750M_2=3000W_2'$$

生産手段の生産額が $6000W_1'$ であるのに対して、生産手段の補填額は $4000C_1$ と $1500C_2$ を合計して5500であるから、500の余剰生産手段が存在し、拡大再生産の物質的前提は満たされている。仮定により、第Ⅰ部門の資本家は、剰余価値 $1000M_1$ の50％にあたる500を蓄積に回す。ただし第Ⅰ部門の資本構成比は４：１であるので、この500のうち、400が追加的不変資本 mc_1 に、100が追加的可変資本 mv_1 にそれぞれ充当される。そして残りの $500mk_1$ が、資本家によって個人的に消費されることになる。その結果、第Ⅰ部門で生じる消費財需要の額は、$1000V_1 + 100mv_1 + 500mk_1$ であわせて1600となる。上で示した拡大再生産の条件より、拡大再生産が実現するためには、第Ⅱ部門で生じる生産手段需要 $C_2 + mc_2$ も同じく1600とならねばならない。すなわち、C_2 が1500であるから、mc_2 は100でなくてはならない。第Ⅱ部門の資本構成比は２：１であるため、このとき mv_2 は50となる。そして、剰余価値 $750M_2$ から蓄積に充てられた150（$mc_2 + mv_2$）を差し引いた残りの $600mk_2$ が、資本家によって個人的に消費される。これらのことを考慮して、上の表式を書き直すと次のようになる。

$$\text{I}\qquad \overset{\circlearrowleft}{4000}C_1 + \boxed{1000V_1} + \overset{\circlearrowleft}{400}mc_1 + \boxed{100mv_1 + 500mk_1} = 6000W_1'$$

$$\text{II}\qquad \boxed{1500C_2} + \overset{\circlearrowleft}{750}V_2 + \boxed{100mc_2} + \overset{\circlearrowleft}{50}mv_2 + \overset{\circlearrowleft}{600}mk_2 = 3000W_2'$$

この場合、$4000C_1 + 400mc_1$ は第Ⅰ部門の内部で交換される。また $750V_2 + 50mv_2 + 600mk_2$ は第Ⅱ部門の内部で交換される。他方で $1000V_1 + 100mv_1 + 500mk_1$ と $1500C_2 + 100mc_2$ とが、部門間で交換されなくてはならない。この数値例でも、第Ⅰ部門で生じる消費財需要と第Ⅱ部門で生じる生産手段需要とがたがいに等しくなっている。

さて、これを踏まえて次年度の表式がどうなるかを見ていこう。まず第Ⅰ部門について。第２年度には、不変資本の補填分4000に新たに蓄積された400が追加されるので、$4400C_1$ の不変資本をもって生産が開始される。これと同様に可変資本についても、補填分である1000に新たに100が追加されるので、あわせて1100V_1が生産に投じられる。ここで剰余価値率M/Vは100%であるから、第2年度中に不変資本と同じ額の剰余価値1100M_1が生み出される。したがって第I部門の総生産物の価値は6600W_1'となる。なお500mk_1の部分は第1年度中に資本家によって消費されるので、次年度以降には持ち越されない。

次に第II部門について。第2年度には、不変資本の補填分1500に新たに蓄積された100が追加されるので、生産に投下される不変資本は1600C_2となる。可変資本についても、補填分である750に新たに50が追加されるので、あわせて800V_2が投下される。剰余価値率M/Vは100%であるから、第2年度中に生み出される剰余価値は800M_2となる。したがって、第II部門の総生産物の価値は3200W_2'となる。以上より、第2年度の表式は次のようになる。

$$\text{I}\quad 4400C_1 + 1100V_1 + 1100M_1 = 6600W_1'$$
$$\text{II}\quad 1600C_2 + 800V_2 + 800M_2 = 3200W_2'$$

第1年度から第2年度にかけて、生産の規模は、第I部門で10%、第II部門で6.7%、経済全体では8.9%拡大したことが分かる。しかし第2年度以降は両部門ともに成長率が10%となり、均衡成長が実現する。これは、第I部門の蓄積率があらかじめあたえられており、それに適合するかたちで第II部門の成長率が決定されるようにモデルが組み立てられているからである。

(3) 再生産表式論の意義とその射程

現実の資本主義経済においては、投資に関する意思決定が個別の資本家によって独立に行なわれるので、各部門の蓄積率もたがいに独立に変化する。このため、二つの部門の生産額の比率はたえず変化するので、第I部門で生じる消費財需要と第II部門で生じる生産手段需要とがたがいに等しいという再生産の条件が満たされることは、実際にはほとんどありそうにない。再生産表式とは、現実の資本主義経済の成長過程を描写するものではなく、資本主義経済の再生産の条件を解明するための分析枠組みなのである。また、経済成長率を引き上げるためには余剰生産手段の増大が不可欠の物質的前提となり、かかる余剰生産手段の増大は第Ⅰ部門の急速な拡大によってはじめて可能となることも、拡大再生産表式によって明らかにされている。このように、均衡成長が実現するためにはどのような条件が満たされなくてはならないのかを究明している点に、再生産表式論の第一の意義がある。

もし再生産の条件が満たされないときには、経済は不均衡に陥ることになる。たとえば、再生産の条件に照らして生産手段の生産が過大であったり過少であったりするならば、生産手段の超過供給や超過需要が生じることになるだろう。資本蓄積率は各資本家によって個別に決定されるので、均衡成長が達成されるのはまったくの偶然にすぎない。それゆえ蓄積率の変動は、再生産過程の攪乱を引き起こすことによって恐慌の可能性をつくり出す。マルクスは、貨幣経済においては販売と購買の分離によって生産物の総需要と総供給が一致しなくなるという「恐慌の抽象的可能性」を指摘した（これについては、第2章第3節で論じた）。これに対して再生産表式論では、社会的再生産の過程に即して恐慌の可能性に具体的な内容があたえられている。この点に、再生産表式論の第二の意義を見出すことができる。ただしその枠組みでは、恐慌の可能性が現実へと転化する契機については論じられていない。恐慌が発生する仕組みを理論的に解明することは、再生産表式論の課題ではない（マルクスの恐慌論については、本書第10章第2節で解説する）。

再生産表式論の第三の意義は、一国経済における需要と生産の連関の構造を分析している点にある。すなわち、消費や投資などの活動がどのようにして需要形成につながり、そしてそれらの需要が部門間の取引を通じてどのように満たされるのかという部門間の連関を明らかにしているのである。経済の各部門の投入と産出の相互関係に注目して、一国経済の構造を把握したり、経済政策の波及効果を分析したりする**産業連関分析**は、ソ連出身でのちにアメリカに移住した経済学者であるレオンチェフ（Wassily Leontief）がマルクスの再生産表式分析に想を得て1930年代に考案したものである。産業連関分析において用いられる基本的な表である産業連関表（投入産出表ともいう）を見ることによって、各産業が他の産業からどれだけ原材料を購入し、またどれだけ賃金などを支払っているのかという投入構造や、各産業の生産物が他の産業の原材料、個人消費、輸出などにどれだけ向けられているのかという産出構造について知ることができる。また、この仕組みを利用して新規需要の発生による経済波及効果を測定することもできる[2)]。

産業連関分析の原型となったばかりでなく、これまで再生産表式分析は、世界各国の経済運営や政策形成の場においてさまざまなかたちで利用されてきた。たとえば、ソ連・東欧の旧社会主義国では、急速な経済成長を実現するべく、重工業の発展を優先する政策が採用されていた。拡大再生産の物質的前提に関する議論が明らかにしているように、蓄積率を上昇させるためには、それに先行して生産手段生産部門を拡大させなくてはならない。こうして再生産表式分析から導き出される「第Ⅰ部門の優先的発展の法則」にもとづき、社会主義諸国では重工業部門に重点的に諸資源が投入されてきた。再生産表式は、経済体制のいかんにかかわらず、社会的再生産の仕組みを分析するための一般的な枠組みとしての性格を備えているため、資本や剰余価値など資本主義経済に固有の概念を適宜置き換えることによって、社会主義経済の計画や運営にもその枠組みを応用することができるのである。

このようにして重工業優先の政策が進められた結果、第二次世界大戦後の30年ほどのあいだ、社会主義諸国では先進資本主義諸国をもしのぐ高い経済成長を達成することができた。とりわけ、ソ連の宇宙開発部門や軍事部門は、アメリカと覇を競うほどまでに発展した。しかしその一方で、消費財の生産は後回しにされ、多くの国民がしばしば生活物資の欠乏に悩まされた。商店で買い物をするための消費者の「行列」が社会主義国で日常的に生じていたことは、よく知られている。こうして、国民生活に犠牲を強いるかたちで急速な工業化を推し進める政府に対する民衆の不満が高まっていったことが、社会主義体制の崩壊をもたらした原因の一つであると考えることができる。

また第二次世界大戦後の日本においては、経済復興のために「傾斜生産方

2）産業連関分析とその学説史的系譜については、植村博恭・磯谷明徳・海老塚明『社会経済システムの制度分析――マルクスとケインズを超えて〔新版〕』名古屋大学出版会、2007年、第5章第1節において簡潔な説明があたえられている。

式」という政策の採用が1946年末に決定された。石炭や鉄鋼などの基幹産業に集中的に資金・資材・労働力を投入することによって日本経済の生産拡大をはかろうというのが、その意図するところであった。傾斜生産方式を提唱したマルクス経済学者の有沢広巳は、再生産表式に着想を得てこの政策を立案したと言われている。

3．カレツキの所得決定理論――マルクスとケインズを架橋する

マルクスの再生産表式分析は、現代の経済成長理論の先駆であると評価されることがある。経済の各部門の連関に注意を払いながら、経済成長の仕組みやその条件について考察しているからである。じっさいに再生産表式分析は、20世紀のマクロ経済学の発展過程においてもしばしば新たな発想の源となってきた[3)]。マルクスの思想と理論から大きな刺激を受け、独創的なマクロ経済理論を構築した主要な経済学者の1人がカレツキである。

第4章第3節でも述べたように、カレツキの名は、ケインズとは独立に「有効需要の理論」を発見したことで広く知られている。ケインズが、伝統的な新古典派経済学の考え方から脱却するための長期に及ぶ苦闘を経て『一般理論』を書き上げたのに対して、カレツキは、伝統的経済学の枠組みにいっさい囚われることなく、マルクスの再生産表式から出発して、有効需要理論に到達した。この節では、カレツキがどのようにして再生産表式分析から有効需要理論のエッセンスを導き出したのかを概観することにしよう[4)]。

3）経済成長理論に対する重要な貢献として世界的に評価されている宇沢弘文の2部門成長モデルは、マルクスの再生産表式分析を現代の数理経済学の枠組みのなかに組み込んだものである。宇沢は、新古典派成長モデルを投資財部門と消費財部門から成る2部門モデルへと拡張したうえで、経済成長の安定性条件について検討した結果、成長経路が不安定となる可能性があることを示している。そのモデルの特徴と意義については、宇沢弘文『経済学の考え方』岩波新書、1989年、160-164ページで平易な解説があたえられている。

表７－１　カレツキの再生産表式

部門	粗利潤	賃金	粗生産物
1	Π_1	W_1	I
2	Π_2	W_2	C_c
3	Π_3	W_3	C_w
総計	Π	W	Y

(1) カレツキの再生産表式

カレツキは、マルクスの再生産表式に修正を加え、経済を三つの部門に分割している。すなわち、第１部門が投資財生産部門、第２部門が資本家向け消費財（奢侈財）生産部門、第３部門が労働者向け消費財（賃金財）生産部門である。ここで、これら三つの部門における粗利潤を Π_1、Π_2、Π_3、各部門における賃金を W_1、W_2、W_3、総利潤を Π、総賃金を W、粗投資を I、資本家消費を C_c、労働者消費を C_w、粗国民所得を Y で表わす。そうすると、表７－１のような再生産表式を得る。

カレツキは、三つの部門のすべてについて、原材料や部品から最終生産物にいたるまで各企業内で一貫生産されるという仮定をおいている。すなわち、各企業が他企業から中間生産物を購入することはないものとされている。この場合には、各々の部門で生産された粗生産物の価値が、その部門で生み出された粗付加価値に等しくなる。各部門で生み出された粗付加価値は資本家と労働者のあいだで分配されるので、それは粗利潤（これには固定資本減耗が含まれる）と賃金の合計に等しくなる。たとえば、第１部門で生産された投資財の価値は粗投資 I に等しく、その額の粗付加価値が粗利潤 Π_1 と賃金 W_1 に分割される。第２部門と第３部門についても同様である。

他方でこの表式を縦に読むと、各部門の粗利潤を合計することによって総

4）Kalecki, M., “The Marxian Equations of Reproduction and Modern Economics”, *Social Science Information*, Vol. 7, No. 6, 1968, reprinted in Kalecki, M., *Collected Works of Michał Kalecki, Vol. 2, Capitalism: Economic Dynamics*, ed. by Osiatyński, J., Oxford: Clarendon Press, 1991.

利潤Πを求めることができる。すなわち総利潤とは、社会全体についての粗利潤のことを指す。これと同じく、各部門の賃金を合計したものが総賃金Wになる。そして、総利潤Πと総賃金Wの合計が粗国民所得Yとなる。また国民所得は生産面から見ても分配面から見ても等しくなるので、各部門の粗付加価値を合計しても、粗国民所得Yを得ることができる。

ここで、マルクスの表式とカレツキの表式の異同について確認しておこう。直ちに理解されるように、マルクスの表式では生産手段生産部門と消費財生産部門の2部門分割が採用されていたのに対して、カレツキの表式では消費財部門が二つに細分割されているので、投資財部門とあわせて三つの部門が存在する。マルクスの表式の生産手段生産部門とカレツキの表式の投資財部門は、ほぼ同じものであると考えてよい。ただし厳密にいえば、カレツキの枠組みでは一貫生産が想定されているので、原材料や部品などの中間生産物を商品として生産・販売する企業は存在しないものとされている。

また、生産物および所得の概念やそれらの捉え方も両者のあいだで異なっている。マルクスの表式では、投下労働量によって規定される「価値」の概念にもとづいて社会的総生産物の価額が表示されている。社会的総生産物には、最終生産物のほか、原材料などの中間生産物も含まれる。これに対してカレツキは、最終生産物の生産額によって測られる付加価値の概念を用いて国民所得の大きさを把握しようとした。第4章第3節でも述べたように、カレツキは、マルクスの価値論をすでに時代遅れの理論だと考えていた。カレツキとマルクスの所得概念の異同は、図7－1のように示すことができる。カレツキの所得概念は、今日の国民所得統計とほぼ同じものである。ただしここでは、政府部門と外国部門を捨象している。

マルクスの表式における社会的総生産物の価値は、不変資本・可変資本・剰余価値のそれぞれの社会全体での総額という三つの部分から構成されている。このうち、可変資本の総額はカレツキの言う総賃金に等しい。また剰余価値の総額は純利潤の総額に等しく、不変資本の一部をなす固定資本補填額の総額は固定資本減耗の総額に等しいので、これら二つを合計したものが、カレツキの定義における粗利潤の総額（すなわち総利潤）に等しくなる。ただ

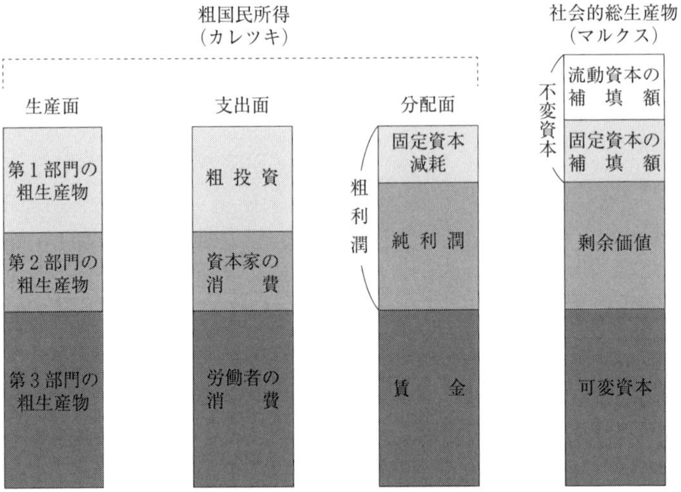

図7-1　マルクスとカレツキの所得概念

しカレツキの粗国民所得の概念では、原材料などの流動資本の補填額が除外されるので、その総額の分だけマルクスのいう社会的総生産物の価値よりも小さくなる。

(2) 利潤と国民所得の決定

それでは、カレツキの再生産表式にもとづいて、利潤と国民所得の決定の仕組みについて見ていくことにしよう。分析を進めるにあたりカレツキは、マルクスと同じく、労働者は貯蓄しないと仮定する。また、商品の売れ残りによる在庫の増加は一時的な現象として無視する。そうすると、仮定により総賃金は労働者消費に等しいので、

$$W_1 + W_2 + W_3 = \Pi_3 + W_3$$

となる。これより、

$$\Pi_3 = W_1 + W_2 \qquad (7\text{-}1)$$

が得られる。したがって、

$$\Pi_1 + \Pi_2 + \Pi_3 = \Pi_1 + W_1 + \Pi_2 + W_2$$

となる。これより、次の関係が導かれる。

$$\Pi = I + C_c \tag{7-2}$$

この式は、総利潤 Π が粗投資 I と資本家消費 C_c の合計に等しいことを示している。この式の因果関係は、右辺から左辺へと読まれなくてはならない。資本家は、次の年にどれだけの投資と消費を行なうのかを決定することはできるが、どれだけの利潤を獲得するのかを決定することはできないからである。利潤を決定するのは資本家の投資決意と消費決意であって、その逆ではない。このような意味において、階級としての資本家は「自分自身の運命の支配者」である。

次に、国民所得の決定について考える。各部門における労働分配率 W_1/I、W_2/C_c、W_3/C_w をそれぞれ w_1、w_2、w_3 と表わせば、(7-1) 式より、

$$(1 - w_3) C_w = w_1 I + w_2 C_c$$

となる。これより、労働者消費 C_w は次のようになる。

$$C_w = \frac{w_1 I + w_2 C_c}{1 - w_3} \tag{7-3}$$

したがって、粗国民所得 Y は以下のように表わされる。

$$Y = I + C_c + C_w = I + C_c + \frac{w_1 I + w_2 C_c}{1 - w_3} \tag{7-4}$$

各部門における分配関係を所与とすれば（すなわち、w_1、w_2、w_3 の値が一定であるとすれば）、粗国民所得 Y は、粗投資 I と資本家消費 C_c の額によって決まることが、(7-4) 式から分かる。結局のところ、消費と投資から成る総需要の大きさによって国民所得の水準が決定される。このようにしてカレツキは、マルクスの再生産表式から出発してケインズと同じ結論に到達した。

以上の議論から理解できるように、カレツキの分析枠組みの背景にある考え方は、資本家と労働者のあいだで経済的な行動様式や役割が大きく異なっているというものである。すなわち、資本家は投資・貯蓄・価格・雇用に関する意思決意を行ない、マクロ経済の動向を左右する力をもつ。これに対して、労働者は貯蓄を行なわず、自らの所得のすべてを消費に充てるので、その経済的な役割はかなり受動的なものである。このような意味において、資本主義経済とは資本家階級が支配するシステムであると言うことができる。資本主義経済についてのカレツキの見方は、均質で対等な諸個人から社会が構成されているという新古典派の見解とは著しい対照をなしている。

ともあれここでは、利潤と国民所得がともに、投資と消費に関する資本家の決意によって決定されることが理解された。カレツキは、資本主義経済の再生産に関するマルクスの考察に学ぶとともに、二つの階級のあいだでの経済行動の違いに注意を払いつつ、国民所得が総需要によって決定されることを説き明かしている。このような性格をもつカレツキのマクロ経済学は、マルクスとケインズの経済学を架橋するものであると位置づけることができる。

(3) 所得分配と経済成長

カレツキのマクロ経済学の特長の一つは、階級間の所得分配の変化が経済成長にどのような影響を及ぼすのかについて考察している点にある。以下では、この問題についてのカレツキの分析を簡単に紹介する[5)]。

資本家階級全体が稼得する総利潤 Π は、上の（7-2）式によって表わされる。ここに再掲しておこう。

$$\Pi = I + C_c \qquad (7\text{-}2)$$

粗国民所得 Y に占める賃金の分け前を α で表わすと、総利潤は、

$$\Pi = (1-\alpha)Y \qquad (0<\alpha<1) \qquad (7\text{-}5)$$

5）M. カレツキ『資本主義経済の動態理論』（浅田統一郎・間宮陽介訳）日本経済評論社、1984 年、第 8 章を参照。

となる。また資本家消費 C_c は次のように表わされる。

$$C_c = q\Pi + B \qquad (0<q<1、B>0) \tag{7-6}$$

ここで q は資本家の限界消費性向を表わし、B は定数である。直ちに理解されるように、この消費関数は、ケインズ型消費関数と同じかたちのものである。すなわち資本家消費は、利潤の大きさにかかわらず固定的な部分と、利潤に比例して増加する部分の二つから成るとみなされている。

さて、(7-5) 式と (7-6) 式を (7-2) 式に代入すると次式を得る。

$$(1-\alpha)Y = I + q(1-\alpha)Y + B$$

この式を Y について解くと、次のようになる。

$$Y = \frac{1}{(1-\alpha)(1-q)}(B+I) \tag{7-7}$$

したがって粗国民所得 Y の大きさは、独立支出 $B+I$ に投資乗数をかけることによって求めることができる。投資乗数は $1/\{(1-\alpha)(1-q)\}$ によって表わされる。すなわち投資乗数の値は、資本家の限界消費性向 q と労働分配率 α という二つの要因によって決定されることになる。さらに乗数と B が一定であるならば、次式が成立する。

$$\Delta Y = \frac{1}{(1-\alpha)(1-q)}\Delta I \tag{7-8}$$

この式からも明らかなように、カレツキの所得決定理論は、その形式および内容の両面において、第６章第４節で見たケインズの理論とよく似ている。いずれの理論も、投資の増加 ΔI がその乗数倍の所得の増加 ΔY をもたらすと考えている点では同じである。投資の変化こそが、経済変動を引き起こす始動因となるのである。なお (7-8) 式における投資乗数は、定義によって、ケインズの乗数 $1/(1-c)$ と必ず等しくなる (c は社会全体の限界消費性向を表わす)。ここでは労働者は貯蓄しないと仮定されているので、利潤分配率

$1-\alpha$ に資本家の限界貯蓄性向 $1-q$ をかけたものは、社会全体の限界貯蓄性向 $1-c$ に等しくなるからである。

ただし、大きな相違点もある。カレツキの理論においては、乗数の大きさが、消費性向という心理的要因だけでなく、分配関係にも依存することが明示されている。そのため、所得分配の変化が経済活動水準に及ぼす影響を、よりいっそう明瞭に理解することが可能になっている。たとえば、労働組合が全国レベルでの賃上げを勝ち取り、労働分配率を引き上げることに成功すると、それによって乗数の値が大きくなる。このとき投資が一定であるならば、以前と比べて国民所得は増加することになる。すなわち賃金上昇は、労働者の消費需要を増加させることを通じて経済全体の生産と雇用の水準を引き上げるのである。こうしてカレツキは、賃金上昇が経済成長を導くという「賃金主導型」の経済成長を定式化した（賃金主導型成長については、第6章第6節（2）で説明している）。

この章のまとめ

1. 資本主義社会が存続するためには、生活手段と生産手段が再生産されるだけでなく、資本・賃労働関係という資本主義社会の前提をなす社会関係も再生産されなくてはならない。
2. 経済が同一の規模で生産過程を反復することを「単純再生産」と呼ぶ。これに対して、剰余価値の一部が追加的資本として充用される場合には、生産の規模が拡大する。拡大された規模で再生産が行なわれることを「拡大再生産」という。
3. マルクスの「再生産表式」とは、資本主義経済の社会的再生産のメカニズムとその条件を示した分析枠組みである。再生産表式についても、単純再生産表式と拡大再生産表式の二つを考えることができる。
4. カレツキは、マルクスの再生産表式分析から出発して「有効需要の理論」に到達した。このような性格をもつカレツキのマクロ経済学は、マルクスとケインズの経済学を架橋するものであると位置づけることができる。
5. カレツキによれば、賃金上昇は、労働者の消費需要を増加させることを通じて経済全体の生産と雇用の水準を引き上げる。こうしてカレツキは、賃金上昇が経済成長を導くという「賃金主導型」の経済成長を定式化した。

第 8 章

失業と物価

この章で学ぶこと

資本主義経済が生み出す深刻な弊害の一つに失業の問題がある。本章では、マルクス的な視点にもとづき、資本主義経済において失業が発生する仕組みや、失業が果たす経済的な機能について説明する。またインフレーションやデフレーションという物価の変動も、人々をたびたび悩ませてきた重大な経済問題である。そこで、物価変動の原因は何か、そして物価を安定化するにはどのような政策が必要とされるのかについても、政治経済学の諸理論を踏まえて考察する。失業と物価変動のいずれの問題も、資本・労働間の利害対立と密接にかかわって生じることが理解されるであろう。

1．資本蓄積と産業予備軍

本書第 6 章では、ケインズの「有効需要の理論」にもとづき、資本主義経済において失業が発生する仕組みについて説明した。ケインズの見解によれば、失業の原因は総需要が不足していることにある。そして彼は、政府が適切な介入を行ない、総需要を管理することによって完全雇用を達成することができると主張した。

これに対してカレツキは、総需要の管理を通じて完全雇用を達成することは理論的には可能である一方、それには社会的・政治的な障害が存在すると指摘した。持続的な完全雇用は労働者の力量を高めて政治的な不安定性を生み出すので、完全雇用の実現に向けた政府の政策は資本家階級の強い反対に遭うからである。資本主義経済のもとで持続的な完全雇用を達成することは至難の業なのである。このようなカレツキの見方は、マルクスからの大きな影響のもとに培われた。この節では、失業に関するマルクスの見解をごく簡単に紹介することにしよう。

(1) 有機的構成不変のもとでの蓄積

さしあたり**資本の有機的構成**が一定であると考えよう（資本の有機的構成の概念については、すでに第4章第2節（1）で説明した）。すなわち、生産技術が不変であり、したがって生産手段と労働力の組み合わせもまた一定であると仮定する。この場合には、資本の増加に比例して可変資本も増加するので、資本の蓄積が進むにともない、労働力に対する需要が増加する。他方で短期的には労働人口はほぼ一定であるから、労働需要が労働供給を上回るようになると、賃金の上昇が始まることになる。しかしながら、賃金上昇は剰余価値を減少させるので、遅かれ早かれ資本蓄積は拡大から停滞へと転じざるをえない。蓄積活動が停滞に陥ると労働需要が減少するので、賃金水準は下落へと転じる。そして賃金の下落は企業の収益性を改善させるため、資本蓄積が再開して、賃金はふたたび上昇を始めることになる。

こうして、景気の拡張局面では労働力の価値を上回って賃金が上昇し、縮小局面では労働力価値以下に賃金が下落することになる。一見したところ、資本蓄積と賃金水準は相互に影響を及ぼしあっているように思われるものの、基本的には蓄積率が独立変数であり、その動きが従属変数である賃金水準を規定する。すなわち、資本蓄積率の独立的変動が賃金の絶えざる変動を引き起こすことになる。ただし長期的に見ると、賃金の水準は労働力の価値を中心として変動する。さまざまな労働生産物の場合と同じように、労働力商品の価格も究極的にはその価値によって規制されるのである（図8-1）。

(2) 有機的構成高度化をともなう蓄積

ここまでの議論から、有機的構成不変のもとで資本蓄積が進行すると、賃金が上昇することによって蓄積のいっそうの進展が妨げられることが理解さ

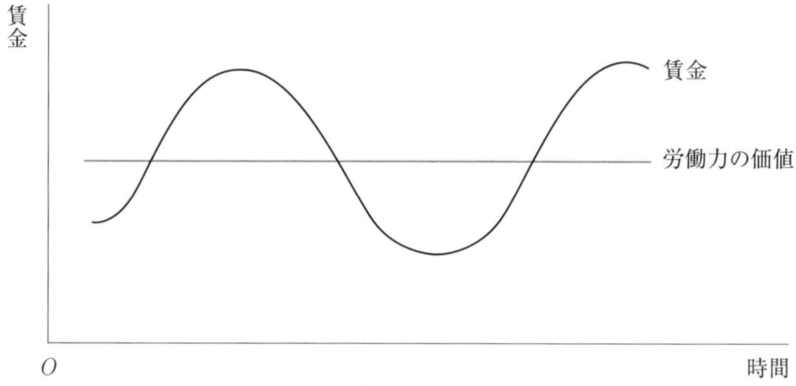

図８－１　資本蓄積と賃金変動

れた。すなわち、労働人口が資本蓄積の進行に対する制約として作用するのである。それでは、かかる労働人口による制約を取り除く方法は存在しないのだろうか。そのような方法の一つとして、生産技術の革新によって有機的構成を高度化させることが考えられる。すなわち、労働節約的な技術を採用することによって、生産過程に投下される不変資本に対する可変資本の比率、言い換えると生産手段に対する労働力の比率を引き下げることができるならば、労働人口による資本蓄積の制約はある程度まで緩和されることになる。資本蓄積の進行にともなって労働需要が増加するとしても、その増加の度合いは従来よりも小さくなるからである。

資本家は、特別剰余価値の獲得をめぐってたがいに激しく競争しているので、たえず新しい生産方法の導入に努めている（第３章第４節（3）を参照）。生産性の上昇をめざして技術革新が進められるさいには、一般に労働量１単位あたりの生産手段量が増加するので、生産力の発展は有機的構成の高度化というかたちをとることになる。時とともに有機的構成の高度化が進むと、資本全体に占める可変資本の比率はますます低下し、それによって資本量１単位あたりの雇用労働者数が減少するので、平均的な速度での資本蓄積の進行にとって余計で過剰な労働者人口が生じてくる。このような意味で相対的に過剰な人口のことを**相対的過剰人口**と呼ぶ。こうしてつくり出される失業者のプールは、資本家にとっていつでも自由に利用することのできる**産業予**

備軍を形成する。

有機的構成の高度化によって、資本蓄積の進行に必要となる労働人口が経済システムの内部で追加的に創出されるという点に鑑みて、資本主義経済は、労働人口による資本蓄積の制約を解除する機構をそれ自らの内に備えていると言うことができる。それに加えて有機的構成の高度化は、需要と生産が急速に拡大する好況期に資本家が自由に利用することのできる過剰人口までも生み出す。こうして相対的過剰人口は、資本主義経済の存在条件の一つをなしている。しかし、相対的過剰人口（あるいは産業予備軍）の果たす経済的機能はそれだけではない。

すなわち産業予備軍の存在は、現役軍の労働者による賃上げ要求を抑制したり、労働強化を促進したりする効果をもつ。資本家は、解雇の脅しを用いることによって、現役軍の賃上げ要求を拒むことができるし、また生産過程において労働者によりいっそう熱心に働くよう命じることができるからである。失業の脅威が果たすこのような経済的効果のことを**産業予備軍効果**という。失業率が高くなるほど、解雇の脅しが有効にはたらくので、労働者の賃上げ要求は控えめになり、賃金の水準は低くなる。それとともに、労働者は労働強化の命令に従順に服するようになるので、労働強度は高くなるだろう。

これに対して持続的な完全雇用状態のもとでは、労働者が解雇されたとしても、新たな職を容易に見つけることができるので、失業の脅威は労働者を規律づけるための手段としての役割を果たさなくなってしまう。この場合、労働者の賃上げ要求がますます強硬なものになるとともに、労働規律が弛緩することによって労働強度は低下するだろう。完全雇用経済においては、労働者は資本家にとって手に余る存在となるのである。それゆえ、資本家が労働者を自らの管理・支配のもとにおき、資本主義社会の基礎をなす資本・賃労働関係を維持するためには、産業予備軍の存在が不可欠となる。マルクスとカレツキが看破したように、永続する完全雇用というものは資本家の側から見ると不健全であり、失業こそが資本主義経済が正常に機能するための必須条件なのである。

2．現代資本主義と産業予備軍効果――社会的蓄積構造理論の分析視角

(1) 社会的蓄積構造理論とは何か

1970年代半ばに始まるスタグフレーションに直面して、戦後の経済学において長らく主流派の地位を占めてきた「新古典派総合」は破綻し、代替的な分析視角にもとづく経済危機の解明が差し迫った課題となっていた。この課題に応えるべく、ゴードン（David Gordon）を中心とする一群のアメリカ・ラディカル派経済学者たちによって構築されたのが**社会的蓄積構造**（Social Structure of Accumulation: **SSA**）の分析枠組みである。彼らは、失業に関するマルクスの分析にあらためて注目し、その現代的な再生を通して、戦後アメリカ資本主義の構造と動態を解明しようと試みた[1)]。

社会的蓄積構造（SSA）理論の主たる関心は、資本主義における長期的な成長と危機の交替を説明することにある。すなわち、数十年周期の長期循環を制度的構造の変化と関係づけることによって説き明かそうと試みる[2)]。資本主義の新しい段階を画する制度的構造の確立とともに経済は長期の拡張局面を迎え、その制度的構造が機能不全に陥ると長期の不況が始まることになる。そしてふたたび新しい制度的構造が形成されることによって資本主義は新たな段階へと移っていき、経済の長期的拡張の時期が始まる。したがって資本主義の各段階は、新しい制度的構造によって特徴づけられることになる。

さて、社会的蓄積構造とはそもそも何だろうか。それは、「その内部で資本主義的蓄積過程が組織される特定の制度環境」と定義されている。言うまでもなく資本家は、利潤期待に導かれて投資活動を行なう。投資に有利な諸制

1）社会的蓄積構造理論の基本的文献としては、S. ボールズ・D. M. ゴードン・T. E. ワイスコフ『アメリカ衰退の経済学――スタグフレーションの解剖と克服』（都留康・磯谷明徳訳）東洋経済新報社、1986年、および D. M. ゴードン・R. エドワーズ・M. ライク『アメリカ資本主義と労働――蓄積の社会的構造』（河村哲二・伊藤誠訳）東洋経済新報社、1990年、がある。

2）約25年間の拡張期と約25年間の不況期から成る約50年を周期とする資本主義経済の長期波動は、その発見者の名にちなんで「コンドラチェフ波動」と呼ばれている。詳しくは、第10章第1節（2）で説明する。

度の組み合わせが存在するならば、予想収益に関する資本家の期待形成が安定的なものとなり、投資と経済成長が促進されるであろう。このように企業家の適切な期待形成に寄与し、順調な資本蓄積の進行を可能ならしめるような社会諸制度の集合体を「社会的蓄積構造」と呼ぶのである。蓄積過程に影響を及ぼす諸制度には、貨幣・信用制度、国家の経済介入の類型、階級対立の性質などが含まれる。

資本主義的蓄積過程についてのこのような理解を踏まえると、SSAは資本蓄積の速度を交互に促進したり制限したりするということが分かる。すなわち、SSAを構成する諸制度が安定的に機能している場合には、資本家は安んじて投資の拡大に乗り出すことができる。こうして良好なSSAの存在によって、急速な経済成長がもたらされる。しかしながら経済拡張それ自体が、資本蓄積の順調な進行を制限するような障害をつくり出す。それらの障害には、階級対立の激化、企業間競争の激化、あるいは市場の飽和など、さまざまな種類のものがありうる。既存のSSAがひとたび動揺し始めると、資本蓄積は鈍化する。さらに、こうして引き起こされた経済危機によって、既存のSSAの解体がいっそう促進される。

急速な資本蓄積の回復は新たなSSAの構築にかかっている。そして新しいSSAの内実は主として、危機の時期における階級闘争の性格によって形づくられる。新しいSSAは、それに先行するSSAとはほぼ確実に異なったものとなるので、新しいSSAの確立によって資本主義の段階移行が生じる。こうして資本主義における成長と危機の長期的交替は、一つのSSAの形成と解体に対応して生じるのだということになる。

(2)「戦後コーポレート・システム」の興隆と瓦解

①アメリカの戦後SSAの興隆

さてゴードンらは、SSA理論にもとづいて、戦後アメリカの成長と危機についての分析を進めている。第二次世界大戦後のアメリカ経済は、投資・生産性・実質賃金の水準の急速な上昇を実現することによって、長期にわたる成長と繁栄を享受することができた。ゴードンらは、このような高度経済成長を支えた「戦後 SSA」を**戦後コーポレート・システム**（postwar corporate system）と名づけている。それは、(1) パックス・アメリカーナ、(2) 資本と労働の合意、(3) 資本と市民の合意、という三つの主要な制度的構造から構成されていた。

第一の**パックス・アメリカーナ**とは、資本主義世界経済におけるアメリカの支配的地位を保証した政治的・経済的な諸制度を指す。戦後世界においては、ドルを基軸通貨とする新しい国際金融体制がアメリカ主導のもとに構築された。その体制においてはドルが高い相場で固定されていたので、アメリカ企業は、海外から原材料やエネルギーを有利な条件で購入することができた。また高いドル平価は、アメリカ企業による海外直接投資を促進した。他方で、投資と対外援助によって世界中に散布されたドルは、アメリカ製品への需要となってすぐに国内に還流してきた。

第二の**資本と労働の合意**とは、戦後アメリカにおいて資本・労働間で取り結ばれた暗黙の合意のことである。投資・生産・技術・工場立地・マーケティングなどの企業の重要な意思決定を経営側が掌握する一方で、これに対する代償として、労働側には、生産性に連動した実質賃金上昇、雇用保障、労働条件の改善を約束した。こうして協調的な労使関係が実現した結果、企業側から見て望ましい利潤水準が確保されるとともに、総需要の水準も安定的に維持されることとなった。

第三の**資本と市民の合意**とは、利潤を追求する企業と、企業の社会的責任を求めるとともに経済的保障を要求する市民とのあいだでの利害対立を調整するような一連の政治的仕組みのことをいう。このような利害の調整は、国家の経済的役割の拡大によって可能となった。戦後期の国家は、社会保険・医療・教育など各種社会保障制度の拡充を進めたので、その見返りにアメリカ市民は、資本主義経済における企業の利潤追求の正当性に承認をあたえた。その一方で国家は、公共支出や補助金などの手段を用いて民間企業の活動を支えるように努めたため、企業の側では、政府によるさまざまの福祉支出を容認した。

②アメリカの戦後 SSA の瓦解

これらの資本蓄積に有利な制度的構造が良好に機能していたために、アメリカ経済は戦後 20 年間の経済成長を達成することができた。しかしながら SSA 理論によれば、長期に及ぶ経済成長そのものが自らの制度的基礎を掘り崩すことによって、蓄積に対する障害をつくり出した。すなわち 1960 年代末以降になると、戦後コーポレート・システムの内部分解が始まった。

第一に、アメリカ企業が先進諸国と第三世界の双方からの厳しい挑戦に直面することによって、1960 年代半ばには**パックス・アメリカーナ**が大きく揺らいでいた。日本やヨーロッパの経済的台頭は、世界市場におけるアメリカの競争上の地位を低下させるとともに、アメリカの国内市場への浸透を招いた。植民地からの解放を求める第三世界の運動も、アメリカの国際支配をしだいに弱めていった。さらに、石油輸出国機構（OPEC）のカルテルをはじめとして、第三世界の原材料輸出国からの異議申し立ても展開された。アメリカの国際支配の後退は、交易条件の悪化を通じて、利潤率と生産性上昇率の低下につながった。

第二に、長期間にわたり完全雇用に近い状態が持続して、資本・労働間の力関係が変化したことによって、**資本と労働の合意**が崩壊した。戦後のアメリカでは、失業率が低くなり職を失う恐れが小さくなった一方で、失業手当をはじめとする社会給付の水準が上昇したので、労働者にとっての失業の脅威が著しく弱まった。このようにして「失職コスト」が減少すると、企業による労働者の統制の有効性は低下する。企業の支配力の低下は、労働強度を引き上げたり、賃金上昇を抑制したりするための使用者側の力を弱め、このことは次いで、労働生産性と利潤分配率の低下を引き起こした。

第三に、1960 年代後半以降になると、環境保護運動・反原発運動・消費者運動など、多種多様な市民運動が高まりを見せるようになり、**資本と市民の合意**も解体するにいたった。これらの一連の運動の重要な帰結の一つが、資源やエネルギーを含む原材料の価格の急騰である。このこともまた、企業の生産コストを上昇させることによって収益性を低下させるように作用した。

このようにして 1960 年代半ば以降、アメリカ企業の支配力に対する国内外からの異議申し立てに直面して、戦後コーポレート・システムを支える三つの制度的支柱が大きく揺らぎ始めた。そしてシステムの内部分解は、利潤率の急速な低下を招いて、経済停滞を不可避のものとした。SSA学派は、利潤率の低下を引き起こした要因として、戦後期の持続的な高雇用状態のもとで利潤圧縮が生じたことを特に重視している。すなわち、1970年代以降の長期経済停滞の根本的な原因は、失業の脅威が労働者を規律づけるという**産業予備軍効果**が低減したことにあるとされている。

アメリカの長期的な成長と繁栄を支えていた戦後SSAは瓦解した。これによって経済の長期停滞が生じたのであるならば、新しいSSAを構築することによってしか、経済成長を回復することはできないことになる。

(3)「新自由主義SSA」の出現とその危機

それでは、戦後SSAの崩壊ののち、新たにどのようなSSAが構築されたのだろうか。また新しいSSAの基本的性格はいかなるものであるのか。この問題について、SSA学派の理論家たちの多くは、1980年代はじめに**新自由主義SSA**（neoliberal SSA）という新しいSSAが出現したのだという見解を示している。たとえばコッツ（David Kotz）は、新自由主義SSAの主な特徴として、次の五つを挙げている[3)]。

（i）資本側による労働側の支配。
（ii）経済からの国家の撤退。
（iii）大企業間での無制限の競争。
（iv）金融部門による投機的利潤の追求。
（v）自由主義イデオロギーの復活。

3）Kotz, D. M., “Social Structures of Accumulation, the Rate of Profit and Economic Crises”, in Wicks-Lim, J. and Pollin, R. (eds.), *Capitalism on Trial: Explorations in the Tradition of Thomas E. Weisskopf*, Cheltenham: Edward Elgar, 2013, p. 340.

新自由主義SSAの中心的な要素は、労働側に対する資本側の支配力の増大にある。そのことは、民間部門における労働組合組織率の著しい低下、実質賃金の伸び悩み、利潤分配率の上昇、所得格差の拡大などの事実によって明らかである。そして、利潤の急速な増加と賃金の伸び悩みのあいだの大きな不均衡が総需要不足の傾向をつくり出すという点に、新自由主義SSAの基本的矛盾がある。この問題は、緊縮的なマクロ経済政策によっていっそう厳しいものとなる。それにもかかわらず、1980年代半ばから約20年のあいだ、アメリカ経済においては「大平穏期」(Great Moderation) と呼ばれる長期的な安定局面が続いた。

新自由主義時代のアメリカにおける長期の経済拡張は、住宅バブルと借入にもとづく消費支出によって主導されていた。しかし、賃金上昇が厳しく抑制されており、家計債務の増加を通してのみ経済の拡張が可能となるようなシステムが、無限に持続することはありえない。2000年代を通じて膨張を続けた住宅バブルが崩壊を迎えると、従来の経済拡張のパターンは持続不可能となった。すなわち、サブプライム・ローン問題に端を発する2007〜08年の金融危機は、新自由主義SSAが本来的にはらんでいた矛盾が激化することによって生じたものにほかならない。この危機は新自由主義SSAが衰退の局面に入ったことを示しているというのが、SSA学派の見方である。

3．物価の変動をどう見るか

資本主義経済は、たえず生産と雇用の変動を経験しているだけでなく、一般物価水準の変動にもさらされている。一般物価水準が持続的に上昇している状態を**インフレーション**、それが持続的に下落している状態を**デフレーション**という。戦後の資本主義諸国においては、長いあいだインフレーションが人々の悩みの種となっていた。1950年代から1960年代にかけての高度成長期の先進各国においては、物価の上昇は相対的に穏やかなものであった。しかし、1970年代初頭には多くの国で急速な物価水準の上昇が見られた。図8-2に見られるように、日本でも、消費者物価と企業物価の上昇率がいずれ

図 8－2　日本のインフレ率

出所）日本銀行「企業物価指数」、総務省「消費者物価指数」

も年率で 20％を大きく上回る激しいインフレーションが発生した。これに対して、1990 年代半ば以降の日本においては物価が低水準で推移し、穏やかなデフレ傾向が続いている。

現代資本主義におけるインフレーションの主な原因が何であるのかに関しては、いくつかの異なる見解が存在している。第 5 章第 4 節（1）で見たように、フリードマンによって代表されるマネタリストは、**貨幣数量説**にもとづいて、実質国民所得の増加率を上回る貨幣供給の増加がインフレーションの原因であると主張する。彼らは中央銀行が貨幣供給を制御することが可能であると考えているので、結局のところ、中央銀行による過大な貨幣供給こそがインフレーションの根本的な原因であるということになる。

サミュエルソン（Paul Anthony Samuelson）やソロー（Robert Merton Solow）のような新古典派的ケインジアンは、完全雇用に到達する以前では物価上昇は起こらないという固定的価格体系を採用していた。彼らは、完全雇用に到達して以後の総需要の増加が物価水準の上昇を引き起こすのだと主張する。ここに見られるように、マネタリストが貨幣的要因を重視するのに対して、新古典派的ケインジアンは実体的要因を重視している。しかし、こうした違いはあるにせよ、主流派の経済学者たちは、生産物市場における超過需要によってインフレーションが発生するという**ディマンドプル・インフレーション**の考え方をとっている点においては共通している。

これに対して政治経済学の諸理論では、インフレーションとは所得分配をめぐる経済諸集団の対立の帰結であると考える。そして、インフレーションのおもな原因として賃金コストの上昇を重視している。すなわち現代資本主義におけるインフレーションを、基本的に**コストプッシュ・インフレーション**であると見ているのである。以下では、インフレーションとデフレーションの社会的費用について検討したのちに、政治経済学における代表的なインフレーションの理論を紹介する。

4．インフレーションとデフレーションの社会的費用

インフレーションの弊害について理解するためには、第一次世界大戦後のドイツで生じた歴史上まれに見るほどの悪性インフレーションを想起すればよい。ドイツのインフレーションでは、1922年8月から1923年11月にかけての1年強のあいだに物価が約100億倍になった。このように急激な物価上昇のことを**ハイパー・インフレーション**という。物価上昇率が天文学的な数字で大きくなっていくハイパー・インフレーションのなかで、貨幣としてのマルクは完全に崩壊した。たとえば、買い物に出かけるときに大量の紙幣を運ぶための手押し車が必要となったり、あるいは1日のうちに商品の価格が大きく上昇したりするという事態が現われた。こうして貨幣価値の急速な下落にともない、マルクは、価値保蔵手段としてはもちろんのこと、交換手段および価値尺度としてもまったく機能しなくなった。

通貨としてのマルクの機能停止は、実体経済にも深刻な影響を及ぼさずにはおかない。1922年前半には生産活動がきわめて活発で、ドイツ経済は完全雇用に近い状態にあった。しかしインフレーションが進むにつれ、投機的・非生産的な事業活動が急速に拡大することによって同年後半には生産活動が停滞に向かい始め、翌1923年末には失業率が20%を大きく上回るようになった。ハイパー・インフレーションは、貨幣のあらゆる機能を麻痺させる

ことによって経済システムを全面的な撹乱状態に陥れるのである。

インフレーションが加速し、通貨の実質価値が日ごとに大きく変動していくにつれて、資本主義経済の究極的な基礎をなしている債権・債務関係は完全に混乱して、ほとんど無意味になる。また人々は、着実な生産活動よりも各種の投機的な活動によって所得を得ようという誘因に駆られるようになる。こうして、所得と富を得る過程が賭博や富くじのようなものとなってしまう。かつてレーニン（Vladimir Il'ich Lenin）は、「資本主義体制を打倒する最善の道は通貨を台なしにすることだ」と宣言したと伝えられている。このことについてケインズは、『平和の経済的帰結』（1919年）という著作のなかで次のように述べている。

> レーニンは、たしかに正しかったのだ。通貨を台なしにしてしまうこと以上に、現存の社会の基盤を覆す精妙・確実な手段は存在しないのである。この過程は、経済法則のいっさいの隠れた力を破壊の側に傾かせ、しかもそれを百万人中の誰一人として予断できないような仕方でやってのけるのである[4]。

第二次世界大戦後の先進資本主義経済においては、通貨が機能停止に追い込まれるほどの悪性インフレーションは生じていない。しかしながら、ハイパー・インフレーションも相対的に穏やかなインフレーションも、程度の差こそあれ、その基本的な性格においては変わるところがない。ハイパー・インフレーションのさいには、インフレーションが一般的に内包している弊害が極端なかたちで発現するにすぎない。インフレーションにせよデフレーションにせよ、物価水準の変動は、かなり穏やかなものであっても、社会的公正や経済効率の観点から見て許容することのできない悪影響を経済社会に及ぼすのである。

第一に、物価水準の変化は恣意的な所得再分配を生み出す。名目賃金が一

4）J. M. ケインズ『平和の経済的帰結』（早坂忠訳）東洋経済新報社、1977年、185ページ。

定であれば、予想されないインフレーションは、実質賃金を下落させることによって労働者から資本家への意図せざる所得の移転をもたらすだろう。これとは逆に、デフレーションは資本家から労働者に所得を移転させることになる。ただし賃金の物価スライド制を採用すれば、物価の変動によって生じる実質賃金の変動をある程度は回避することができるようになる。また年金の受給者のように固定的な金額の所得を得ている人々は、インフレーションが起こると所得の実質価値が目減りして損失を被るけれども、デフレーションは彼らに予期せぬ利得をもたらす。さらに、物価水準が変化するときには債権者と債務者のあいだでも所得の移転が発生する。インフレーションは債権と債務の実質価値をともに低下させて、債権者から債務者への実質的な資産の移転を引き起こすのに対して、デフレーションは債務者から債権者へ資産の移転をもたらす。このように物価水準の変動は、社会的に正当化することのできない富と所得の再分配を生じさせるという害悪をもっている。

第二に、インフレーションとデフレーションは、貨幣価値の安定性を損ない、契約決済手段としての貨幣のはたらきを阻害することによって貨幣経済の効率性を低下させる。その理由は以下のようなものである。貨幣で表示された契約によって人々は、不確実な将来における成果と現金の流れをある程度まで制御することが可能となる。たとえば企業家は、生産活動においてさまざまな生産要素を効率的に結合するために、労働者や下請け業者と長期的な先渡し貨幣契約を取り結ぶ必要がある。先渡し貨幣契約とは、将来における財・サービスの引き渡しと貨幣の支払いの時点を契約当事者間であらかじめ決めておくような契約のことである。企業家がこのような契約を結ぶならば、生産活動が開始される以前に、労働サービス・原材料などの引き渡しと債務決済の日付、および貨幣支払額が固定される。このようにして労働者や下請け業者の将来の成果についての保証を得たり、誤りや失敗にともなう損失から自らを守ったりするための手段をもつときにはじめて、企業家は安んじて生産活動に乗り出すことができるのである。

こうして貨幣・契約・市場といった諸制度の存在は、生産資源の有効な活用を促進することによって人々の生活水準の向上に寄与する。法的強制力をもつ先渡し貨幣契約は、売上や利潤に関する予想の誤りによって生じた困難を切り抜けるための手段となるので、不確実性にみちた世界において企業家が新たな活動に果敢に挑戦することを可能にしてくれるからである。生産に関する自らの意思決定が誤りであったことがのちに判明した場合にも、企業家は、自らが負担する最大金額を貨幣契約で取り決めた額に制限することができる。貨幣は、それが購買力を将来に移転する手段（すなわち価値保蔵手段）としての役割を果たすと人々が信じているときにのみ、契約決済手段として機能することができる。したがって、物価が激しく変動して貨幣価値が不安定になれば、貨幣は契約決済手段として人々によって受容されなくなり、その結果、貨幣経済の効率性が著しく低下することになるだろう。

以上のように、インフレーションとデフレーションは深刻な社会的費用を経済にもたらす。だが、それだけではない。物価水準の変動は、生産量と雇用量の変動を引き起こしてマクロ経済を不安定化させるという効果ももっているのである。この点については、おもにデフレーションの局面に注目しながら、本章の第7節で見ることにしよう。

5．コンフリクト理論——マルクス派の見解

イギリスのマルクス経済学者であるローソン（Robert Eric Rowthorn）は、1977年に発表した論文「対抗、インフレーション、および貨幣」において、所得分配をめぐる資本家と労働者のあいだの対立・抗争が一般物価水準の変動を引き起こすのだと説くインフレーションの**コンフリクト理論**を提示した[5)]。その理論は、1960年代末から1970年代にかけての組織労働者の戦闘性の高揚を背景とする賃金と物価の上昇過程を的確に捉えたものであった。しかしながらローソンの理論は、生産性が一定であるという仮定をおいて分析を分配面に限定していたため、生産過程における資本・労働間のコンフリ

5）「対抗、インフレーションおよび貨幣」、B．ローソン『現代資本主義の論理——対立抗争とインフレーション』（藤川昌弘・小幡道昭・清水敦訳）新地書房、1983年、所収。

クトについては論じられていない。このような欠点にもかかわらず、先進資本主義経済におけるインフレーションの基本的性格を明らかにする理論として、それは、論文が発表された当時の歴史的背景を超える一般性を有している。その基本モデルは、以下のようなものである。

(1) 基本モデル

ここで政府部門と外国部門を捨象するならば、経済諸集団は労働者と資本家の二つに分類される。したがって国民所得は、これら二つの集団のあいだで賃金と利潤に分割されることになる。分権的な市場経済においては、賃金の水準は、将来のインフレーションを考慮しながら、資本・労働間の交渉によって取り決められる。したがって資本家には、国民所得から労働者の分け前αを差し引いた後の分け前βが残されるので、

$$\beta = 1 - \alpha \qquad (0 < \alpha < 1) \tag{8-1}$$

であることが分かる。ここでαを「交渉で取り決められた賃金シェア」と呼び、βを「交渉で取り決められた利潤シェア」と呼ぼう。次に、賃金が固定された状態のもとで、資本家は、一定の「目標利潤シェア」β^*が達成されるような価格設定を行なうと想定する。「交渉で取り決められた利潤シェア」と「目標利潤シェア」の二つが同じである場合には、資本家の目標が実現しているので、二つの決定レベルのあいだに食い違いは存在しない。しかし、これら二つが異なる場合には食い違いが生じる。この食い違いの程度は、$\beta^* - \beta$という量によって測定される。この量を**アスピレーション・ギャップ**(aspiration gap) と呼び、Aで表わすことにする。

$$A = \beta^* - \beta \tag{8-2}$$

アスピレーション・ギャップが存在するときには、資本家は、生産物価格の引き上げによって目標利潤シェアを達成しようとするだろう。資本家は、目標利潤シェアが交渉で取り決められたシェアよりも大きいか小さいかに応じて、価格の引き上げを予期されたよりも大きくしたり小さくしたりする。

したがってインフレ率は、アスピレーション・ギャップの関数であるとみなされる。また予想インフレ率は、賃金や価格の形成過程を通じて実際のインフレ率に影響を及ぼす。これらの点を考慮すると、インフレ率を次の式によって表わすことができる。

$$\pi = \lambda A + \pi^e \tag{8-3}$$

ここで、λはAが現実の物価上昇率に反映される程度と速度を示す定数であり、π^eは予想インフレ率である。この式を見ると、インフレ率πは、(1) アスピレーション・ギャップA、(2) 価格調整の速度λ、(3) 予想インフレ率π^eによって決定されることが分かる。ここでλが正であり、π^eがかりにゼロであるとすれば、資本家が賃金契約で取り決められた以上の利潤を求める($A>0$) ときにはインフレ率が正となり、それ以下の利潤しか求めない($A<0$) ときには負になる。

それでは、アスピレーション・ギャップの大きさはどのようにして決定されるのだろうか。ローソンによれば、それは、労働者および資本家の市場支配力と、自らの支配力を用いようとする彼らの意思とによって決定される。たとえば、よく組織されていて戦闘的な労働者階級は、大幅な賃上げを勝ち取って、利潤にかなりの圧迫を加えることができる。他方で大きな市場支配力をもつ寡占企業は、商品価格の引き上げを通じて、より高い利潤シェアを得ることができるだろう。労働市場において支配力をもつ労働者が賃上げを求めて自らの力を行使するならば、「目標利潤シェア」と「取り決められた利潤シェア」のあいだに大きな食い違いが生じて、アスピレーション・ギャップが拡大する。これに対して、生産物市場において支配力をもつ資本家の側では、商品価格の引き上げによって労働側に対抗し、そのギャップを縮小することができる。しかしながら、これによって賃金シェアが低下するので、労働側はふたたび賃上げを要求することになるだろう。

このようにして引き起こされる賃金と物価の螺旋的な上昇過程においてアスピレーション・ギャップが拡大し、インフレーションが加速的に進行することになる。労働組合および団体交渉の制度化と、巨大企業による寡占的競争をその基本的特徴とする現代資本主義経済におけるインフレーションとは、資本家と労働者という相対立する二つの階級のアスピレーションの相克を原因として発生するのだと、ローソンは捉えたのである。

(2) 総需要と物価

上で見たように、インフレ率を規定するアスピレーション・ギャップの大きさは、資本家と労働者による市場支配力とそれを行使しようとする彼らの意思によって決定される。資本側と労働側の双方による市場支配力の行使に対して大きな影響を及ぼす要因の一つに、総需要の大きさがある。総需要の変化は、労働者の賃上げや企業の価格引き上げを容易にしたり困難にしたりして、階級間の対立状況を形づくる要因として機能する。

総需要の水準が低く、大量の失業者が存在している状況のもとでは、賃金交渉における労働組合の力が相対的に弱くなるので、組合は賃上げ要求を控えめなものとするだろう。このことは、「産業予備軍効果」の概念を用いて本章第１節で説明したとおりである。また不況の局面においては、いずれの企業も過剰な生産能力を抱えており、同じように過剰な生産能力を抱えている他の企業が自分たちの市場に侵入してくることを恐れて、各企業は慎重な価格設定方針をとるにちがいない。労働者と資本家がともに自らの要求を弱めるのであるから、物価の上昇は穏やかなものとなる。

これとは反対に、総需要の水準が高く、完全雇用に近い状態のもとでは、自らの交渉力の増大を背景に労働組合は積極的な賃金要求を行なうようになる。また生産設備が完全稼動に近い水準にあるならば、諸企業は、他企業もほぼ同じ状態にあって自分たちの市場に容易に侵入することができないことをよく知っているので、生産物の価格をかなり容易に引き上げることができる。この場合には、資本家と労働者がともに自らの市場支配力を積極的に行使しようとする結果、アスピレーション・ギャップが拡大し、インフレーションが加速することになる。

上で見たように、総需要が減少して失業が増加するときには、資本家と労働者がともに力を弱めて要求を抑制するのであるから、一般的には、失業水

準 U が高くなるほどアスピレーション・ギャップが小さくなり、インフレ率が低くなると考えることができる。このように、アスピレーション・ギャップが失業水準の減少関数（⊖）であることを考慮するならば、インフレ率を示す（8-3）式を次のように書き直すことができる。

$$\pi=\lambda A(\underset{\ominus}{U})+\pi^{e} \qquad (8\text{-}4)$$

すなわち、インフレ率と失業水準とのあいだには負の相関関係が存在する。したがって、縦軸にインフレ率をとり、横軸に失業水準 U をとると、図８－３のように両者の関係を右下がりの曲線として描くことができる。これが**物価版フィリップス曲線**である。ここでも議論を単純にするために π^{e} がゼロであるとするならば、この曲線は失業が U_0 の水準で横軸と交わる。失業がこの水準にあるときにはアスピレーション・ギャップがゼロであり、国民所得はそれに対する総要求とちょうど一致するため、インフレ率はゼロとなる。総需要がこれよりも大きくなると、労働力と生産物に対する需要がともに増加する。このときには労働者と資本家の双方がより大きな実質所得を要求して、両者のあいだの対立が強まるのでインフレ率が上昇する。これとは反対に、U_0 の失業をもたらす水準よりも総需要が小さくなると、労働力と生産物

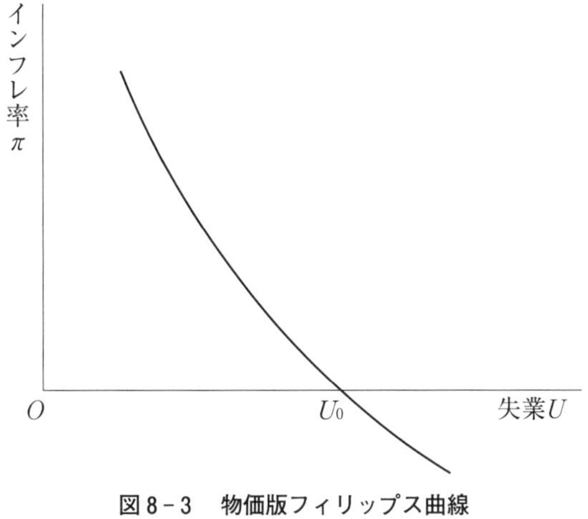

図８－３　物価版フィリップス曲線

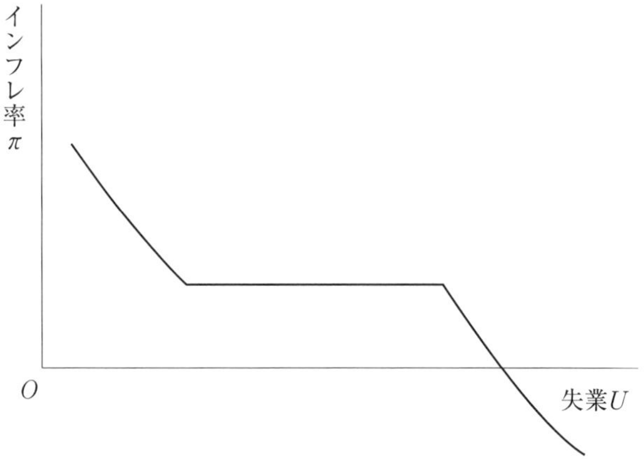

図 8－4　水平部分をもつフィリップス曲線

に対する需要がともに減少して、労働者と資本家のあいだの対立が弱まるので、インフレ率はマイナスとなり物価水準の下落が生じる。

このようにしてコンフリクト理論は、所得分配をめぐる資本・労働間の対立に焦点を合わせることによって物価水準の変動を説明しようとする。またこの理論は、資本家と労働者のそれぞれがもつ市場支配力に対して総需要がどのような影響を及ぼすのかを明らかにしている。総需要の水準が高ければ階級間の対立が激化してインフレーションが昂進する一方、総需要の水準が低ければ対立が緩和してインフレーションは鎮静化する。総需要の水準がきわめて低くなる場合には物価が下落し、デフレーションが生じることもありうる。

さて、近年の先進資本主義諸国では、失業率が低下して完全雇用状態に近づいても、物価がほとんど上昇しないという現象がしばしば見られる。とくに日本では 1990 年代半ば以降、長いあいだ物価上昇率がゼロ近傍で推移しており、穏やかなデフレーションが続いている（本章第 3 節を参照）。景気拡大が長期に及んで人手不足が叫ばれるような局面になっても、なかなか賃金や物価が上昇しない。すなわち、図 8－4 で示されるように、失業水準の広い範囲においてフィリップス曲線が水平になっているものと考えられる。それにはさまざまな理由が考えられるが、労働規制の緩和によって相対的に賃金の低い非正規雇用者の割合が高くなったことや、それにともない労働組合組織率が低下して労働側の交渉力が低下したことも、重要な要因としてはたらいていることは間違いない。

6．賃金コスト・マークアップ理論――ポスト・ケインズ派の見解

マルクス派と同様に、ポスト・ケインズ派もまた、インフレーションは所得分配をめぐる闘争の兆候であるという見方をとっている。ポスト・ケインズ派のインフレ理論は、アメリカの指導的なポスト・ケインズ派経済学者であるワイントローブ（Sidney Weintraub）とデヴィッドソンによって簡潔に定式化されている。彼らは、賃金コストに対する企業のマークアップ価格形成行動によって物価水準の決定を説明している。そのため、彼らのインフレ理論は**賃金コスト・マークアップ理論**と呼ばれている（マークアップ価格形成については、第4章第3節を参照）。

貨幣表示の民間部門の総生産量 Z は、次のように表わすことができる。

$$Z = kwN \qquad (8\text{-}5)$$

ここで w は貨幣賃金率、N は雇用量、そして k は貨幣賃金支払額 wN のある倍数であり、粗利潤マークアップの大きさを表わしている。また総生産量 Z は、物価水準 P に諸企業の実質生産量 Q をかけたものであるから、

$$Z = PQ \qquad (8\text{-}6)$$

と書くことができる。これらの二つの式から次式を得ることができる。

$$P = kw\frac{N}{Q} \qquad (8\text{-}7)$$

さらに平均労働生産性 Q/N を z で表わすと、N/Q は z の逆数であることから、(8-7) 式は次のようになる。

$$P = k\frac{w}{z} \qquad (8\text{-}8)$$

この式は、**賃金コスト・マークアップ方程式**と呼ばれている。(8-8) 式から、マークアップの大きさを表わす k の値が一定であるとすれば、貨幣賃金率 w の上昇が労働生産性 z の上昇を上回るときに、物価水準 P の上昇、すなわちインフレーションが生じることが分かる。したがって、k が長期的に安定している場合には、貨幣賃金率の上昇を生産性上昇の範囲内にとどめるならば、インフレーションを抑制することができる。

そこでポスト・ケインズ派は、インフレ抑制政策として**課税にもとづく所得政策**(tax-based incomes policy: **TIP**) を提唱する。所得政策の基本的な考え方は、生産性上昇を上回る賃上げは社会のすべての構成員に損害をあたえるというものである。その政策では、生産性の上昇を大きく超えた賃上げを認める企業に対して罰則を加えるために法人所得税体系が用いられる。許容される賃上げの大きさは、経済状態に応じて変化させることができるだろう。この制度のもとでは、インフレ的な賃金要求に応じた企業には、より高い課税という罰則を課せられることになる。新古典派が提唱する金融引き締めによるインフレ抑制政策が景気後退によってほとんどすべての労働者と企業に罰則を課すのに対して、所得政策はインフレを助長するような行動をとる企業だけを罰するという利点をもっている。

戦後アメリカ経済の歴史を振り返ってみると、政府が貨幣賃金の上昇率を直接に制御するための政策をとったときには、インフレーションをともなうことなしに経済が完全雇用状態に接近したことが分かる。1961～68 年のケネディ＝ジョンソン政権時代には、貨幣賃金の上昇に上限を設けるという「ガイドライン」政策によって物価の上昇が抑制されていた。この間、失業率は 6.7%から 3.5%に低下する一方で、消費者物価水準は年率で 3 %強しか上昇しなかった。しかし、ベトナム戦争の拡大によってジョンソン大統領への国民の支持が低下したために、ガイドラインに対する合意も消滅してしまった。これ以降は、1971 年 8 月に始まるニクソン大統領の賃金・物価抑制政策の 17ヵ月の期間を除いて、もっぱら金融引き締めによって引き起こされる計画的な景気後退が、インフレ抑制のための手段として利用されることになる。すなわち、永続的な所得政策に代わる選択肢は、永続的な高失業か高インフレしか存在しないのだということを知っておかねばならない[6)]。

今日の日本では、インフレ抑制ではなく、デフレ脱却が差し迫った課題となっている。しかし、その解決のためには所得政策の考え方をそのまま応用することができる。すなわち、デフレーションを克服するためには、インフレーションの場合とちょうど反対の政策をとればよい。大幅な賃上げを実施した企業に対して法人税の減税を行なうなどして、政府が積極的に賃上げを支援するならば、物価は上昇に転じるであろう。

ここまでは、インフレーションの理論と物価を安定化するための政策について考察してきた。次に、とくにデフレーションの局面に焦点を合わせながら、一般物価水準の変化が経済活動水準にどのような影響を及ぼすのかについて考えてみよう。

7．価格伸縮性は完全雇用をもたらすのか

現代の主流派経済学においては、賃金や価格の硬直性が持続的失業の原因であり、したがって、それらの変数が伸縮的であれば完全雇用均衡が実現されるという見解が共有されている。これに対して、政治経済学のアプローチをとる理論家たちは、価格の伸縮性が失業問題を解決するための必要条件であるとは考えない。むしろ伸縮的な価格は、不況を悪化させ、失業を増加させる要因として作用すると主張する。以下では、主流派経済学の標準的な考え方を紹介したのちに、価格の伸縮性が経済システムを不安定化させる可能性について見ていくことにしよう。

(1)　価格伸縮性の安定化効果

第6章で見たように、ケインズは「有効需要の原理」にもとづき、資本主義経済においては、有効需要の不足によって不完全雇用均衡が発生する可能

6）戦後アメリカにおけるインフレーションとその対策については、P. デビッドソン『ケインズ経済学の再生―― 21世紀の経済学を求めて』（永井進訳）名古屋大学出版会、1994年、第8章を参照。

性があることを指摘した。さらに彼は、賃金の切り下げは消費と投資を減少させるので、かえって不況を深刻なものとし、失業を増加させる結果になるだろうと主張した。ケインズによれば、賃金の切り下げが生産物価格を低下させることによって需要を刺激し、生産量と雇用量の増加をもたらすことになるという新古典派の見解は、個別産業レベルでの議論を経済全体に拡張しようとするものである。総需要の大きさによって生産水準が決定されるという**有効需要の原理**の考え方にもとづくならば、貨幣賃金の切り下げが生産量と雇用量を増加させるのか否かは、それが総需要にどのような影響を及ぼすのかに依存して決まることになる。したがって、個別産業レベルでは妥当する議論であっても、それがそのまま経済全体に当てはまるとはかぎらない。ケインズは、新古典派の見解を**合成の誤謬**にほかならないとして斥けた（「合成の誤謬」については、序章第3節（2）を参照）。

ケインズの主張に対して、彼の論敵であり、当時の代表的な新古典派経済学者であったピグー（Arthur Cecil Pigou）は、価格が伸縮的であるかぎり、経済には自動的に完全雇用状態に復帰する機構が備わっていると反論した。ピグーは、物価水準の低下が人々の保有する実質貨幣残高を増加させ、それによって消費が増加するという経路の存在を指摘する。すなわち、貨幣供給 M が一定であるとすれば、物価水準 P が下落するときには貨幣の実質残高 M/P が増加する。実質貨幣残高の増加は、人々がそれだけ豊かになったことを意味するので、そのことは消費を刺激することによって総需要の増加につながるだろう。この効果を、**ピグー効果**または**実質残高効果**という。このようにしてピグーは、賃金と価格の伸縮的な変化を通じて完全雇用が達成されるという伝統的な新古典派経済学の考え方に新しい論拠を提供した。

これに加えて、物価水準の下落が総需要を増加させるもう一つの経路が存在する。上で見たように、物価水準が下落すると実質貨幣残高が増加する。貨幣供給が一定であるとすれば、このことは利子率の低下をもたらすので、企業の投資支出を刺激して総需要を増加させるだろう。物価の下落は、個々の取引に必要とされる貨幣額を縮小させ、取引動機にもとづく貨幣需要を減少させるからである。新古典派経済学の前提では、失業が存在するかぎり賃金と物価の下落が進むので、完全雇用が達成されるまで投資と総需要の増加が続くことになる。この効果は、ケインズが『一般理論』において言及していることから**ケインズ効果**と呼ばれている。

しかしながら、ケインズ自身も指摘していたように、ピグー効果とケインズ効果が作用するのは、貨幣供給が不変である場合においてだけであるということに注意する必要がある。もし物価水準の下落とともに貨幣供給も減少するならば、実質貨幣残高に変化は生じないので、たとえ賃金と価格が完全に伸縮的であったとしても、これら二つの効果がはたらく余地は存在しなくなる。すなわち、貨幣量がその需要に応じて供給される内生的な変数であるとすれば、新古典派経済学が想定している市場経済の自動安定化機能は作用しなくなるのである（内生的貨幣供給については、第5章第4節（3）を参照されたい）。

貨幣供給が内生的である現代の信用貨幣経済においては、賃金と価格の伸縮的な変化によって完全雇用が達成されるという新古典派の見解は、はなはだ根拠薄弱なものでしかない。それればかりでなく、不況の局面での賃金と価格の下方伸縮性は、かえって生産量と雇用量を減少させかねないと考えるに足るいくつかの論拠が存在する。そこで次に、価格伸縮性の不安定化効果について見ていくことにしよう。

(2) 価格伸縮性の不安定化効果

まず第一に、物価の下落は、貨幣をはじめとする資産の実質価値だけでなく、その反対側にある負債の実質価値も増加させることを見落としてはならない。すなわち、負債の名目価値 D が一定である場合、物価水準 P が下落するならば、負債の実質価値 D/P は増加する。このような債務負担の増大は、債務の返済を困難にすることによって企業の破産を増加させたり、そうでなくとも企業の利潤を減少させたりするので、企業の投資支出を抑制する要因となるだろう。このようにして負債の増加とデフレーションという二つの病弊がたがいにその悪影響を強めあう結果、生産水準と雇用水準の低下が累積的に進行する。このような考え方は、1930年代の大不況の分析を通じて構築されたアーヴィング・フィッシャーの「負債デフレーション理論」において示されたものである。したがって、この効果を**負債デフレーション効果**と呼ぶことにしよう。第10章第5節で見るように、この考え方はミンスキーの「金融不安定性仮説」にも受け継がれている。

第二に、本章の第4節でも触れたように、物価の下落は、負債の実質価値を高めることを通じて債務者から債権者への購買力の移転を発生させる。一般には債務者よりも債権者の限界支出性向のほうが小さいので、このような購買力の移転は経済全体の消費需要を減少させて、総需要の低下をもたらし、デフレーションをさらに厳しいものとするだろう。トービンは、この効果を**フィッシャー効果**あるいは**逆ピグー効果**と名づけている[7]。

第三に、総需要の減少による物価の下落は、将来のいっそうの物価下落の予想を生み出し、所与の名目利子率のもとで実質利子率を上昇させる。実質利子率r、名目利子率i、予想インフレ率π^eのあいだには、

$$r=i-\pi^e \qquad (8\text{-}9)$$

という関係がある。(8-9) 式は**フィッシャー方程式**と呼ばれている。この式から、予想インフレ率が下落するとき（言い換えるならば、予想デフレ率が上昇するとき）には、実質利子率が上昇することが理解される。実質利子率の上昇は投資支出を減少させるので、その結果、不況はさらに悪化する。しかも価格の伸縮性が大きければ大きいほど、人々は、将来の物価下落が大きくなると予想するだろう。その場合には、実質利子率が上昇して投資と生産量の水準が低下する度合いもそれだけ大きくなる。この効果は、それを定式化した経済学者マンデル（Robert Alexander Mundell）の名にちなんで**マンデル効果**と呼ばれることがある。

以上のように、深刻な不況のもとでの賃金と価格の切り下げは、累積的なデフレーションを誘発することによって経済を不安定化する可能性が大きい。したがって、新古典派経済学の見解とは反対に、ケインズの視点を継承する

7）J. トービン『マクロ経済学の再検討——国債累積と合理的期待』（浜田宏一・藪下史郎訳）日本経済新聞社、1981年、第1講。

政治経済学の考え方によれば、賃金や価格の粘着性をもたらすような社会的・制度的仕組みは、むしろ経済システムを安定化させる要因となる。その理由は、価格の粘着性が将来の不確実性を減少させて、人々の期待形成を安定化するからである。すなわち、賃金と価格が粘着的である場合には、企業家は、生産費用と生産物価格の動向を予測することがある程度まで可能となるので、ある種の慣行的な判断にもとづいて生産活動に乗り出すことができる。賃金と価格の粘着性は、持続的失業を生み出す原因であるどころか、むしろ安定的な経済成長にとっての前提条件となるのである。

この章のまとめ

1．資本家にとっていつでも自由に利用することのできる失業者のプールである産業予備軍の存在は、現役軍の労働者による賃上げ要求を抑制したり、労働強化を促進したりする効果をもつ。このような経済的効果のことを「産業予備軍効果」という。
2．社会的蓄積構造（SSA）理論によれば、アメリカにおける1970年代以降の経済停滞の根本的な原因は、第二次世界大戦後、長期にわたって完全雇用に近い状態が続いた結果、産業予備軍効果が低減したことにある。
3．インフレーションやデフレーションは、恣意的な所得再分配を生み出したり、貨幣経済の効率性を低下させたりするなどの深刻な社会的費用を経済にもたらす。
4．インフレーションは、所得分配をめぐる経済諸集団の対立によって引き起こされる。総需要の水準が高く、失業率が低い状況のもとでは、資本・労働間の対立が激化してインフレーションが加速しやすい。
5．インフレーションを抑制するためには、賃金上昇率を生産性上昇の範囲内に抑えるための所得政策をとらなくてはならない。これとは反対に、デフレーションを克服するためには、賃上げを進めることが必要となる。
6．賃金と価格の伸縮的な変化は、経済システムをかえって不安定化させる。とくに不況の局面での賃金と価格の切り下げは、累積的なデフレーションを引き起こして、不況をさらに悪化させる恐れが大きい。

第9章

所得分配

この章で学ぶこと

社会的公正の実現をうたう政治経済学の流れを汲む理論家たちは、資本主義経済における所得分配の仕組みを解明するために多大な努力を傾けてきた。本章では、所得分配に関する代表的な理論として、マルクス、カレツキ、カルドアの理論を取り上げ、その内容を概観するとともに、それらの理論のあいだの異同について検討する。また近年、ほとんどの先進資本主義諸国において所得の不平等が拡大しているなか、その原因についても考えてみたい。

1. 世界で拡大する所得格差

過去40年ほどのあいだに、ほとんどの先進資本主義国で所得格差の拡大が進んだ。そのことは、国民所得に占める賃金の分け前の変化を見ることによっても理解することができる。図9-1に示されているように、先進諸国の平均では、1980年から2007年にかけて賃金シェアが73.4%から64.0%に低下した。この間、日本では77.4%から62.2%へ、ドイツでは72.2%から61.8%へ、アメリカでは70.0%から64.9%へ、それぞれ賃金シェアが低下している。先進諸国のなかでも、日本における低下が際立っている一方で、アメリカではその低下の度合いがいくぶん小さくなっている。

しかしながらアメリカでは、個人間の所得分配の不平等が急速に拡大しており、ごく一部の富裕層の所得シェアが急激に上昇している。たとえば上位1%の高所得層の所得シェアは、2010年頃には約20%に達しており、この数

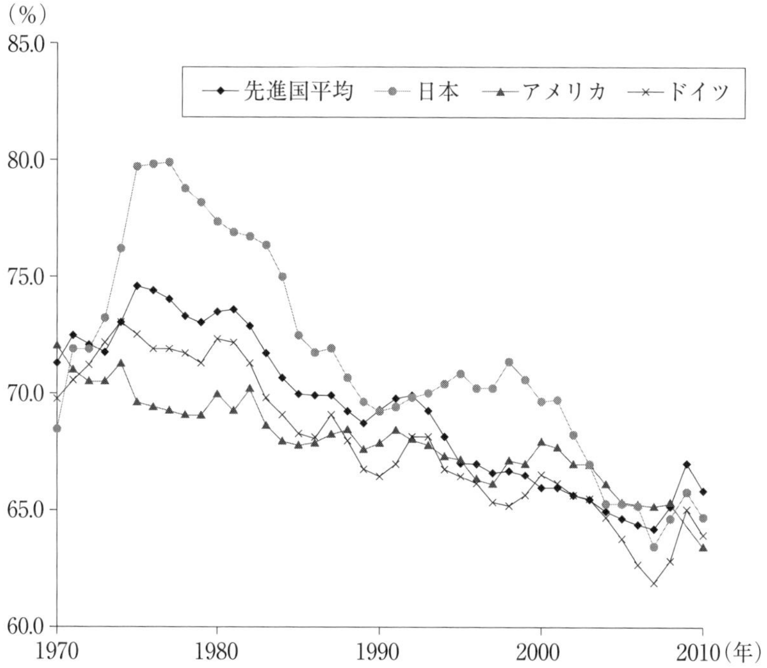

図9－1　先進諸国における賃金シェアの変化

出所）Stockhammer, E., "Why Have Wages Fallen? An Analysis of the Determinants of Functional Income Distribution", in Lavoie, M. and Stockhammer, E. (eds.), *Wage-led Growth: An Equitable Strategy for Economic Recovery*, Basingstoke: Palgrave Macmillan, 2013, p. 41.

注）先進国平均の数値は、OECD 諸国（韓国を除く）のウェイト付けされていない平均である。

値は1970年代半ばのほとんど倍に相当する（図9－2を参照）。これに対して日本や大陸ヨーロッパでは、賃金シェアが大きく低下したにもかかわらず、上位１％の人々の所得シェアは1980年代以降も顕著な変化を示してはおらず、10％前後でかなり安定的に推移している。

このことは、所得格差の拡大が国ごとに異なるかたちをとって進んできたことを示している。アメリカでは、大企業の経営幹部の報酬が高騰することによって格差の拡大が進んだのに対して、日本では非正規雇用の増加などの要因によって労働者のあいだでの不平等拡大が進んだ。しかし、国民所得に占める一般労働者の分け前が急速に低下したという点では、いずれの国も共

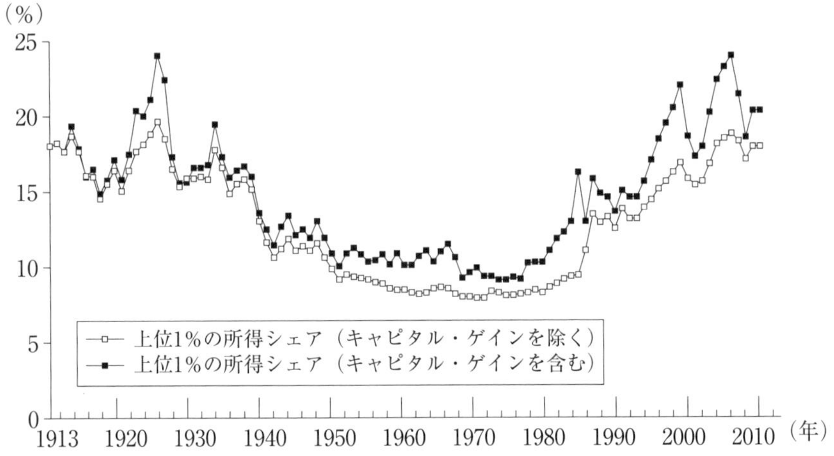

図9－2　アメリカにおける上位1％の所得シェア

出所）Alvaredo, F., Atkinson, A. B., Piketty, T. and Saez, E., "The Top 1 Percent in International and Historical Perspective", *Journal of Economic Perspectives*, Vol. 27, No. 3, 2013, p. 4.

通している。なおアメリカでは、経営者の給与とボーナスが国民所得勘定において「労働所得」として計上されているので、それらを利潤の一部として計算するならば、賃金シェアの趨勢は大陸ヨーロッパの国々とかなり類似したものになる。

働く人々の意欲や創意を引き出すためにも、ある程度の所得格差が存在することは認められるべきであろう。しかしながら、格差の拡大が行き過ぎると、さまざまな社会的・経済的弊害が生じる。第一に、所得格差の拡大は社会の安定性を失わせる。収入や生活様式、さらには居住地域によって豊かな人と貧しい人が分断され、人々のあいだの信頼感や連帯感が失われた社会においては、経済的に困窮したあげく、富裕層に対して怨恨や憎悪の感情を抱き、犯罪に走る者も出てくるだろう。第二に、毎日まじめに働いても大部分の人が低い賃金しか得ることのできないような社会になれば、人々の勤労意欲が低下し、そのことは経済の活力をそぐ結果となる。第三に、貧困者が増えれば生活保護などの社会保障支出も増加するので、国民の税負担がさらに重くなるという問題も生じる。これらの理由から、所得格差を是正することが、多くの国において差し迫った課題となっている。

社会的公正をうたい、平等な社会の実現をめざす政治経済学の流れを汲む理論家たちは、いつの時代にも、格差や貧困の現実に胸を痛め、その解決に心を砕くとともに、所得分配の仕組みを解明するために多大な努力を傾けてきた。政治経済学の内部にも所得分配の理論にはいくつかの異なるものが存在するが、いずれの理論も、広い視野から、経済システムを取り巻くさまざまな社会的・制度的な要因のはたらきを分析の枠組みに組み入れている点に特徴がある。以下では、マルクス、カレツキ、カルドアの理論を取り上げ、その内容について紹介するとともに、それらの理論の異同について検討する。

2．所得分配に関するマルクスの見解

賃金と利潤のあいだの分配に関するマルクスの見解については、すでに第3章第2節で説明した。ここであらためて、その要点を確認しておこう。マルクスの見るところ、賃金の水準は労働力の再生産費用によって決定される。賃金の水準が、労働者とその家族にとって必要とされる最低限の生活費用によって決まるという考え方は**生存費説**と呼ばれている。このような見解は、リカードらの古典派経済学者からマルクスが受け継いだものである。それと同時にマルクスは、生産手段の所有者である資本家が剰余生産物を利潤というかたちで取得するのだと論じた。このように、利潤の源泉が資本家による労働者の搾取にあるという見方を**搾取説**という。可変資本 V が賃金として労働者に支払われる一方で、資本家は生産過程で生み出された剰余価値 M を利潤として取得するのであるから、労働者所得に対する資本家所得の割合は、可変資本に対する剰余価値の割合、すなわち剰余価値率 M/V によって表わされる。

ここでは、所得とその源泉についての資本主義社会における一般的な通念をマルクスがどのように批判したのかを見ておきたい。多くの人々の見方によると、資本・土地・労働という生産の3要素は、それぞれの生産への貢献に応じて、利潤・地代・賃金というかたちで所得を受け取る。このように資

本主義社会では、資本が利潤を生み、土地が地代を生み、労働が賃金を生むという観念が、人々のあいだに広く浸透している。マルクスは、「父なる神、子なるイエス、聖霊の三者は一体である」というキリスト教の教理になぞらえて、人々が知らず知らずのうちに頭のなかに思い描いている「資本－利潤、土地－地代、労働－賃金」という範式を**三位一体範式**と名づけた。さらに、利潤の一部をなす企業者利得を資本家自身の監督労働に対する賃金であるとみなし、これを利潤から差し引くならば、最終的に「資本－利子、土地－地代、労働－賃金」という範式が完成する。

しかしこのような観念は、資本主義社会という「魔法にかけられ、転倒され、逆立ちさせられた世界」において人々が囚われている虚偽意識であるとマルクスは言う。彼の見方によれば、生産過程で新たにつくり出された生産物の付加価値（それは、可変資本と剰余価値の合計に等しい）は、もっぱら賃労働者の労働によって生み出されたものである。この付加価値のうち、労働力の価値が賃金として賃労働者に支払われ、剰余価値が利潤および地代として資本家および地主に分配される。人々の目には資本・土地・労働がそれぞれ価値を生み出しているかのように映っているにもかかわらず、実際には、賃労働者の労働によって生み出された価値が利潤・地代・賃金に分解されているのである。このようにして所有者階級たる資本家階級および地主階級によって剰余価値が取得されるのは、労働力と生産手段の分離という資本主義的生産関係のもとで生産が行なわれているからにほかならない[1)]。

社会の構成員のあいだで生産物がどのように分配されるのかは、いかなる生産関係のもとで生産が行なわれているのかによって決まってくる。これまで人類社会は、原始共同体社会に始まり、奴隷制社会から封建制社会へ、さらに資本主義社会へと発展を遂げてきたが、それぞれの社会はそれぞれに独

1）人間自らがつくり出した商品・貨幣・資本が逆に人間の経済活動を支配し、人間がそれらを神のように崇めることを、マルクスは「物神崇拝」（fetishism）と呼んだ。賃労働者の労働が諸階級の所得全体の源泉をなすという資本主義的生産の本質を隠蔽する三位一体範式は、資本主義社会の物神崇拝的性格の完成された姿を示している。

自の生産関係によって特徴づけられる。そして、相異なる生産関係のもとでは、所得分配の仕組みもそれぞれに異なったものとなる。所得分配のあり方は、どのような生産技術や生産設備が用いられているのかといった生産の物理的・技術的な要因のみによって決定されるのでなく、社会を構成する人々のあいだでどのような生産関係が取り結ばれているのかに大きく依存する。所得の分配は、人と物との関係ではなく、人と人との関係のなかで決まってくるのである。それゆえ、所得分配の問題を理論的に解明するにあたっては、歴史的・社会的な視角からの考察を欠かすことができない。

このような観点から見ると、分配問題をもっぱら生産の物理的・技術的側面から捉えようとする新古典派の分析は、歴史的・社会的な視点を欠いていることが分かる。新古典派の所得分配理論である**限界生産力説**においては、労働・資本・土地という生産要素の用役の価格が、それらの要素の限界生産力によって決定される（限界生産力説については、すでに第2章第4節で説明した）。すなわち、実質賃金は労働の限界生産力によって、実質利子率は資本の限界生産力によって、実質地代は土地の限界生産力によってそれぞれ決定される[2)]。こうして、各生産要素の所有者が受け取る報酬は、それぞれの生産要素の生産に対する貢献によって説明されている。新古典派の限界生産力説とは、三位一体範式の現代版にほかならないのである。

3．カレツキの独占度理論

(1) 賃金の相対的分け前の決定要因

第4章第3節で述べたように、カレツキの**独占度理論**の特徴は、価格形成と所得分配の問題を結びつけて論じている点にある。ここでは、第4章での

2）労働の限界生産力（限界生産物）の概念については第2章第1節（2）で説明した。また新古典派の理論モデルでは、労働需要曲線（すなわち労働の限界生産物曲線）の位置と傾きが生産関数の物理的・技術的特徴によって決定されること、そして資本家は労働の限界生産物と実質賃金とが等しくなるような雇用量を選択することも、そこで見た。

議論を踏まえつつ、所得に占める賃金の相対的分け前がどのようにして決まるのかを詳しく見ていくことにしよう。

ここで、賃金の総額を W、原材料費の総額を MC、総主要費用（$W+MC$）に対する総売上高の比率を k で表わせば、付加価値（すなわち、生産物価値マイナス原材料費）は、賃金・共通費・利潤の合計に等しいことから、

$$\begin{aligned}\text{共通費}+\text{利潤}&=\text{生産物価値}-(\text{賃金}+\text{原材料費})\\&=(k-1)(W+MC)\end{aligned}$$

という式を得る。これより、１産業における付加価値に占める賃金の相対的分け前 α は、次のように表わされる。

$$\alpha=\frac{W}{W+(k-1)(W+MC)}$$

さらに、この式の分子と分母をともに W で割り、賃金総額に対する原材料総額の比率（すなわち MC/W）を j で表わせば次式を得る。

$$\alpha=\frac{1}{1+(k-1)(j+1)}$$

したがって、付加価値に占める賃金の分け前は、(1) k に反映される独占度と、(2) 賃金総額 W に対する原材料費総額 MC の比率 j とによって決定されることが分かる。上の式から明らかなように、独占度の上昇と原材料費の増加は、賃金の分け前を低下させる要因として作用する（逆は逆）。独占度の上昇は、マークアップの拡大によって生産物価格の上昇をもたらし、利潤の分け前を増加させる。また賃金費用が一定のままで原材料価格が上昇するならば、独占度（したがってマークアップ率）が一定であるかぎり、生産物価格の上昇を通じて共通費と利潤の実質総額が維持される一方で実質賃金が下落するため、賃金の相対的分け前は減少することになる（工業製品の価格は、費用に対するマークアップによって決定されることを想起されたい）。

カレツキによれば、独占度は不況期に上昇し、好況期に下落する傾向があ

るという。不況期には、生産量とともに総主要費用が減少する一方で、総共通費はその性質上ほとんど変化しないので、主要費用に対する共通費の割合が上昇し、利潤が圧縮されることになる。そのため、利潤を確保するために、価格を引き上げる暗黙の協定が結ばれることになりやすいからである。また不況期には原材料価格が賃金に比べて下落するのに対して、好況期にはそれが上昇する。というのは、一般に原材料価格の循環的変動は賃金率の変動よりも大きいからである。たとえば、賃金の切り下げは生産物に対する需要を減少させるので、原材料価格のいっそうの下落を引き起こすことになるだろう。これらの結果、景気循環の過程を通じて、賃金の相対的分け前を決定する二つの要因がたがいのはたらきを相殺しあうので、賃金シェアは際立った循環的変動を示すことはありそうにない、とカレツキは論じている。

(2) カレツキとマルクスの異同

ここまで見てきた所得分配に関するカレツキの見解を、マルクスの見解と比べてみよう。この２人は、資本家階級がもつ権力によって利潤が生じると考えている点で共通している。ともに資本主義社会とは、資本家と労働者という利害を異にする二大階級から構成され、かつ資本家階級が支配的な力をもつ社会であると見ているのである。しかしながら、権力という概念によって意味するところは両者のあいだで異なっている。マルクスは、生産手段の所有者である資本家が労働者に対して権力を行使することによって彼らの労働努力を引き出していると論じていた。これに対してカレツキは、寡占的な経済における市場支配力というかたちで資本家が自らの権力を行使すると見ていた。

したがって、利潤の源泉とその性格についても２人は見解を異にしている。マルクスは、生産過程で労働者によって生産された剰余価値が利潤の源泉であると考えた。すなわち利潤は、生産の局面において生じると見ていた。他方でカレツキは、企業がその独占度に応じて生産費用に比べて高い価格で商品を販売することによって、資本家が利潤を取得していると論じていた。すなわち利潤は、交換の局面において生じるものとみなされている。要するに、マルクスの見るところでは、利潤は、生産手段に対する資本家の支配力に由来している。これに対してカレツキによれば、利潤が生まれる原因は資本家のもつ市場支配力にあるとされる。

賃金の決定についても、マルクスとカレツキのあいだには見解の相違がある。カレツキは、独占度の変化に影響を及ぼす要因として労働組合の力を重視していた。強力な労働組合が積極的な賃金要求を行なうならば、実質賃金の水準を引き上げることが可能であると彼は見ていた（第4章第3節（4）を参照）。これとは異なりマルクスは、労働組合の活動が賃金に及ぼす影響についてほとんど論じておらず、賃金は、労働力の再生産費用によって決まる労働力価値を中心にして、労働市場における需給関係によって変動すると考えていた（第8章第1節を参照）。しかしこのような違いは、根本的なものというよりも、おもに2人が活動していた時代の違いによるものであると考えるのが妥当であろう。またカレツキは、「労働者は貯蓄しない」というマルクス的な仮定をしばしば採用していた。この場合、労働者は賃金の全額を消費に充てることになる。したがってカレツキは、賃金の生存費説を間接的に支持していたと言うこともできる。

4．カルドアのマクロ的分配理論

(1) カルドアのモデル

ポスト・ケインズ派の主要な所得分配理論として、カレツキの理論とならび、カルドアの理論が存在する。投資・所得・利潤のあいだのマクロ経済的関係に焦点を合わせていることから、カルドアの理論は一般に**マクロ的分配理論**の名で呼ばれている。彼は、1955年に発表した「代替的な分配諸理論」と題する論文において、その理論を提示した[3)]。

カルドアの理論の大きな特徴は、**完全雇用**を仮定している点にある。ケインズ派の理論であるにもかかわらず完全雇用を仮定していることには、多く

3）N. カルドア「代替的な分配諸理論」、富田重夫編訳『マクロ分配理論』学文社、1973年、所収。

の疑問や批判が投げかけられてきた。ただし、このような仮定が設けられた背景には、彼の分配理論が構築された1950年代半ばの経済状況がある。多くの先進資本主義諸国が高度経済成長の軌道に乗り始めた時代において、カルドアは、完全雇用状態にある経済を考察の対象として、成長と分配の仕組みを明らかにしようと試みたのである。

このため彼のモデルにおいては、国民所得 Y は一定であるとされている。経済は労働者と資本家という二つの階級から構成され、国民所得 Y は、労働者の所得である賃金 W と資本家の所得である利潤 Π に分割される。したがって、

$$Y = W + \Pi$$

となる。資本家は労働者よりも所得水準が高いので、資本家の限界貯蓄性向 s_c は労働者の限界貯蓄性向 s_w よりも大きい。資本家貯蓄 S_c と労働者貯蓄 S_w については、それぞれ次のような単純な比例的貯蓄関数を仮定する。

$$S_c = s_c \Pi \qquad (0 < s_c < 1)$$
$$S_w = s_w W \qquad (0 < s_w < 1)$$

マクロ経済が均衡しているならば、投資 I と貯蓄 S が等しくなるので、

$$I = S = S_c + S_w$$

が成立する。この式を書き直すことによって次式を得る。

$$I = s_c \Pi + s_w W = s_c \Pi + s_w (Y - \Pi) = (s_c - s_w) \Pi + s_w Y \tag{9-1}$$

この式の両辺を Y で割ると、

$$\frac{I}{Y} = (s_c - s_w) \frac{\Pi}{Y} + s_w$$

であり、さらに書き直すと次のようになる。

$$\frac{\Pi}{Y}=\frac{1}{s_c-s_w}\frac{I}{Y}-\frac{s_w}{s_c-s_w} \qquad (9\text{-}2)$$

したがって利潤分配率 Π/Y は、二つの階級の貯蓄性向（s_c および s_w）と、所得に対する投資の比率 I/Y に依存することが分かる。もし両階級の貯蓄性向が一定であるならば、利潤分配率はもっぱら I/Y によって決定されることになる。経済が完全雇用の状態にあるので、投資が増加するならば、生産量と雇用量が不変のままで、物価が上昇して利潤マージンが拡大するとともに、実質賃金が下落する。こうして投資の増加は、国民所得に占める利潤の分け前を増加させる（投資が減少する場合には、この逆になる）。また、投資の増加は労働者から資本家への所得の移転を引き起こし、それによって実質消費の減少をもたらすので（逆は逆）、物価と利潤マージンの伸縮性を前提とすれば、体系が完全雇用の水準で安定的となることも分かる。

ここで、労働者が貯蓄しない場合（すなわち、$s_w=0$ の場合）について考えてみよう。この場合には（9-2）式は次のようになる。

$$\Pi=\frac{1}{s_c}I \qquad (9\text{-}2')$$

さらに、資本家の限界消費性向を c_c、資本家消費を C_c で表わし、（9-2′）式に $s_c=1-c_c$ を代入すると、

$$\begin{aligned}\Pi&=I+c_c\Pi\\&=I+C_c\end{aligned}$$

となる。したがって利潤額 Π は、投資 I と資本家消費 C_c の和に等しい。この関係は、第７章第３節（2）で見たカレツキの利潤決定理論におけるものと同じである。カルドアは、この関係について、「資本家は自ら支出するものを稼得し、労働者は自ら稼得するものを支出する」という言葉で表現している。すなわち、階級全体としての資本家が得る利潤は彼ら自身の支出に等しい一方で、労働者は賃金の全額を消費支出に充てるのである。

ここで見たカルドアの分配理論の意義は、生産要素の限界生産力とはまったく無関係に国民所得の分配が決定されることを明らかにしている点にある。こうして彼の理論は、新古典派の限界生産力説に対する一つの有力な代替理論をなしている。

(2) カルドアとカレツキの異同

カルドアとカレツキの理論はいずれも、投資と資本家消費によって利潤が決定されると考えている点で共通している。カレツキと同じく、カルドアもまた、資本家は「自分自身の運命の支配者」であると見ていたのである。またこの2人の分析は、ともにケインズ的な「有効需要の理論」にもとづくものであり、投資の変化が所得（ないしは物価）の変化を引き起こし、その結果として貯蓄と投資の均等がもたらされるという考え方が、分析の基礎とされている。

しかし他方で、2人の分析枠組みや見解のあいだには大きな相違もある。第一に、カレツキが不完全雇用状態を想定しているのに対して、カルドアは完全雇用状態の経済に注目して所得分配の問題を分析している。その結果、所得分配の仕組みについての2人の見方もたがいに異なるものとなっている。カレツキの理論においては、生産費用に対するマークアップによって価格形成が行なわれ、マークアップの大きさは企業のもつ独占度によって決定される。したがって所得に占める利潤の分け前は、企業の独占度という供給側の要因によって決定されることになる。これに対してカルドアの理論においては、投資の変化が物価の変化を引き起こし、それによって利潤の分け前が決定されるというかたちで、もっぱら需要側の要因に焦点を合わせることによって所得の分配が説明されている。

しかしこれらの相違は、主として2人が考察の対象としていた時代の違いによるものであり、したがって理論的立場の違いというよりも強調点の違いにすぎない。カレツキが1930年代という経済危機の時代に理論構築を行なったのに対して、カルドアは高度経済成長が始まった戦後の資本主義経済を前提として分析を進めていた。しかし2人とも、投資の変化が出発点となって所得や物価の変化が生じると考える「有効需要の理論」を基本的枠組みとしている点では変わりがない。それゆえ、これら２人の枠組みを統合することによって、より一般的な成長と分配の理論を構築することが可能となるだろう。じっさいに近年では、カレツキとカルドアのマクロ経済理論を統合しようとする試みが数多くの理論家たちによってさかんに展開されている。

5．金融化と所得不平等

1980年代以降の資本主義において生じた重大な変化として、内外の金融取引、金融業の収益、および各種の金融資産所得などの顕著な増加に見られるように、経済において金融部門の演じる役割が急速に拡大したことがある。この現象は、近年では幅広い論者によって**金融化**（financialization）の名で呼ばれている。そして、先進資本主義諸国における所得格差の拡大をもたらした重要な要因の一つが金融化であるというのが、政治経済学の系統に属する多くの経済学者の見方である。

彼らの見るところ、生命保険会社・年金基金・投資信託会社をはじめとする機関投資家のファンド・マネージャーが、企業経営者に対して株主利益を重視するよう強い圧力を行使しているところに、今日の資本主義の大きな特徴がある。このような特徴をもつ資本主義を**金融支配型資本主義**（finance-dominated capitalism）という。以下では、ポスト・ケインズ派の経済学者であるストックハンマー（Engelbert Stockhammer）とハイン（Eckhard Hein）の議論にもとづき、金融化が資本蓄積と所得分配に対してどのような影響を及ぼしているのかを見ていこう[4)]。

（1）金融化と投資停滞

企業部門の投資決意に対して金融化が及ぼす影響について考察するにあ

4）金融化に関する最近のポスト・ケインズ派の議論について詳しく知りたい読者は、鍋島直樹『ポスト・ケインズ派経済学——マクロ経済学の革新を求めて』名古屋大学出版会、2017年、第6章を参照されたい。

たって、ポスト・ケインズ派は、大企業の内部における所有者と経営者のあいだの利害対立に注目する。すなわち、株主の関心が配当や株価にあるのに対して、経営者は、企業規模や市場占有率を拡大することによって、自らの権力や威信を高めることを切望している。したがって経営者は、利潤よりも成長の最大化を自らの目的とするであろう。

しかしながら、利潤と成長という二つの目標のあいだには二律背反の関係がある。企業を効率的に運営していくための「経営資源」（経営者の知識や経験にもとづいて形成される経営能力）を蓄積するためには長い時間を要するので、経営資源の蓄積を上回る速度で企業が急速に成長すると、経営効率が悪化して、利潤率が低下するからである。このように、投資の増加とともに調整費用が逓増するという効果は、イギリスの経済学者であるペンローズ（Edith Elura Tilton Penrose）によって指摘されたことから、「ペンローズ効果」と呼ばれている。

したがって投資の拡大は、当初は新技術の導入による生産費用の削減を通じて利潤率を上昇させるものの、企業の成長が加速すると、やがて費用の増加が利潤の増加を上回るようになる。それに加えて、その企業が生産品目を多様化して新規市場に参入する場合には、市場占有率を拡大していくために、生産物価格を引き下げるとともに、広告などの販売費用を増やさなくてはならないだろう。このこともまた、企業の成長とともに利潤率が低下してゆく原因となる。このため、図９-３に示されているように、成長率 g と利潤率 r のあいだには逆Ｕ字型の曲線で表わされる関係があるものと考えられる。

経営者が株主からの高い独立性をもっていた高度成長期の資本主義においては、企業の目的として、利潤よりも成長が重視される傾向が強かった。しかしながら 1970 年代以降、株主の力が増大したことを受け、アメリカをはじめとする多くの国で、経営者の行動を利潤最大化という株主の目的に一致させるために二つの制度改革が行なわれた。

第一は、株式公開買い付けやジャンク・ボンドなど、敵対的買収の実行を可能とするような新しい金融手段の開発である。乗っ取りの脅威にさらされている経営陣は、自らの経営者としての地位を守るために株主価値の最大化

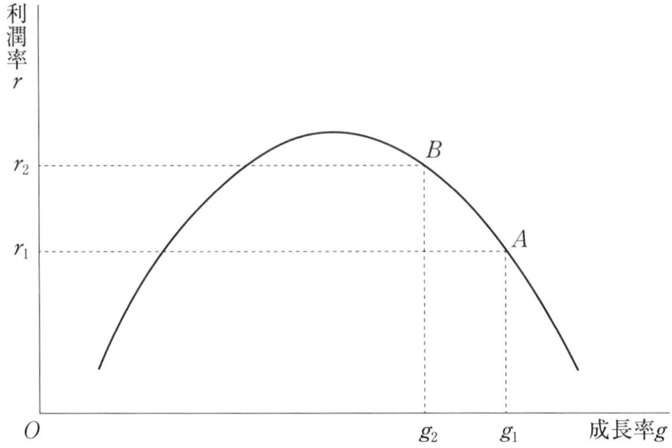

図９－３　成長率と利潤率の関係

に努めるようになるにちがいない。第二は、業績連動型報酬制度やストック・オプション[5]の導入をはじめとする経営者の報酬制度の改革である。株価上昇が経営者報酬の増加につながるので、経営者は、株主と同様に、企業の長期的な成長と存続よりも短期的収益性により大きな関心をもつようになった。乗っ取りの脅威がムチとして、高額の報酬がアメとしての役割を果たすことによって、経営者の行動は株主利益を重視する方向へと変化したのである。図９－３にもとづいて説明するならば、経営者支配型企業が高い成長率と低い利潤率の組み合わせ（A 点）を選好するのに対して、株主支配型企業は低い成長率と高い利潤率の組み合わせ（B 点）を選択することになる。

以上の議論より、企業経営における株主価値重視の傾向が強くなるとともに、企業の設備投資は二つの面で影響を受けたことが分かる。第一に、株主が配当率の引き上げを要求するので、企業が投資のために利用することので

5）ストック・オプション（stock option）とは、株式会社の経営者や従業員が自社株をあらかじめ決められた価格で購入できる権利のことである。あらかじめ決められた行使価格以上に株価が上昇した場合、オプションを付与されている経営者や従業員は、行使価格で株式を購入し、その後、時価で株式を売却することによって、その差額分の利益を得ることができる。

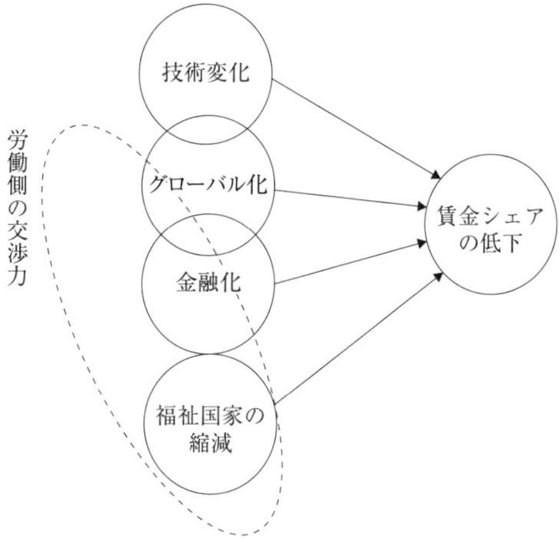

図９－４　賃金シェアの低下をもたらした要因

出所）Stockhammer, E., *op. cit.*, p. 50 を一部修正。

きる内部資金が減少する。第二に、敵対的買収の脅威と報酬制度の改革は、設備投資の拡大を通じて企業の成長を追求しようという経営者の意欲を低下させる。これらの要因のはたらきにより、1980 年代以降の先進諸国において、金融化は資本蓄積の減速を引き起こした。

(2) 格差拡大の原因は何か

多くの主流派経済学者は、所得格差拡大の原因として、技術変化とグローバル化の二つを挙げている。彼らの見方によれば、1980 年代以降の情報通信技術の発達とともに、技術進歩の性格が労働増加的なものから資本増加的なものへと変わってきたので、技術進歩は利潤の分け前を増加させる一方で、賃金の分け前を低下させた。また新古典派貿易理論の教えるところによると、資本の豊富な先進国と労働の豊富な途上国とが貿易を行なうとき、それぞれの国において豊富な生産要素の所有者が利益を得る。したがってグローバル化は、先進国の資本家および途上国の労働者に対して恩恵をもたらすことになるはずである。すなわち、先進国の労働者の賃金は低下するが、途上国の労働者の賃金は上昇することになるだろう。

これに対して、ポスト・ケインズ派をはじめとする政治経済学のアプローチは、所得分配の分析において資本・労働間の交渉力の変化に注目する。グローバル化の進展は、資本の移動可能性を高めることによって、賃金交渉における力関係を資本側に有利に変化させるであろう。したがってグローバル化は、主流派の見解とは異なり、先進国の労働者だけでなく、途上国の労働者の立場をも悪化させている可能性がある。

これとともに金融化もまた、労働側の交渉力を低下させる要因としてはたらく。第一に、金融化によって企業は実物資産とともに金融資産に投資することも可能となるし、また国内だけでなく外国で投資を行なうことも可能になる。このような投資の移動性の増加は、資本側の力を高めることにつながる。第二に金融化は、株主による高配当の要求というかたちで企業に対して追加的な制約を加えるとともに、経営者の利害と株主の利害を一致させるような仕組みをつくり出すことによって、労働者に対する株主の力を増大させた。

グローバル化と金融化に加えて、福祉国家の縮減も、労働側の交渉力の低下をもたらした要因の一つであると考えられる。労働側の交渉力は福祉国家の寛大さによって大きな影響を受けることが一般に知られているが、1980年代以降にその寛大さが低下したことに疑いの余地はないからである。たとえば、失業手当をはじめとする社会給付の切り下げは、失業の脅威を高めることによって、労働側の交渉力を低下させることになるだろう。

以上で見たように、金融化、グローバル化、福祉国家の縮減などの要因が相まって労働側の交渉力を低下させ、それによって賃金シェアの低下が引き起こされたというのが、ポスト・ケインズ派の見方である（図9-4を参照)。このような分析を踏まえ、ポスト・ケインズ派は、所得格差を是正すると同時に、安定的な経済成長を実現するための経済戦略として**賃金主導型成長戦略**を提唱している。継続的な賃金上昇は、消費需要を支え、さらには投資を加速することによって経済成長を導くことになるだろう（賃金主導型成長については、第6章第6節（2）を参照のこと)。

この戦略の主要な構成要素には、最低賃金の引き上げや、労働組合の交渉力を高めるためのさまざまな措置が含まれる。またこの戦略においては、株主主権型企業をステークホルダー型企業へと改革するための方策も不可欠となる。従業員・取引先・消費者・地域住民など、企業を取り巻く株主以外のステークホルダー（利害関係者）の権利を拡大することは、賃金シェアを引き上げるだけでなく、資本蓄積の停滞を克服することにもつながるからである。

この章のまとめ

1. 資本・土地・労働という生産の3要素は、それぞれの生産への貢献に応じて、利潤・地代・賃金というかたちで所得を受け取るという資本主義社会における一般的な通念を、マルクスは「三位一体範式」と呼んで批判した。
2. 所得分配のあり方は、社会を構成する人々のあいだでどのような生産関係が取り結ばれているのかに大きく依存する。こうした歴史的・社会的視点を欠いた新古典派の限界生産力説は、三位一体範式の現代版であるとみなすことができる。
3. カレツキの独占度理論においては、所得に占める賃金の分け前は、企業の市場支配力を意味する独占度と、賃金総額に対する原材料費総額の比率、という二つの要因によって決定される。これらの要因は景気循環の過程を通じてたがいに反対方向に動くので、賃金シェアは際立った循環的変動を示しそうにない。
4. 完全雇用を仮定しているカルドアのマクロ的分配理論においては、利潤分配率は、資本家と労働者という二つの階級の貯蓄性向と、所得に対する投資の比率とによって決まる。投資の増加は、物価の上昇と利潤マージンの拡大を通じて利潤シェアを増加させる。
5. 1980年代以降の先進資本主義諸国における所得格差の拡大をもたらした重要な要因の一つが「金融化」である。金融化は、労働者に対する経営者と株主の力を増大させることによって賃金シェアの低下を引き起こした。

第10章

景気循環

この章で学ぶこと

資本主義経済の不安定性を強調する政治経済学のアプローチにおいては、景気循環の仕組みを解明することがつねに重要な理論的課題とされてきた。しかしながら、政治経済学の内部においても、今日なお景気循環の理論には多種多様なものが存在する。この章では、景気循環とはどのような現象かについて説明したのち、景気循環という現象を最初に発見したマルクスの周期的恐慌論を概観し、さらに現代のマルクス派およびポスト・ケインズ派の主要な景気循環理論について考察する。

1．景気循環とは何か

(1) 多種多様な景気循環理論

資本主義経済は、直線的に成長を続けるのではなく、好況と不況を周期的に繰り返しながら変動している。このような経済の動きを**景気循環**（business cycle）という。政治経済学のアプローチでは、景気循環を、資本主義経済の矛盾の典型的な現われであるとみなしている。すなわち、資本蓄積が一定期間にわたって進行すると、それに続いて資本主義経済それ自らがはらむ内在的な矛盾によって好況は不況へと転化する。ひとたび景気の下降が始まると、それは深刻な大不況へと進展していくかもしれない。したがって、資本主義経済の不安定性を強調する政治経済学の系譜に属する理論家たちのあいだでは、景気循環の機構を解明することがつねに重要な理論的課題とされてきた。

新古典派経済学においても、また政治経済学においても、景気循環の理論にはきわめて多様な類型のものがあり、今日にいたるまで、多くの経済学者が同意している共通の理論というものは存在していない。景気循環の理論は、いくつかの基準を用いることによって類型化することができる。まず、景気循環が経済システムの外部からのショックによって生じるのか、それとも経済システムのなかから内生的に生じるのかについて見解が分かれている。また、景気循環がおもに貨幣的な要因によって生じると見るのか、それとも実体的な要因によって生じると見るのかによって理論が区分される。さらに実体的なショックについても、供給サイドのショックを重視する見解と、需要サイドのショックを重視する見解とが対立している。

(2) 景気循環の特徴と類型

景気循環とは、国民所得（GDP）によって示されるマクロ経済の活動水準の周期的変動のことをいう。景気が下降から上昇に転じる点を**谷**と呼び、上昇から下降に転じる点を**山**と呼ぶ。一つの谷から山にかけての局面が**拡張期**であり、山から谷にかけての局面が**後退期**である。一つの谷から次の谷まで（あるいは、一つの山から次の山まで）の長さによって景気循環の一つの周期が定義される（図10-1を参照）。拡張期は、生産量と雇用量の急速な増加によって特徴づけられる。これに対して後退期には、生産量の増加が緩慢になり、失業が増加する。景気の後退が厳しいものであるならば、生産量が減少して、経済成長率がマイナスになることもある。ただし、第二次世界大戦後の先進資本主義経済においては、ほとんどの国のほとんどの期間で経済成長率がプラスとなっているため、今日では、GDPそれ自体の水準のアップダウンではなく、経済成長率のアップダウンで景気循環を定義することが一般的となっている。

景気循環は周期の違いによっていくつかに分類される。それらは、周期の短い順に、それぞれの発見者の名にちなんで、(1) キチン循環、(2) ジュグラー循環、(3) クズネッツ循環、(4) コンドラチェフ波動、と呼ばれている。

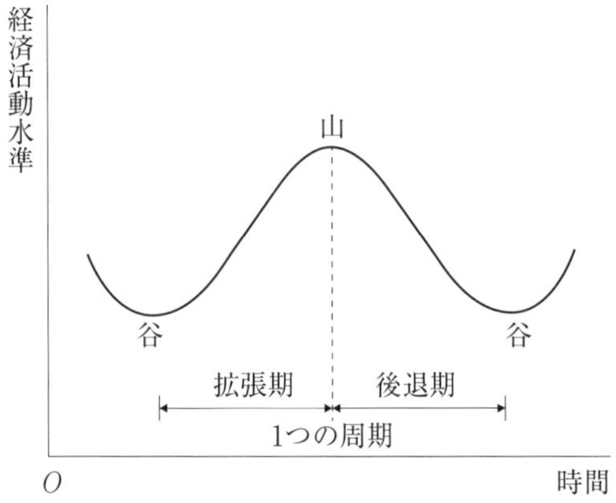

図 10-1　景気循環

第一に、周期が3～4年ともっとも短い**キチン循環**はおもに在庫投資の変動によって生じると考えられている。第二に、周期が8～10年の**ジュグラー循環**は、設備投資の変動がその原因であるとされている。この循環は、一般に景気循環の理論的考察の主要な対象とされているために「主循環」と呼ばれることもある。第三に、**クズネッツ循環**は建設投資の変動によって生じるとみなされており、周期が約20年の循環である。

さらにロシアの経済学者コンドラチェフ（Nikolay Dmitrievich Kondrat'ev）は、資本主義経済には約50年を周期とする長期波動が存在することを1920年代に主張した。この循環は**コンドラチェフ波動**と呼ばれている。彼の見解によれば、豊富な貯蓄の存在とその投資者への集中を前提とする新規投資の高揚によって長期波動の上昇局面が開始し、貸付資本がしだいに枯渇するにつれて利子率の上昇と投資の削減が生じて、長期波動の下降局面が始まるとされる。のちにシュンペーター（Joseph Alois Schumpeter）は、コンドラチェフとは異なり、長期波動の原因を企業家による技術革新に求めている。欧米マルクス経済学の系譜に属する社会的蓄積構造（SSA）理論やレギュラシオン理論もまた、独自の視点から資本主義経済の長期波動を説明しようとする試みであるとみなすことができる（SSA理論については第8章第2節で紹介した。レギュラシオン理論については第11章第4～5節で取り上げる）。

(3) 戦後日本の景気循環

戦後日本の経済成長率は、図 10- 2 のように推移している。この図から、戦後日本経済は、経済成長率の上昇と下降を繰り返しながら、成長のペースを徐々に減速させてきたということが分かる。1950 年代後半から 1970 年代はじめにかけての高度成長期の日本経済は、年平均 10%前後の高い成長率を達成していたが、1970～80 年代の安定成長期を経て、1990 年代以降の低成長期へと、時代を追うごとに成長のペースを低下させてきた。1990 年代の平均成長率は約 1 %であり、2000 年代以降も依然として低成長が続いている。

内閣府が公表する「景気基準日付」によれば、戦後日本経済（1951～2020 年）はこれまでに 16 回の景気循環を経験した。戦後最長の景気拡張期は 2002 年 1 月に始まる「いざなみ景気」で、景気の拡張が 6 年 1 ヵ月に及んだ。他方で最長の景気後退期は、第 2 次石油ショック後の 1980 年 2 月に始まる不況で、ちょうど 3 年にわたって景気の後退が続いた。拡張と後退をあわせた一つの循環の長さは、最長の 7 年 6 ヵ月（2012 年 11 月～2020 年 5 月）から最短の 2 年 7 ヵ月（1975 年 3 月～1977 年 10 月）までのばらつきがあるが、平均すると 4 年強になる。このうち拡張期の長さが平均 3 年弱で、後退期の長さが約 1 年半であるから、拡張期は後退期のほぼ 2 倍の長さである。したがっ

図 10- 2　戦後日本の実質経済成長率

出所）内閣府「国民経済計算」

て「景気基準日付」によって定義されている景気循環は、キチン循環に対応していると考えることができる。さらに戦後日本経済においても、ほぼ10年周期のジュグラー循環と20年周期のクズネッツ循環が存在することが、多くの人々によって確認されている。

2．マルクスの周期的恐慌論

(1) 景気循環の発見

景気循環と恐慌は、資本主義経済に特有の現象である。しかし資本主義経済の生成期の恐慌は、戦争や財政に関連する政治的要因、天候の変化による農作物の収穫状況、各種の投機活動などによって規定される不規則で局所的な現象にすぎなかった。したがって、それらを原因として生起する景気の変動は、資本主義に内在する自律的で法則的な運動ではなかった。ところが産業資本主義の成立以来、イギリスにおいては、1825年、1836年、1847年、1857年、1866年、とほぼ10年の周期で激烈な**恐慌**が勃発し、それを媒介として好況と不況の交替が規則的に繰り返されるようになった。

すなわち、数年にわたる好況の結果として、数ヵ月から1年ほどの短期間のうちに経済活動の急激な収縮が起こり、1～3年程度の不況がそれに続くという経済変動のパターンが確立したのである。恐慌の局面においては、生産物価格の崩落、利潤率の低下、生産の縮小、失業の増加が急速に進むとともに、信用制度が崩壊して、経済過程は一時的に麻痺状態に陥る。このように、19世紀の資本主義においては、国家の政策的介入の拡大によって景気の局面変転がなだらかなものとなった第二次世界大戦後の資本主義とは異なり、好況・恐慌・不況という三つの局面から景気循環が成っていた。

マルクスに先立つ古典派経済学は、資本主義を自然的で調和的な秩序とみなし、一般的過剰生産として現われる恐慌の可能性を原理的に否定していた。そのような見方は、「供給はそれ自らの需要をつくり出す」という**セイ法則**に端的に示されている（第2章第1節を参照）。これに対してマルクスは、1825年恐慌から2度の循環性恐慌しか経験していない1840年代に、恐慌が法則性をもって発生する経済現象であることを逸早く指摘した。彼は、『哲学の貧困』（1847年）において次のように述べている。

> 大工業の誕生と同時に、……生産は、繁栄、不況、恐慌、沈滞、あらたな繁栄——以下この順をくりかえす——という変遷をつぎつぎと永遠にたどりつづけることを、宿命的に強制されているのである[1]。

このように、経済学の歴史において、景気循環という現象を最初に発見したのはマルクスであった。以下では、マルクスの説明にもとづいて、古典的資本主義の景気循環を構成する好況・恐慌・不況の各局面の特徴について述べることにしよう。景気循環は反復的な過程であるので、どの局面から考察を始めることもできるが、ここでは好況の局面から始めることとする。

(2) 景気循環の過程

①好況期

好況初期においては、既存の固定資本が十分な収益を上げることができることから、まずはその稼働率の上昇によって需要の増加への対応がなされ、さらに、それを通じて得られた利潤によって固定資本それ自体の積極的な蓄積が進められる。資本蓄積の拡大につれて労働力に対する需要も増加するけれども、この時期には、良質の労働力が豊富に存在しているので、既存の賃金水準で労働力を調達することができる。また蓄積の進行とともに資金需要も旺盛となるが、信用の順調な還流に支えられて利子率もなお低い水準にとどまる。こうして、この局面においては、安定した賃金水準を背景として、利子率と利潤率の双方がともに安定的に推移し、資本蓄積が順調に進んでいくことになる。

しかしながら、資本の蓄積とともに労働力需要が増大するので、好況が続

1）K. マルクス『哲学の貧困』（高木佑一郎訳）国民文庫（大月書店）、1954年、96ページ。

くと、やがては**産業予備軍**と呼ばれる失業者のプールが枯渇することになるだろう。こうして好況末期には、労働力不足の状態が現われて、賃金水準が上昇せざるをえなくなる。その場合、蓄積が進むといっそうの賃金上昇によって利潤が圧縮されるので、蓄積によって資本が追加されても以前より少ない利潤しか取得できないか、かえって利潤が減少するという**資本の絶対的過剰生産**の状態に経済は陥ることになる。また銀行の資金供給もしだいに非弾力的となっていくので、利子率も上昇し始める。したがって好況末期には、賃金上昇と利子率の上昇によって利潤が徐々に侵食され、恐慌の可能性がしだいに現実味を帯びたものとなってくる。

②恐慌期

資本の絶対的過剰生産によって利潤率の低下が深刻になってくると、資金の貸し手である銀行は利子率をいっそう引き上げるだけでなく、信用供給そのものを停止せざるをえなくなるだろう。こうして恐慌は、まず信用恐慌という外観をまとって発生する。新たな資金の供給を受けることのできない企業は、負債を返済するために在庫の投げ売りによって資金を調達しようとするので、商品価格は崩落する。商品価格の下落が激しいものであるならば、新たに商品を生産しても生産費用を回収することさえ困難となるので、生産活動の規模は急速に縮小することになるだろう。

こうして資本の過剰蓄積は、生産能力の過剰と労働力の過剰とを同時に引き起こし、その結果、企業倒産が続出するとともに大量の失業が発生する。このため労働者の消費需要は大きく減少するので、商品の販売はますます困難の度を増してゆく。こうして典型的な周期的恐慌は、信用恐慌・商業恐慌・産業恐慌の三つが一体となって急性的・全面的に展開する。

③不況期

恐慌期には企業倒産の連鎖を通じて過剰資本の整理が進むが、一部の企業は企業清算の嵐を乗り越えて存続することができるだろう。これに続く不況期には、かろうじて存続することのできた企業によって生産活動が続けられることになる。この時期には、大量の失業労働者が生み出されているので賃金水準が下落し、投資の回復のための条件が形成されるけれども、他方で生産物価格は依然として低い水準にとどまっているので、投資活動もしばらくは停滞を続けることになる。また投資の停滞を反映して資金需要も低調に推移するので、利子率も低水準にとどまるが、このことも直ちに投資の回復をもたらす要因としては作用しない。したがって、低賃金・低利潤・低金利が並存する状況がかなりの期間にわたって継続するというのが不況期の特徴となる。

しかし、既存の固定資本の償却と廃棄が進むと、生産物の供給が需要に調節されることによって、生産物価格の下落傾向が止まり、それに関連する資本財の生産も下げ止まる。こうして、ようやく不況は底入れを示し、景気回復の兆しが現われる。しかし不況末期には、依然として各企業が過剰な生産能力を抱えており、各企業は自らの生産物をできるかぎり多く販売して資本設備の稼働率を高い水準に維持しようとするので、企業間で厳しい価格競争が展開されることになる。この競争に勝ち残るためには生産条件を改善して費用を切り下げることが不可欠となるため、個別企業は固定資本の更新による生産方法の改善を強いられる。

この時期には、固定資本の償却と廃棄がかなりの程度まで進むと同時に、生き残った企業には多少なりとも利潤が蓄積されているので、固定資本の更新をともなう新生産方法の導入が集中的に展開されるようになる。この新しい資本財需要のために資本財生産部門の生産と雇用が拡大し、それに続いて消費財生産部門の生産と雇用もしだいに拡大してゆくので、経済は、新たな好況の局面を迎えることになる。

(3) 景気循環の基本的性格

上で見たように、景気循環を引き起こす直接的な原因は投資の変化である。そして投資は、利潤率の変化に反応して増減する。好況期には高い収益性に導かれた順調な資本蓄積の進行によって景気が拡大してゆくものの、資本の過剰蓄積によって利潤率が低下すると投資が崩壊し、経済は恐慌に続いて不況の局面をたどることになる。そして不況期の賃金下落によって利潤率が改善すると、ふたたび投資の回復のための条件が用意されて、不況から脱出し、新たな好況の局面が始まる。このような見方は、政治経済学の諸理論に共通するものであると言ってよい。のちに見るように、ポスト・ケインズ派の景気循環理論も、マルクスの理論と同様に、投資の変化が景気循環を生み出すおもな原因であると考えている。

マルクスの見解の特徴は、景気循環の過程を通じて資本家と労働者のあいだの階級的力関係が変化し、それによって利潤率と賃金率が規制されると見る点にある。すなわち、**産業予備軍**という失業労働者のプールが豊富に存在する局面においては、資本家の側が優位に立ち、賃金は相対的に低い水準に抑制される。これに対して、資本の蓄積が進むにつれて労働市場が逼迫《ひっぱく》し、完全雇用に近い状態が現われると、階級的力関係が逆転して労働側の交渉力が強くなるので、急速な賃金上昇が生じやすくなる。このようにして、利潤率と賃金率は階級間の力関係に依存しながら変化するのであるから、マルクスによれば、景気循環と恐慌の根本原因は資本主義的な階級関係にあるということになる（産業予備軍とその経済的機能については、第８章第１節で説明した）。

より抽象的・一般的に見るならば、周期的恐慌とは資本主義における**生産力**と**生産関係**との矛盾の発現として捉えることができると、マルクスは論じていた。彼によれば、巨大な生産手段や交通手段の発達によって生産力がますます社会的な性格を強めている一方で、資本主義的な生産関係は私的所有に基礎をおくものである。こうした生産の社会的性格と所有の私的性格との矛盾のために、資本主義的生産関係はもはや生産力の発展を促進する要因ではなくなり、逆に生産力の発展にとっての桎梏《しっこく》となっている。資本主義に内在するこのような基本的矛盾の爆発が恐慌にほかならないのである。

しかしその一方で、周期的恐慌というかたちで現われる資本主義の内的矛盾は、恐慌期における過剰資本の整理と産業予備軍の創出とを通じて現実的な解決をあたえられる。恐慌は一時的にせよ過剰生産と不均衡を解決し、資本蓄積再開のための土台を用意するからである。マルクスは、恐慌を「ブルジョア的経済のあらゆる矛盾の現実的総括および暴力的調整」であると捉えている（『剰余価値学説史』第 17 章)。ただし、そのような解決は相対的・一時的なものにすぎないから、好況期の蓄積を通じてふたたび過剰生産と不均衡が拡大することになり、この不均衡もふたたび恐慌によって暴力的に解決されねばならなくなる。こうして周期的な恐慌を繰り返しながら蓄積過程が進行するところに、資本主義的な蓄積の基本的特徴がある。

しかしながらマルクスは、恐慌と景気循環の分析について多くの有益な示唆を残してはいるものの、彼自身の体系的な景気循環の理論を構築するにはいたらなかった。マルクス以後、景気循環理論の展開はマルクス経済学における重要な課題の一つとなり、これまで多くの理論家たちが、それぞれの観点からマルクスの分析の拡張を試みてきた。そのため、景気循環と恐慌に関するマルクス派の理論にも実に多様なものが存在する。次の節では、現代のマルクス派における景気循環理論の諸類型について概観することにしよう。

3．マルクス派景気循環理論の諸類型

前節で見たように、マルクスの見解によれば、景気循環は投資の変化によって引き起こされる。そして投資は利潤率に反応して変化する。したがって、利潤率は経済変動にとっての基軸的な変数であるということになる。そこで、まず利潤率がどのような要素から構成されるのかについて考えてみよう。資本ストックを K、利潤を Π、現実の国民所得（現実産出量）を Y、完全稼動水準で実現される国民所得（潜在産出量）を Y^* とすれば、利潤率 Π/K を次の三つの構成要素に分解することができる。

$$\frac{\Pi}{K}=\frac{\Pi}{Y}\cdot\frac{Y}{Y^*}\cdot\frac{Y^*}{K} \qquad (10\text{-}1)$$

すなわち利潤率は、(1) 利潤シェア Π/Y、(2) 生産能力利用度 Y/Y^*、(3) 潜在産出量／資本比率を表わす Y^*/K によって決定される。これら三つの要素のうちのいずれを重視しているのかによって、マルクス派の景気循環理

論は、(1) 利潤圧縮説、(2) 過少消費説、(3) 有機的構成高度化説、の三つに分類される。

第一は、利潤シェアの変化に注目して、利潤率と投資の変化を説明しようとする理論である。この理論によれば、拡張期には蓄積の進行とともに失業が減少するので、労働側の交渉力が強くなって賃金上昇が生じる。賃金上昇は利潤シェアを低下させることを通じて利潤率の低下を引き起こす。このような**利潤圧縮**(profit squeeze)は、収益性に関する資本家の期待を悪化させて投資の減少を招き、景気の後退を開始させることになる。これとは反対に、不況期には失業が増加するため、労働側の交渉力が低下して賃金が下落するので、利潤シェアは上昇することになるだろう。このことは、利潤率の上昇と投資の増加をもたらし、ひいては景気の回復につながる。

この理論は**利潤圧縮説**と呼ばれ、その主な提唱者には、アメリカのボディ(Raford Boddy)とクロッティ(James Crotty)、イギリスのグリン(Andrew Glyn)とサトクリフ(Bob Sutcliffe)などがいる。ポスト・ケインズ派に属するグッドウィン(Richard Murphey Goodwin)の成長循環モデルも、この理論と同じ着想にもとづくものである。

第二は、生産能力利用度の変化に焦点を当てる理論である。景気拡張の初期には、生産物に対する需要が増加するので、資本設備の稼働率が上昇し、その結果、利潤率もまた上昇するので、投資と産出量は増加を続けることになるだろう。しかし、この理論によれば、何らかの理由によって、拡張期における実質賃金の上昇は労働生産性の上昇よりも緩やかにしか進まないとされるので、蓄積の進行につれて賃金シェアが低下するようになる。その理由として、労働契約期間が固定されているために賃金上昇が景気の拡張に遅れることや、過剰な労働者を企業内に抱え込む「労働保蔵」が存在する場合には景気の拡張とともに労働生産性が急速に上昇することなどが考えられる。賃金シェアの低下によって労働者の消費需要と総需要の増加が制限されるならば、これに続いて能力利用度と利潤率の低下が生じるので、投資が減少して景気の後退が始まる。景気後退期には、実質賃金の下落が労働生産性の低下よりも緩やかであるために、賃金シェアが上昇する。このことは需要の減少を緩やかなものとすることを通じて稼働率の上昇と投資の増加をもたらすので、景気は回復に向かうことになるだろう。

このように、景気後退と不況の原因を消費需要の不足に求める理論は**過少消費説**と呼ばれている。過少消費説は、古典派経済学者のマルサス（Thomas Robert Malthus）やシスモンディ（Jean Charles Léonard Simonde de Sismondi）以来の長い歴史をもっている。過少消費説の流れを汲む著名なマルクス経済学者には、バランとスウィージーがいる。

第三の類型の理論は、潜在産出量／資本比率の動きを重視するものである。この比率は近似的に**資本の有機的構成**の逆数であるとみなすことができる（資本の有機的構成の概念については、第4章第2節（1）で説明した）。不変資本をC、可変資本をV、剰余価値をMで表わすと、潜在産出量／資本比率は、

$$\frac{Y^*}{K}=\frac{V+M}{C} \tag{10-2}$$

と書き直すことができる。また、この式の右辺$(V+M)/C$の逆数$C/(V+M)$は、資本の有機的構成C/Vとほぼ同じ動きを示すと考えられるので、潜在産出量／資本比率を近似的に資本の有機的構成の逆数であるとみなすことができるのである。この理論の提唱者たちは、マルクスにしたがい、資本の有機的構成が時とともに高度化する傾向をもっていると主張する（第8章第1節(2)を参照）。資本構成の高度化は潜在産出量／資本比率の低下を意味しているので、それによって利潤率の低下が生じ、投資が減少することになる。しかしこの理論には、利潤率に対する下方圧力の存在を明らかにしている一方で、景気の内生的な回復を説明することができないという難点がある。**有機的構成高度化説**と呼ばれているこの理論は、シャイク（Anwar Shaikh）をはじめとする原理的なマルクス経済学者のあいだで比較的多くの支持を集めている。

これら三つの理論のうち、第一の利潤シェアを重視する理論と、第三の潜在産出量／資本比率を重視する理論が供給サイド理論であるのに対して、第二の生産能力利用度に注目する理論は需要サイド理論であると大まかに分類

することができる。しかしながら、実際の景気循環の過程においては、需要面と供給面の双方の要因がともに利潤率・投資・産出量の決定に影響を及ぼしているにちがいない。したがって、需要サイド理論と供給サイド理論を統合するとともに、景気循環の各局面で需要側と供給側のいずれの要因がより強く作用しているのかを明らかにすることが今後の重要な課題となる。

4．カレツキ＝カルドア型の非線型景気循環理論

すでに述べたように、カレツキは、ケインズとは独立に「有効需要の理論」を発見した経済学者として知られている。しかし、ケインズが本格的な景気循環の理論を形成するにはいたらなかったのに対して、カレツキの理論は、最初から景気循環の分析を目的とする動学的な理論であった。カルドアもまた、カレツキとほぼ同じような考え方にもとづく景気循環モデルを提示している。彼らの理論モデルは、今日では**カレツキ＝カルドア型モデル**と呼ばれ、ポスト・ケインズ派を代表する景気循環理論の一つと位置づけられている。ここでは、カレツキの著作『経済変動理論論集』(1939 年)、およびカルドアの論文「景気循環のモデル」(1940 年) にもとづいて、彼らの景気循環理論を紹介することにしよう[2]。

(1) 理論的枠組み

カレツキとカルドアの理論の特徴は、利潤原理にもとづく投資関数と乗数理論を結合している点にある。まず投資財生産量と国民所得との関係は、**乗数理論**にもとづいて、

$$Y_t = f\ (A_{t-\lambda}) \qquad (10\text{-}3)$$

2）Kalecki, M., *Essays in the Theory of Economic Fluctuations*, London: Allen & Unwin, 1939, reprinted in Kalecki, M., *Collected Works of Michał Kalecki, Vol. 1, Capitalism: Business Cycles and Full Employment*, ed. by Osiatyński, J., Oxford: Clarendon Press, 1990, および Kaldor, N., “A Model of Trade Cycle”, *Economic Journal*, Vol. 50, March, 1940 を参照。

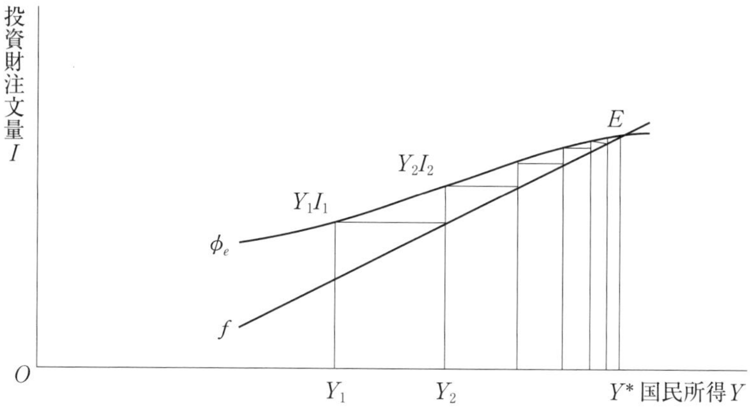

図 10- 3　投資と国民所得の決定

と表わされる。ここで Y は国民所得、A は投資財生産量、λ は投資財生産量と所得のあいだのラグを表わす。したがってこの式は、投資財生産量の変化が λ 期のラグの後に所得の増加をもたらすということを示している。さらに投資財注文量を I、投資財の注文と生産のラグを λ に加えたものを τ とすれば、(10-3) 式を次のように書き直すことができる。

$$Y_t = f\ (I_{t-\tau}) \qquad (10\text{-}4)$$

すなわち、今期の国民所得は τ 期前の投資決意によって決定されることになる。この関係は、図 10- 3 におけるような右上がりの直線として描かれる。この直線の傾きは乗数の値に依存する。乗数が大きくなればなるほど、直線の傾きは緩やかになる。

次に**投資関数**について考えてみよう。カレツキは、「危険逓増の原理」にもとづいて、投資が予想利潤率と利子率の差の増加関数であるとみなしていた（第 6 章第 2 節 (3) を参照）。しかし、企業家が将来における事業の状態を正確に予測することはほとんど不可能であるから、彼らの期待形成の過程に対しては現在の状態が大きな影響を及ぼすであろう。したがって、予想利潤率もまた現行利潤率に依存することになる。さしあたり資本ストックが一定であると仮定するならば、現行利潤量 Π を資本ストック K で割った現行利潤率は利潤量によって決定される。さらに分配関係が安定的であるかぎり、利潤量は国民所得 Y に依存して決まるので、結局のところ、投資は国民所得そのものの関数であるということになる。したがって利子率が安定的であるとするならば、投資財注文量を次の式によって表わすことができる。

$$I_t = \phi_e(Y_t) \qquad (10\text{-}5)$$

ここで ϕ は増加関数であり、添字 e は一定量の資本ストックを表わしている。このように、利潤量（あるいは国民所得）の水準によって投資の決定を説明する考え方を**利潤原理**または**速度原理**という。

さらに、この投資関数（10-5）式は、図 10-3のように緩やかなＳ字型の曲線として描かれる。景気の回復につれて企業家の期待は楽観的となり、投資財の注文が急速に増加する一方で、ある点を超えれば、企業家たちのあいだで景気拡張の持続についての疑念が生じて、投資財の注文は以前よりも緩慢にしか増加しなくなるからである。このように、１次関数のかたちをとっていない投資関数を**非線型な投資関数**という。

投資財注文量の決定を示す ϕ 曲線がＳ字型であるために、それはある点で f 曲線と交差するはずである。これら二つの曲線の交点 E においては、投資財注文量と国民所得は増減いずれの傾向ももたない。しかし、ある時点の国民所得がかりに Y_1 であったとするならば、そのときの投資財注文量は I_1 であり、この投資財注文量は次期に Y_2 の国民所得をもたらすであろう。そして国民所得が Y_2 であれば、そのときの投資財注文量は I_2 であるから、それによっていっそうの国民所得の増加がもたらされる。このようにして、投資財注文量と国民所得の増加は、Y と I が点 E に到達するまで続くであろう。そして点 E において均衡国民所得があたえられることになる。要するに、ϕ 曲線が f 曲線の上方に位置しているならば国民所得は増加に向かう。反対に、ϕ 曲線が f 曲線の下方に位置している場合には国民所得は減少に向かう。

ここまでは、資本ストックが一定であるという仮定にもとづいて議論を進めてきた。しかし不変の国民所得 Y（したがって、不変の利潤量 Π）のもとでの資本ストック K の増加は、利潤率の低下をもたらすので、投資財注文量を

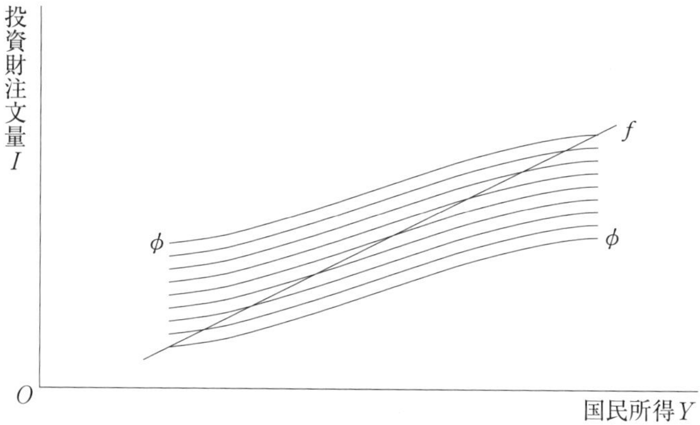

図10-4　資本ストックの変化が投資財注文量に及ぼす影響

減少させる要因として作用するだろう。それゆえ、国民所得が不変であるときには、資本ストックの増加は ϕ 曲線を下方に移動させる。したがって図10-4のように、資本ストックの量に対応して一群の ϕ 曲線を描くことができる。こうして、資本ストックの変化が投資に及ぼす影響を考慮するならば、投資は、国民所得の増加関数であるとともに、資本ストックの減少関数であるということになる。

(2) 景気循環のメカニズム

さて、これまでに得られた結果を踏まえることにより、景気循環のメカニズムを説明することができる。図10-5は、図10-4と同じく、一群の投資関数に乗数関係を示す f 曲線を重ねあわせたものである。均衡においては貯蓄と投資が等しくなることから、関数 f は、国民所得と貯蓄との関係を示す貯蓄関数であるとみなすこともできる。景気循環について見ていくに先立ち、粗投資が減価償却量を上回れば資本ストックが増加し、粗投資が減価償却量を下回れば資本ストックが減少するということを想起されたい。すなわち、純投資がゼロの場合にのみ、資本ストックが不変に保たれる。ここで、各々の ϕ 曲線の上に純投資がゼロとなる点をとり、それらの点を結んだ軌跡が RR' であるとする。

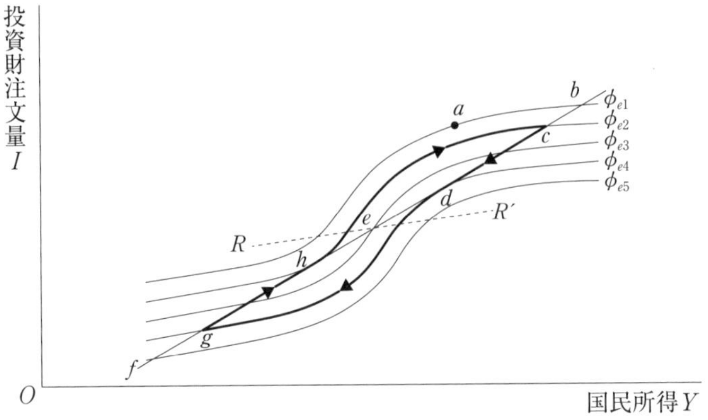

図 10-5　景気循環のメカニズム

資本ストックが大きくなるほど減価償却量が大きくなり、資本ストックを不変に保つために必要とされる更新投資も大きくなるため、RR' 線は右上がりとなる。RR' 線の上方の領域では純投資が正であるので ϕ 曲線は下方にシフトし、RR' 線の下方の領域では純投資が負であるので ϕ 曲線は上方にシフトすることになる。このような ϕ 曲線のシフトによって示される資本ストックの変化と、先に図 10-3 において示された ϕ 曲線と f 曲線の交点に向かう Y と I の運動とが相まって景気循環を生み出すのである。それでは、図 10-5 を用いて景気循環の過程をたどることにしよう。

いま経済が a 点にあるとしよう。この点では ϕ 曲線が f 曲線の上方に位置しているので、Y と I は、二つの曲線の交点である b 点に向かって ϕ_{e1} の上を動く。しかし RR' 線の上の領域においては純投資が正であるので、資本ストックが増加し、ϕ 曲線は下方にシフトし続けるであろう。その結果、経済は f 曲線の上を b 点から c 点へ、さらに d 点へと移動して下降を続ける。しかし d 点では投資関数が貯蓄関数に下から接しているので、この点は不安定な均衡点である。すなわち、この均衡点の右側の領域では経済を均衡へと向かわせる力が作用する一方で、その左側では均衡から離れさせようとする力がはたらく。貯蓄が投資を上回るとき（すなわち、総供給が総需要を上回るとき）には生産が減少するという調整メカニズムが存在すると想定されているからである。したがって経済は、d 点を過ぎると f 曲線上から離れて投資関数 ϕ_{e4} に沿って急速に下降し、景気の谷である g 点にいたる。

この点は安定的な均衡点であるものの、RR' 線の下にあり、そこでは純投資が負であるために、資本ストックが減少して ϕ 曲線が上方にシフトする。したがって Y と I は増加に転じ、f 曲線の上を右上に向かって動き続けたのち、やがて h 点にいたるであろう。しかし h 点は不安定な均衡点であるため、経済は急速な拡大を開始し、投資関数 ϕ_{e2} に沿って c 点へと向かう。そしてこれ以降、$c \to d \to g \to h \to c$ という経済の循環運動が無限に繰り返される。なお e 点は、貯蓄と投資が等しく、かつ純投資がゼロの定常均衡点である。この点以外のどの任意の点から出発しても、経済は $c \to d \to g \to h \to c$ という軌道に引き込まれることになる。

ここまで見てきたように、カレツキとカルドアの景気循環理論は、非線型の投資関数を用いて景気循環の機構を説明しているので**非線型景気循環理論**に分類される。さらに彼らの景気循環理論の特徴は、投資の**乗数効果**とともに**資本蓄積効果**を考慮している点にある。すなわち、投資は乗数効果を通じて需要と所得の増加をもたらす一方で、資本ストックを増加させることによって利潤率を低下させ、投資を抑制する要因としても作用する。とりわけカレツキは、恐慌の原因が投資の二面的性格にあることを強調していた。マルクスと同様に、カレツキもまた、投資には矛盾した性格があり、恐慌とは資本主義経済の内的矛盾の発現にほかならないと見ていたのである。以下のカレツキの主張には、マルクスの影響を明確に見て取ることができる。

> われわれは、「何が周期的恐慌を引き起こすのか」という問いに対して手短に答えることができるのが分かる。投資は生産されるのみならず、また資本設備の生産を行なっているという事実がその答えである。……投資の悲劇は、それが有用であるがゆえに恐慌を引き起こすことにある。おそらく多くの人々は、この理論を逆説的だと考えるであろう。しかし逆説的であるのは、理論ではなく、その主題、すなわち資本主義経済である[3)]。

5．ミンスキーの金融的景気循環理論

ここまで考察してきたマルクスとマルクス派の景気循環理論、およびカレツキ＝カルドア型の景気循環理論においては金融的な要因がさほど重要な役割を演じてはいなかった。これに対してミンスキーは、現代資本主義経済の分析においては、発達した金融機関をもつ貨幣経済をまず前提としなくてはならないと主張する。精巧で複雑な金融制度の存在こそが現代の資本主義を特徴づけるものであって、景気循環は資本主義経済にとって本質的な金融的属性のために生じるというのがミンスキーの基本的な見方である。投資と金融の相互作用が景気循環を生み出すことを説き明かしている彼の理論的枠組みは**金融不安定性仮説**と呼ばれている。その理論は、投資の変動が景気循環の主要な原因であり、また投資はさまざまな金融的条件によって制約を受けるというケインズの洞察を受け継いでいる[4)]。

(1) 投資の決定

ミンスキーによれば、**根本的不確実性**をともなう資本主義経済においては、投資とその金融についての意思決定は御しがたい不確実性に直面したままで行なわれざるをえない（根本的不確実性の概念については、第5章第2節 (2) で説明した）。そして投資は、移ろいやすく突然の変化にさらされる利潤期待に導かれてたえず変化するとともに、そうした投資の変化こそが経済の変動を生み出す推進力となる。したがって、景気循環の過程を説明するためには、まず投資の水準がどのようにして決まるのかを明らかにすることが重要な課題となる。

投資の水準は、投資財の需要曲線 P_K と投資財の供給曲線 P_I との関係によって決定される（図10-6を参照）。**投資財の需要価格**とは、ある資本資産

3）Kalecki, M., *op. cit.*, p. 318.

4）ミンスキーが自らの理論的枠組みについて体系的に論じている著作として、H. P. ミンスキー『金融不安定性の経済学――歴史・理論・政策』（吉野紀・浅田統一郎・内田和男訳）多賀出版、1989年がある。

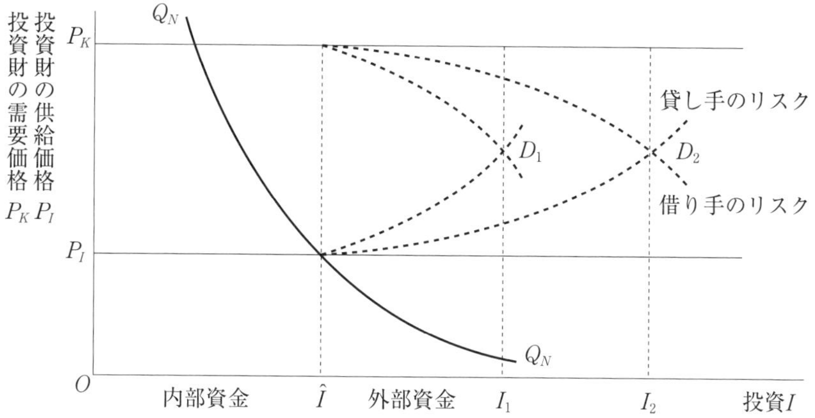

図10-6　投資の決定

がもたらすと予想される収益の割引現在価値のことであり、それはおもに将来利潤に関する現在の予想に依存する。これに対して**投資財の供給価格**とは投資の費用の現在価値のことであり、それは貨幣賃金・原材料費用・利子費用などの生産費用に対するマークアップによって決定される（投資財の供給価格 P_Iについては、第6章第2節（2）での説明を参照されたい）。P_Kが P_Iを上回るときには、投資によって利潤がもたらされるので、この条件が満たされているかぎりにおいて投資が実行される。

まず企業は、投資をファイナンスするために内部資金を優先的に利用する。内部資金によって賄うことのできる投資財価格と投資財数量の組み合わせは $Q_N=P_I\hat{I}$ という式によって表わされるので、利用可能な内部資金の額がひとたび見積もられると、内部資金と投資との関係を定義する直角双曲線 Q_NQ_N を得ることができる。この直角双曲線と投資財の供給曲線 P_Iとの交点において、予想内部資金によって賄うことのできる投資量があたえられる。図10-6では、それは $\hat{I}$ で示されている。

この水準を超えて投資を行なおうとするならば、企業は外部資金を導入しなくてはならない。しかしながら、カレツキが「危険逓増の原理」によって明らかにしたように、企業が自己資本の額を超えて投資を拡大するならば、

借り手のリスクと**貸し手のリスク**がともに増大する（第6章第2節（3）を参照)。そのため、借り手のリスクを調整した投資財の需要価格 P_K がしだいに低下する一方で、貸し手のリスクを組み込んだ投資財の供給価格 P_I はしだいに上昇するだろう。その結果、これら二つの価格が等しくなる点 D_1 において投資の水準が決定される。このときの投資水準は I_1 となり、このうち $\hat{I}$ の部分は内部金融によって、$I_1 - \hat{I}$ の部分は外部金融によって調達されることになる。

(2) 資本主義経済の内生的不安定性

景気の拡張期には、楽観的な期待が経済全体を支配するので、企業と銀行はともに外部金融にともなうリスクを過小評価し、よりいっそう積極的な投資行動と金融行動をとるようになる。企業は将来の成功を確信しており、借り手のリスクが低く見積もられるので、投資財の需要曲線 P_K の傾きは以前よりも緩やかなものとなるだろう。それと同時に、資金を供給する銀行の側では貸し手のリスクが弱まるので、債務不履行の危険を恐れずに低い金利で弾力的な資金の供給を行なうようになる。このことは、投資財の供給曲線 P_I の傾きをいっそう緩やかにする。こうして企業と銀行の期待がともに楽観的になるにしたがい、企業の投資需要は I_1 から I_2 に増加するだろう。

このような投資の増加は、負債によってファイナンスされなくてはならない。したがって、景気の拡張が進むにつれて企業の負債／自己資本比率（レバレッジ比率）はしだいに上昇する。資本主義経済の金融構造は、景気の拡張とともに頑健性から脆弱性へと向かう本来的な傾向をもっているのである。こうして経済は、穏やかな拡張から投機的な投資ブームへと導かれていく。しかし、負債の増加をともなう投資ブームが永続的に続くことはありそうにない。実は、資本主義経済が内包する上方への不安定性こそが、深刻な不況過程の開始にとっての先行条件にほかならないのである。

投資ブームから不況への転換の契機となるのは利子率の上昇である。投資ブームの局面においてはインフレーションが急速に進むので、中央銀行はそれを抑制するために、遅かれ早かれ金融引き締め政策に転じることになるだ

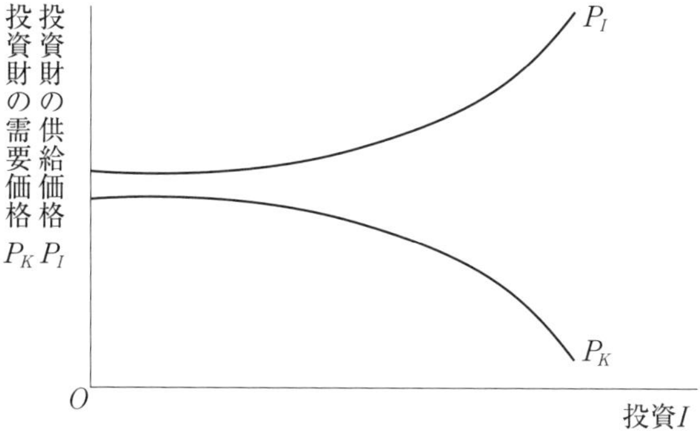

図 10- 7　現在価値の逆転

ろう。それと同時に、金融的に脆弱な経済主体が増加するようになると、銀行をはじめとする民間の金融機関も資金供給を抑制しようとするだろう。投資の増加にともない資金需要が急増する一方で、資金供給が非弾力化するので、短期利子率は急速に高騰する。さらに短期利子率の急騰は長期利子率の上昇をもたらす。このことは、利子費用の増大を通じて投資財の供給曲線を上方に移動させる一方で、資本資産によって稼得されると期待される粗利潤の現在価値を下落させるので、投資財の需要曲線を下方に移動させるであろう。利子率の上昇がきわめて急激なものである場合には、あらゆる投資水準において投資財の供給価格（費用の現在価値）がその需要価格（収益の現在価値）を上回る**現在価値の逆転**という現象が生じるかもしれない（図 10- 7 ）。この場合には、投資活動が停止して企業の粗利潤が急落する。

利潤の減少は、企業が負債を返済する能力を弱めることを意味している。利潤が減少し、しかもそれと同時に銀行が貸出を削減しているならば、企業は、自らが保有している資本資産を売却することによって負債を返済するための資金を調達しなくてはならない。だが、このような動きが経済全体に広がると、資産価格の下落がさらに進む。このような資産価格の崩壊は、投資の減少→利潤の減少→資産価格の下落、という**負債デフレーション**の累積的な進行過程を引き起こす可能性をはらんでいる。

ミンスキーは、負債デフレーションにさえ進展しかねないような金融不安定性が、経済システムにとって外生的なショックや政策当局の誤りによって生じるのではなく、資本主義経済の正常なはたらきの自然な結果として生じるのだということを強調する。言い換えるならば「安定性が不安定性を生み出す」というのが、ミンスキーの基本的な視点である。すなわち資本主義経済とは、内生的な不安定性という本質的な欠陥をもつシステムであると見ているのである。

しかしながら現実の資本主義経済においては、長期にわたる大不況が生じることはきわめてまれである。ミンスキーによれば、第二次世界大戦後の資本主義において深刻な大不況が生じなかったのは、二つの制度的な仕組みが、景気の振幅を適度な範囲内に制限する「天井と床」として機能していたからであるとされる。第一に、不況期に反循環的な財政政策を採用する**大きな政府**が、企業の利潤フローの安定化を通じて、民間投資の水準を維持することに寄与していた。第二に、一時的な資金不足に陥った金融機関に対して中央銀行が**最後の貸し手**として資金を供給することによって、資産価格と金融市場を安定化し、負債デフレーションの発生を防いできた。このように、経済システムの発散的な運動に対して制度的な天井と床を設定することによって、資本主義経済の不安定化傾向を抑制することができる。

ミンスキーの金融不安定性仮説は、資本主義経済に内在する諸力のはたらきによって景気の上昇が下降に転化するのだという視点を、政治経済学の伝統に連なる諸理論と共有している。ミンスキーは、主にはケインズとカレツキの知的遺産を継承し、金融的要因と実体的要因の相互作用を明らかにしながら景気循環の発生を説明している。しかしながら、その分析視角は、恐慌期に生じる信用制度の崩壊に注目するマルクスの理論とも重なりあう部分がある。したがって今日、ミンスキーの貢献は、ポスト・ケインズ派やマルクス派をはじめとする諸学派の理論家たちの関心を広く集め、その分析の深化と拡張がさかんに進められている。

この章のまとめ

1. 景気循環とは、経済活動水準の周期的な変動のことであり、資本主義経済に内在する自律的な運動である。景気循環は、周期の違いによっていくつかに分類される。
2. 経済学の歴史において景気循環という現象をはじめて発見したのはマルクスである。彼の見方によれば、景気循環を生み出す直接的な原因は投資の変化であるとされる。しかしそれと同時に彼は、恐慌とは資本主義経済の内的矛盾の現われにほかならないと見ていた。
3. 現代のマルクス派は、景気循環が投資の変化によって引き起こされ、投資は利潤率に反応して変化するという見解を、マルクスから受け継いでいる。マルクス派の景気循環理論は、利潤率の三つの構成要素のうち、いずれを重視しているのかによって三つに分類される。
4. カレツキとカルドアによれば、投資は需要をつくり出すだけでなく、資本ストックを増加させることによって利潤率を低下させ、投資の減少を引き起こすという効果をもっている。資本主義経済における恐慌の原因は、このような投資の二面的性格にある。
5. ミンスキーは、投資と金融の相互作用が景気循環を生み出すという「金融不安定性仮説」を提唱した。彼の見解によれば、金融不安定性は、資本主義経済の正常なはたらきの自然な結果として生じるのだとされる。

第11章

資本主義の成長と危機

この章で学ぶこと

資本主義経済は、数十年の周期で成長と危機の交替を繰り返しながら構造変化を遂げてきた。こうした資本主義の発展と変容の仕組みを解明することは、政治経済学における中心課題の一つである。本章では、主としてケインズ派の経済成長理論を手がかりとして、経済成長の基本的メカニズムについて学ぶ。それとあわせて、マルクスとケインズの洞察を受け継ぐレギュラシオン理論にもとづき、資本主義の構造変化について歴史的・制度的なアプローチから考察する。

1．ハロッドの「不安定性原理」

前章で見たように、資本主義経済は景気のアップダウンを繰り返しながら絶えず変動している。しかし、こうした短期的な景気循環の影響を取り除くと、経済活動の長期的な趨勢を見て取ることができる。たとえば、第二次世界大戦後の日本経済は1950年代半ばから約20年に及ぶ高度成長を達成したのち、1970年代半ばに始まる20年近くの安定成長期を経て、1990年代以降は20年以上にわたって低成長の状態が続いている。こうした数十年単位に及ぶ経済の長期的成長（あるいは長期停滞）を生み出すメカニズムは何かを解明するのが経済成長理論である。

(1) 成長率の三つの概念

ケインズの「有効需要の理論」は、総需要の不足によって、資本主義経済においては不完全雇用均衡が実現する可能性があることを明らかにした。彼が提示した新しい理論は経済学の世界に大きな旋風を巻き起こし、のちに「ケインズ革命」と呼ばれるほどの衝撃をあたえた。しかしながらケインズの理論はなお、資本設備を一定とする短期的・静学的な枠組みにとどまっていた。このため、投資が需要をつくり出す効果に加えて、投資が生産能力をつくり出す効果を考慮に入れて、彼の理論を長期化・動学化することが重要な課題として残された。この方向に向けて大きな一歩を印したのが、ケインズの有力な弟子の１人であるハロッド（Roy Forbes Harrod）である。彼の理論の基本的枠組みは、「動学理論に関する一論」と題する 1939 年の論文において提示された。

ハロッドの成長理論では、現実成長率・保証成長率・自然成長率という三つの成長率の概念が用いられている。このうち**現実成長率**とは、じっさいに達成された経済成長率のことである。次に、保証成長率の概念について説明しよう。

まず、投資 I と貯蓄 S は等しいと仮定する。言い換えるならば、生産物市場は均衡していると考える。

$$I = S \tag{11-1}$$

また、次のような比例的貯蓄関数を仮定する。

$$S = sY \qquad (0 < s < 1)$$

ここで、s は貯蓄性向、Y は生産量（GDP）を表わす。この式は、

$$Y = \frac{1}{s}I \tag{11-2}$$

と書き直すことができる。生産量 Y を１単位だけ増加させるのにどれだけの資本ストック K の増加が必要かを示す係数を**必要資本係数**と呼ぶ。必要資本係数 v_w は $\Delta K/\Delta Y$ と表わされるので、

$$\Delta Y=\frac{1}{v_w}\Delta K \qquad (11\text{-}3)$$

となる。$I=\Delta K$ であるから、(11-3) 式は、

$$\Delta Y=\frac{1}{v_w}I \qquad (11\text{-}4)$$

と書き直すことができる。(11-2) 式を (11-4) 式で割ることによって次式が得られる。

$$\frac{\Delta Y}{Y}=\frac{s}{v_w} \qquad (11\text{-}5)$$

この式によって表わされる経済成長率 s/v_w が**保証成長率** (warranted rate of growth) である。これを G_w で表わすことにする。ここでは投資 I と貯蓄 S が等しい (すなわち総需要と総供給が等しい) と仮定されているので、投資が増加するとき、総需要と総供給がともに歩調をあわせて拡大していくことになる。この場合には資本設備の完全利用が保証されることになるので、(11-5) 式で示される成長率を保証成長率と呼ぶのである。

最後に、労働の完全雇用を実現する成長率を**自然成長率** (natural rate of growth) という。これを G_n で表わすことにしよう。自然成長率は、労働力人口の増加率 n と技術進歩率 λ の和に等しいので、次のように書くことができる。

$$G_n=n+\lambda \qquad (11\text{-}6)$$

なぜそうなるのかを考えてみよう。かりに生産技術が不変のもとで労働力人口が増加した場合、生産量が従来と同じままでは、増加した労働力人口はそのまま失業人口となってしまう。したがって、完全雇用を維持するためには、労働力人口の増加と同じ割合で生産量が増加しなくてはならない。次に、労働力人口が一定のもとで技術進歩が生じたときには、どうなるだろうか。この場合には、労働生産性の上昇によって、生産活動に必要とされる労働力が以前に比べて減少するので、生産量が従来と同じままであれば失業が生じることになる。したがって、完全雇用を実現するためには、技術進歩率 (労働生

産性上昇率）と同じ割合で生産量が増加しなくてはならない。このような理由から、自然成長率は、労働力人口の増加率と技術進歩率の和に等しくなるのである。

言い換えるならば、自然成長率とは、現存する労働力人口と技術進歩の成果を最大限に活用したときに達成される経済成長率のことである。したがってそれは、一国経済が達成可能な成長率の天井を示す。

(2) 保証成長率の体系

以上で見た三つの成長率の概念を用いて、ハロッドは、資本主義経済の成長経路が不安定な性格をもつことを明らかにしてゆく。ここではまず、現実成長率と保証成長率の関係について考えよう。現実成長率を G、じっさいに実現した現実の資本係数を v と書くと、事後的には貯蓄 S と投資 I がつねに等しくなることから、

$$Gv=\frac{\Delta Y}{Y}\cdot\frac{\Delta K}{\Delta Y}=\frac{\Delta K}{Y}=\frac{I}{Y}=\frac{S}{Y}=s$$

という関係が成立する。したがって、現実成長率 G は次のようになる。

$$G=\frac{s}{v}$$

また（11-5）式で見たように、保証成長率 G_w は次のように表わされる。

$$G_w=\frac{s}{v_w}$$

これより、$G>G_w$ の場合には、$v<v_w$ であるということが分かる（逆は逆）。すなわち、現実成長率が保証成長率よりも大きい場合には、現実資本係数が必要資本係数よりも小さい。このことは、現実の資本ストックの増加が、生産拡大のために必要とされる資本ストックの増加に満たないことを意味する。そこで企業は、資本ストックの不足を解消するために投資を拡大する。しかしながら、投資拡大の結果、総需要の増加によって現実成長率 G が上昇するので、G と G_w のギャップはいっそう拡大することになる。

その理由は、投資によって資本ストックが増加する一方で、それ以上に生

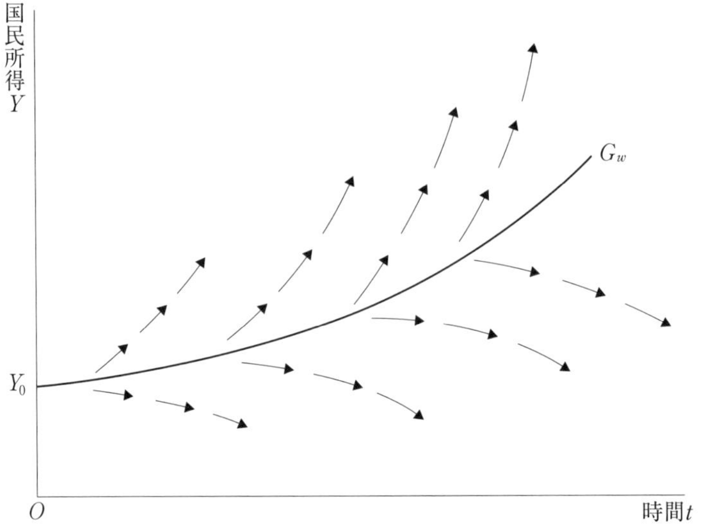

図 11-1　不安定性原理

産量が増加することにある。すなわち、ΔK よりも ΔY が大きいので、現実資本係数 $\Delta K/\Delta Y$ が上昇するどころか、ますます低下して、投資の拡大と景気の過熱がさらに進むことになる。このように投資には、総需要を拡大させる**需要創出効果**と、経済全体の生産能力を増加させる**生産能力創出効果**という二つの効果がある。投資のもつこのような性格を**投資の二重性**という。ここでは、投資の生産能力創出効果よりも需要創出効果のほうが大きいと考えられているため、G と G_w のギャップが累積的に拡大するのである。

上の場合とは反対に、現実成長率が保証成長率よりも小さい（$G<G_w$）場合には、現実資本係数が必要資本係数よりも大きい（$v>v_w$）。このとき企業は、資本ストックの過剰を解消するために投資を減少させるので、現実成長率の低下が進み、経済は累積的不況に陥ることになる。

こうして、現実成長率と保証成長率がいったん乖離すると、両者のギャップはますます拡大するということが分かる（図 11-1）。資本主義経済の成長経路が不安定であることを主張するハロッドの理論は、**不安定性原理**の名で広く知られている。また現実の経済が**保証成長経路**をたどっていくことは、経済がナイフの刃の上を進んでいくのと同じくらい困難であるという意味で、彼の理論は**ナイフ・エッジ定理**とも呼ばれている。

(3) 自然成長率の体系

続いて、自然成長率と保証成長率の関係について検討しよう。上で見たように、自然成長率 G_n（$=n+\lambda$）と保証成長率 G_w（$=s/v_w$）は、それぞれまったく異なる要因によって決定されるので、これら二つの成長率は偶然にしか一致しない。したがって、(1) $G_n<G_w$、(2) $G_n=G_w$、(3) $G_n>G_w$、という三つの場合について考えることができる[1)]。

第一に $G_n<G_w$ の場合、もし現実成長率 G が上昇したとしても、その天井となる自然成長率 G_n を長期にわたって超えることはできないので、G は保証成長率 G_w を下回って、経済はいずれ下降に転じる。したがって、好況過程が持続することはなく、経済は長期停滞に陥ることになる（図 11-2 (1)）。Y_1 から出発した経済において、何らかの理由で G が G_w を上回ったとすれば、不安定性原理が示しているように、上方への不均衡累積過程が開始して、経済はやがて A 点にいたるだろう。これ以降、経済は成長率の天井となる**自然成長経路** G_n をしばらくのあいだたどることになる。しかし、このときには G が G_w よりも低くなるので、こんどは下方への不均衡累積過程が始まり、時とともに不況が深刻化してゆく。それでは、幸いにも現実の成長経路が保証成長経路 G_w から外れることなく進むときにはどうなるだろうか。やはりこのときにも、B 点以降では自然成長経路をたどることになり、G が G_w よりも低くなるため、累積的な下降を免れることはできない。

第二に $G_n>G_w$ の場合には、現実成長率 G が保証成長率 G_w を長期間にわたって超えることがありうる（図 11-2 (2)）。ひとたび G が G_w を上回ると、上方への不均衡累積過程が開始して、経済は A 点に到達したのち、経済成長の天井である自然成長経路 G_n をたどることになる。この場合、G が G_w を上

1）本項の記述にあたっては、浅田統一郎『マクロ経済学基礎講義〔第 3 版〕』中央経済社、2016 年、第 8 章第 2 節を参照している。図 11-2 も同書の図にもとづくものである。

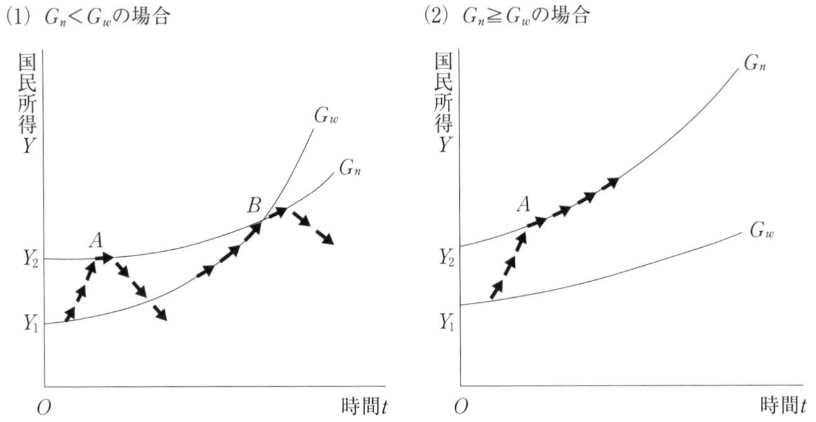

図 11-2　自然成長率の体系

回る状態が続くことになるので、経済は慢性的な資本不足の状態にあり、企業の旺盛な投資によって経済の拡張が続き、長期的インフレーションが生じる。

第三に $G_n = G_w$ の場合も、図 11-2 (2) によって示される。この場合には、経済が A 点に到達したのちには $G = G_w = G_n$ となり、労働の完全雇用と資本の完全利用を同時にもたらす「長期均衡」が実現する。しかしこのような「黄金時代」は、まったくの偶然を除いて、現実に生じることはありそうにない。

以上で見たように、労働の完全雇用と資本の完全利用を同時に達成するためには、$G = G_w = G_n$ という関係が成立しなくてはならない。しかしながら、まったくの偶然以外には、このような関係は成立しない。19 世紀のように人口増加率が高い時代には $G_n > G_w$ の状態になりやすいので、経済は長期的な活況を呈することになるだろう。これに対して、20 世紀以降のように人口の増加が緩やかな時代には $G_n < G_w$ となりやすいので、経済は長期停滞に陥る傾向をもつと考えられる。このように、自由放任の資本主義経済における成長は累積的な不安定性を示すというのが、ハロッドの見解である。したがって、政府の裁量的政策によって経済の安定化をはかるべきであるというのが、その政策的含意となる。

2．ハロッド理論への批判

以上で見たハロッドの不安定性原理は、ケインズの「有効需要の理論」の枠組みを長期の経済成長の理論へと拡張したものである。しかしながら、ハロッドの理論に対してはいくつかの批判もある。数十年という長期的な視点で見るならば、資本主義が累積的な不況やインフレーションを経験することは現実にはなく、雇用と物価のほどほどの安定性がもたらされている。そうであるとすれば、資本主義経済には、均衡を回復する何らかの諸力が備わっているのではないだろうか。これが、批判者たちの問題意識である。ハロッドの理論に対する異議は、ケインズ経済学に批判的な新古典派経済学者ばかりでなく、彼と同じくケインズ派に属する経済学者からも唱えられた。

(1) カルドアのハロッド批判

カルドアは、ハロッドと同じく、戦後イギリスを代表する有力なケインジアンである。この 2 人はともに、ケインズの「有効需要の理論」を自らの理論的枠組みの基礎に据えているという点では共通している。しかし、第 9 章第 4 節で見たように、カルドアは完全雇用状態にある戦後初期の資本主義経済を主たる考察の対象として理論の構築を進めていた。このような背景もあって、彼は、経済成長の不安定性をやや一面的とも思われるほどに強調するハロッドの理論に疑義を呈したのである。

カルドアの批判の要点は、保証成長率 G_w と自然成長率 G_n がたがいに独立ではないということにある。彼の見解によれば、物価と利潤マージンが伸縮的であれば、所得分配の変化を通じて、保証成長率は自然成長率に調節される。

まず、$G_n<G_w$（したがって、$n+\lambda<s/v_w$）の場合について考えてみよう。この場合には、総需要の減少によって物価が下落するので、実質賃金と労働分配率が上昇する。その結果、社会全体の貯蓄性向 s が低下することによって保証成長率 G_w（$=s/v_w$）が低下し、G_n と G_w は等しくなる。

このことを、もう少し厳密なかたちで説明しよう。利潤を Π、賃金を W、

国民所得を Y（$=\Pi+W$）、貯蓄を S、資本家の貯蓄性向を s_c、労働者の貯蓄性向を s_w で表わすと、社会全体の貯蓄性向 s は次のように書くことができる。

$$s=\frac{S}{Y}=\frac{s_c\Pi+s_wW}{Y}=(s_c-s_w)\frac{\Pi}{Y}+s_w$$

この式から、$s_c>s_w$ であるかぎり、利潤分配率 Π/Y が低下すると社会的貯蓄性向 s は低下することが理解できるだろう。ここで $s_c>s_w$ という仮定は、きわめて現実的なものであると考えることができる。

さて次に、$G_n>G_w$（したがって、$n+\lambda>s/v_w$）の場合について。この場合には、総需要の増加によって物価が上昇するので、実質賃金と労働分配率が低下する。その結果、社会的貯蓄性向 s が上昇することによって保証成長率 G_w（$=s/v_w$）が上昇し、G_n と G_w は等しくなる。

こうして、いずれの場合においても、二つの成長率のあいだに乖離が生じると、所得分配の変化を通じて保証成長率が自然成長率に調節されることになる。

(2) 新古典派のハロッド批判

資本主義市場経済を本来的に安定的なシステムであると見る新古典派の経済学者たちがハロッドの不安定性原理に対して異議を唱えるのは、当然に予想されることである。じっさいに1950年代半ば以降、資本主義経済の成長経路の安定性を主張する**新古典派成長理論**が、ソローをはじめとする多くの経済学者によってさかんに展開された。

新古典派経済学者たちの見るところ、ハロッドの理論の最大の問題点は、生産において用いられる資本ストックと労働者数の比率（すなわち資本・労働比率）が一定であると仮定されていることにある。これに対して、新古典派成長理論の基本となる考え方は、生産要素市場における価格機構のはたらきによって、資本と労働の投入比率が伸縮的に変化するというものである。すなわち、豊富な生産要素の価格は安くなり、稀少な生産要素の価格は高くなることを通じて、資本・労働比率が調整されると想定する。そして新古典派の理論では、資本と労働の代替を通じて安定的な成長経路が実現すると考えられている。

まず、$G_n < G_w$（したがって、$n+\lambda < s/v_w$）の場合から見ていこう。この場合には、労働力人口の増加率が資本ストックの増加率よりも低い状態にある。そのため、労働サービスの価格である賃金が資本のレンタル価格（利子率に等しい）と比べて相対的に上昇するので、労働から資本への要素代替が生じる。言い換えると、労働節約的（資本使用的）な生産技術が採用されることになる。その結果、必要資本係数 v_w（$=\Delta K/\Delta Y$）が高くなるので、保証成長率 G_w（$=s/v_w$）が低下して G_nと G_wは等しくなる。

次に、$G_n > G_w$（したがって、$n+\lambda > s/v_w$）の場合について。この場合には、労働力人口の増加率が資本ストックの増加率よりも高い状態にある。そのため賃金が資本のレンタル価格と比べて相対的に低下するので、資本から労働への要素代替が生じる。その結果、必要資本係数が低くなるので、保証成長率 G_wが上昇して G_nと G_wは等しくなる。

これまで本書で繰り返し述べてきたように、資本主義経済は価格の自動調整作用を通じて完全雇用均衡に向かう傾向をもつというのが、新古典派経済学の基本的な考え方である（とくに、第 2 章第 1 節を参照）。新古典派成長理論とは、こうした考え方を長期の経済成長の分析に適用したものにほかならない。

3．ケインズ派成長理論の特徴と意義

(1) 二つの成長理論の相違点

以上では、ハロッドの理論を中心に、ケインズ派成長理論の概要について解説するとともに、新古典派成長理論の基本的な考え方についてもごく大まかに説明した。これらの議論を踏まえつつ、二つの成長理論の相違点をあらためて確認するとともに、それを通じてケインズ派成長理論の特徴と意義について考えてみよう。

ケインズ派の成長理論では、経済成長の源泉が需要側にあると考える。とりわけ、投資が経済成長の原動力であるとみなされている。ハロッドの不安

定性原理が説くように、投資の増加は経済の累積的な上昇を生み出し、逆に投資の減少は経済の累積的な下降を生み出す。また投資と貯蓄の関係については、投資から貯蓄への因果関係が存在するものと想定されている。すなわち、投資の変動が生産水準（あるいは物価水準）の変化を引き起こし、その結果、投資と貯蓄の均等がもたらされると考えられている。第６章第３節で見たケインズの所得決定理論の考え方が、ここでもそのまま採用されているのである。

これに対して新古典派成長理論では、保証成長率が自然成長率に調節されることにより、経済は自然成長経路に安定的に収束するものと考えられている。そして自然成長率は、労働力人口の増加率と技術進歩率とによって決定される。したがって、経済成長の源泉は人口や技術という供給側にあるということになる。とりわけ、技術進歩が成長の主要な源泉であるとみなされている。しかしながらソローらのモデルでは、経済成長を生み出す重要な要因である技術進歩が外生的にあたえられていた。これに対して近年の主流派マクロ経済学においては、技術進歩をモデルの内部で説明しようと試みる「内生的成長理論」がさかんに展開されている。ただし、経済成長の源泉が人口や技術などの供給側にあると見ている点では、従来の新古典派成長理論と変わりはない。

またケインズ派の理論とは反対に、新古典派成長理論では貯蓄から投資への因果関係が存在するものと考えられている。すなわち、新古典派のモデルでは完全雇用の実現があらかじめ仮定されているので、貯蓄関数にもとづいて完全雇用国民所得から貯蓄が決定される。そして投資のほうが、この完全雇用貯蓄に調節されることになる。このことは、完全雇用産出量に等しい総需要が自動的に生み出されることを意味している。したがって新古典派のモデルでは、総供給はそれに等しい総需要をつくり出すというセイ法則が仮定されていることになる（新古典派モデルにおける所得・貯蓄・投資の関係については、第２章第１節（2）を参照されたい）。

(2) ケインズ派成長理論の核心

さて、経済成長に関するこれら二つの理論のうち、どちらが現実によりよく適合しているのだろうか。現実の資本主義経済はつねに安定的な成長軌道をたどってきたわけではなく、過去にはたびたび長期に及ぶ経済停滞を経験してきた。短期においてのみならず長期においても、資本主義経済が不安定性をはらんでいることは間違いのないところであり、$G = G_w = G_n$という黄金時代は、とても実現しそうにない「神話的状態」にすぎない。経済が完全雇用成長経路に収束すると主張する新古典派のモデルでは、資本主義経済の不安定性を説明することができない。

しかしながら他方で、資本主義の成長経路が累積的な不安定性を示すというハロッドの理論もまた、いささかならず現実味を欠いていると言わざるをえない。1930 年代大不況の記憶がいまだ鮮明に残っていた時代には、多くの人々のあいだで、ハロッドの理論は資本主義の現実をみごとに説明するものと受け止められたことであろう。しかし、ハロッドの危惧に反して、戦後の資本主義経済は、長期停滞に陥るどころか、未曽有の高度成長を達成して長期に及ぶ繁栄を謳歌した。とはいえ高度成長も永遠のものではなく、1970 年代はじめにスタグフレーションが世界経済を襲うと、先進資本主義経済はふたたび長期停滞の局面へと入っていく。このように資本主義の歴史を振り返ると、長期的な成長の局面と長期的な危機の局面とが交互に現われるという数十年周期の長期波動の存在を確認することができる。これに鑑みると、資本主義経済はたしかに不安定性を内包しているものの、それとともに、そこには成長経路を安定化させる何らかのメカニズムが備わっていると見るべきである。

すなわち経済システムの内部には、長期的な経済停滞やインフレーションのような不安定性が無限に持続することのないように、保証成長率と自然成長率を一致させるメカニズムが存在しているものと考えられる。カルドアが述べていたように、完全雇用経済においては、物価の変動を通じて所得分配の変化が生じるはずである。また長期的には、資本と労働の相対価格の変化に導かれて技術変化が誘発されるという新古典派的な調整機構も作用するであろう。価格変化や、さらには技術変化を通じた調整には相当に長い時間を要するとしても、長期傾向的には経済を安定化に向かわせる諸力が作用しているにちがいない。

ここまでの議論から理解できるように、ハロッドの理論は、社会的貯蓄性向と必要資本係数が一定である（したがって保証成長率が一定である）というかなり特殊な仮定にもとづくものであった。このため今日では、ケインズ派の経済学者のあいだでも、経済成長の理論的・実証的分析においてハロッドのモデルが用いられることは滅多にない。しかしこのことは、ケインズ派成長理論それ自体が意義を失ったことを意味するものではない。その基本的な着想は、今日においても依然として妥当性をもっている。

ケインズ派成長理論の最大の特徴は、有効需要が経済成長を主導する役割を演じると見ている点にある。多くのポスト・ケインズ派経済学者は、自然成長率それ自体が、現実成長率の変化にあわせて調節される内生変数であると論じている。すなわち自然成長率が、総需要の変化に同調するかたちで変化すると考えられているのである。その理由は、次のとおりである。総需要の増加による経済活動の拡大は、労働参加率の上昇や、１人あたり労働時間の増加、さらには移民労働者の流入などのかたちで、労働供給を増加させることにつながる。また経済の長期的拡大は企業家の利潤期待を改善させて、新技術の採用やその研究・開発を刺激するだろう。こうして持続的な経済成長が実現すると、労働力人口増加率と技術進歩率がそれに歩調をあわせて上昇する。労働力人口増加率と技術進歩率の和が自然成長率であるから、結局のところ、自然成長率は現実成長率に収束することになる。

以上のように、三つの成長率のあいだには、現実成長率が自然成長率を方向づけ、さらに自然成長率が保証成長率を規定するという関係が存在するものと考えることができる。まず総需要の変化が因果関係の起点となり、現実成長率によって自然成長率が大まかに決定づけられる。これに次いで、所得分配の変化や、あるいは資本と労働の要素代替を通じて、保証成長率が自然成長率に調節されるというメカニズムが、かなり緩慢にではあるにせよ、経済システムの内部で作用する。経済の成長経路は供給側の要因によってあらかじめ決定されているのではなく、成長経路それ自体が総需要の動きによって方向づけられる。このようにして**需要主導型成長**（demand-led growth）を定式化しているところにケインズ派成長理論の核心がある。

４．資本主義の構造変化――レギュラシオン理論の分析視角

資本主義は、その成立から今日にいたるまでの約200年のあいだ、長期的な成長と長期的な危機の交替を繰り返すことによって数十年周期の長期波動を描いてきた。さらに、そのような成長と危機の長期的交替を通じて制度的構造の変化を遂げてきた。これまで資本主義がどのような歴史的構造変化を遂げてきたのかを理解することは、資本主義の現代的位相を捉え、その将来を展望するうえで欠かせない知的作業となる。以下では、アグリエッタ（Michel Aglietta）、ボワイエ（Robert Boyer）、リピエッツ（Alain Lipietz）らを担い手として、1970年代半ば以降にフランスで展開されてきた**レギュラシオン理論**にもとづき、第二次世界大戦後の資本主義の長期的・歴史的動態を俯《ふ》瞰《かん》することにしよう[2]。

(1) レギュラシオン理論とは何か

レギュラシオン（régulation）とは「調整」を意味するフランス語である。資本主義経済はさまざまな矛盾や対立に満ちているにもかかわらず、それらがどのように調整されて、経済社会の安定がもたらされるのかというのが、レギュラシオン理論の問題設定である。したがってこの語は、主として「規制」を指す英語の「regulation」とは意味合いをかなり異にしている。もちろんレギュラシオン学派は、政府の規制や介入の必要性を否定しているわけではないにせよ、それだけで経済システムを安定化することができるとは考えない。政府の規制・介入に加えて、諸個人や諸集団のあいだの明示的・暗黙

2）レギュラシオン理論の基礎概念や方法について平易に解説している基本書に、山田鋭夫『〔増補新版〕レギュラシオン・アプローチ――21世紀の経済学』藤原書店、1994年がある。本節の記述も同書を参考にしている。

的な合意や、それらの合意にもとづく諸制度もまた、資本主義の安定的な再生産において重要な役割を果たしていることに着目する。

あらためて述べるまでもなく、われわれは数多くの制度に取り囲まれて暮らしている。経済的なものにかぎっても、雇用制度、株式会社制度、金融制度、財政制度、社会保障制度、貿易制度など、実に多様なものがある。またこれらにかかわる各種の制度には、各国の法律や国家間の協定によって定められたものだけでなく、社会諸集団のあいだの合意や慣行に基礎をおくものも多い。たとえば、戦後日本の経済システムを長いあいだ特徴づけてきた終身雇用制度・メインバンク制度・株式持ち合いなどの諸制度は、主として労使間や企業間の慣行にもとづくものである。これらの諸制度を通じた調整がうまくいけば経済は安定化して長期に及ぶ成長を実現する一方、そうでなければ経済は危機に陥り、長期的な停滞が続くことになるだろう。このように「調整」の概念を軸にしながら、資本主義の成長と危機をあわせて一体的に捉えようというのが、レギュラシオン理論の基本視角である。

それゆえ、制度の果たす役割に焦点を合わせつつ、資本主義の歴史的構造変化のメカニズムを解明することが、レギュラシオン理論の主たる分析課題となる。この課題に取り組むにあたってレギュラシオン学派は、資本主義経済は本来的に不安定で矛盾に満ちたものであるという見方を、マルクスとケインズから継承する。すなわち、市場の自動調整作用に信頼をおく新古典派の見解には与《くみ》しない。しかしそれと同時に、マルクスとケインズの理論を鵜呑みにはせず、それぞれの歴史的な限界を十分にわきまえたうえで、その良き知的遺産を現代資本主義の分析に活かそうとする。

上でも述べたように、レギュラシオン学派は、たんなる政府介入で経済が安定化するとは考えない。たしかに戦後の高度成長期にはケインズ政策が有効に作動していたものの、それは、特定の歴史的・社会的条件の存在を前提とするものであった。しかし1970年代以降にそのような前提条件が崩れると、ケインズ政策の効果は著しく低減することになった（詳しくは、以下で説明する）。経済政策の効果は、つねに一定ではなく、その時々の経済的・社会的状況によって異なったものとなるのである。

また伝統的なマルクス経済学とは異なり、資本主義が矛盾に満ちているからといって、そのことを短絡的に体制の崩壊に結びつけることもしない。すなわちレギュラシオン学派は、自由競争資本主義から独占資本主義へ、さらに国家独占資本主義へと、資本主義が段階を追うごとに矛盾と停滞の度合いを深めてゆくという見方をとらない。成長と危機の長期的交替を繰り返してきた資本主義の歴史に鑑みて、さまざまな矛盾や対立の存在にもかかわらず、少なくとも一定期間にわたって安定と成長が実現されるのはなぜかを問う。すでに見たように、経済社会が抱えている数多くの矛盾や軋轢《あつれき》が諸制度を通じて調整されることによって資本主義の再生産が達成されるというのが、レギュラシオン理論の考え方である。

こうしてレギュラシオン学派は、経済活動において制度が果たす役割を重視する。市場とそれを取り巻く多様な諸制度との相互依存関係に注意を払いつつ、資本主義の長期的動態を読み解こうとするのである。資本主義経済システムを構成する基本的な制度としては、(1) 労働力の使用と再生産にかかわる諸条件である「賃労働関係」、(2) 通貨や金融にかかわる諸制度である「貨幣形態」、(3) 企業間競争のあり方を指す「競争形態」、(4) 小さな政府か大きな政府かといった「国家形態」、(5) 国際通貨体制や国際貿易体制、国際分業のあり方などにかかわる「国際体制」、の五つがある。これら五つの基本的な制度をあわせて**制度諸形態**という。レギュラシオン理論は、これらの制度の変容や多様性に注目することによって、資本主義経済そのものの変容や多様性を把握しようとする。

レギュラシオン理論で用いられる基本概念に「蓄積体制」と「調整様式」がある。まず**蓄積体制**とは、特定の経済社会において成立しているマクロ経済諸変数のあいだの相互連関のことである。すなわち、生産性・賃金・利潤・消費・投資・雇用・総需要などの変数のあいだにどのような連関や規則性が存在しているのかということであり、言い換えると一国のマクロ経済構造のことにほかならない。次に**調整様式**とは、社会諸制度の集合体としての制度諸形態が生み出す「ゲームのルール」のことである。各種の制度は、社会を構成する人々のあいだの合意や妥協の積み重ねを通じて形成される。それと同時に、ひとたび確立した諸制度は相俟って、人々が行動するさいの基準や規範として機能するようになる。このように、諸個人・諸集団の闘争と対立のなかで、それらの個人や集団の行動を社会的一体性の確保に向けて誘導する一定のルールや規範のことを調整様式という。ある特定の調整様式が、経済社会の内部のさまざまな矛盾や対立を緩和させることによって、ある特定の蓄積体制をうまく維持し操縦するときに初めて、経済の安定的な成長が可能となる[3)]。

(2) フォーディズムの時代

ここまで説明してきたレギュラシオン理論の概念と方法にもとづいて、第二次世界大戦後の先進資本主義経済の軌跡をたどることにしよう。戦後の先進諸国は、1950年代から70年代はじめにかけての約20年間に、資本主義の「黄金時代」とも呼ばれた長期に及ぶ高度経済成長を達成した。レギュラシオン学派は、この時代の先進諸国において成立していた蓄積体制を**フォーディズム**（Fordism）と名づけている。さしあたりフォーディズムとは、大量生産・大量消費（高生産性・高賃金）によって特徴づけられる蓄積体制のことであると理解してもらいたい。この用語は、ベルトコンベヤーを用いた流れ作業を導入することによって大量生産を実現すると同時に、自動車の大量消費を可能とするために1日5ドルという高賃金政策を採用したフォード（Henry Ford）による1910～20年代の先駆的な試みに由来している。このような大量生産と大量消費の仕組みが1企業にとどまらず、一国経済全体のレベルで成立したことから、戦後資本主義の蓄積体制を「フォーディズム」の名で呼ぶのである。

まず、フォーディズムという蓄積体制を維持・操縦していた調整様式がど

3）蓄積過程において社会諸制度が果たす役割に焦点を合わせて成長と危機の長期的交替を読み解こうとする点など、アメリカ出自の社会的蓄積構造（SSA）理論はレギュラシオン理論と多くの共通点をもつ。このためSSA理論は、レギュラシオン理論の「アメリカ版」であるとしばしば指摘される。SSA理論については、第8章第2節を参照のこと。

のようなものであるかを見ていこう。戦後資本主義においては、団体交渉制度の確立を背景として、労働側がテイラー主義的労働編成を受け容れて生産性上昇に協力する一方、その代償として、経営側は生産性上昇の果実を賃金上昇というかたちで労働側に分配するという労使間の社会的妥協が成立した。レギュラシオン学派は、この妥協を**フォーディズム的労使妥協**と名づけている。

ここで**テイラー主義的労働編成**とは、構想（精神労働）と実行（肉体労働）を分離し、実行労働を細分化・単純化するとともに、労働者が 1 日に行なうべき作業量を設定することによって、作業能率の向上をはかる労働編成方式のことである。テイラー主義の導入によって労働者の自律性や熟練が奪われ、仕事は単調でつまらないものになった。しかし労働側は、何の見返りもなしにテイラー主義を受容したのではない。生産性の上昇に連動して賃金が上昇するという賃金形成方式、すなわち**生産性インデックス賃金**の制度化というかたちで経営側から譲歩を引き出したのである。こうして成立したテイラー主義と生産性インデックス賃金の取引から成る労使妥協こそが、フォーディズムを支える調整様式の核心をなしていた。

フォーディズムの確立とともに、「生産ノルム」と「消費ノルム」が同時的・平行的な変容を遂げる。言い換えると、生産方法と消費様式の標準的なあり方がともに大きく変化した。ベルトコンベヤーや各種専用機械を導入してテイラー主義と機械化を結合したフォーディズムの労働編成原理は、大幅な生産性上昇を実現して、規格化された製品の大量生産を可能にした。他方で、生産性上昇にもとづく規則的な実質賃金の上昇は、自動車や家電製品をはじめとする耐久消費財需要の拡大をもたらした。こうして大量生産と大量消費がたがいに連動することによって、労働者の消費様式が一変するとともに、史上空前の高度経済成長が達成されることになった。このようなかたちで、フォーディズム的労使妥協という賃労働関係によって媒介された大量生産・大量消費の蓄積体制がフォーディズムである。

たとえば戦後の日本では、1950 年代後半から 60 年代前半にかけて、当時は「三種の神器」として喧伝《けんでん》されていた白黒テレビ・冷蔵庫・洗濯機が多く

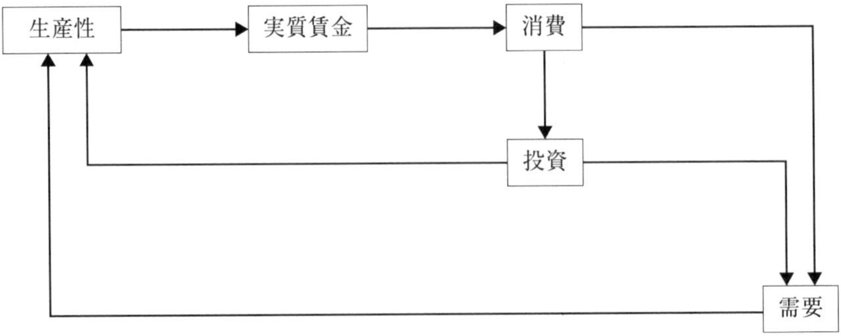

図 11-3　フォーディズムのマクロ経済的回路

の家庭に普及した。これに続いて1960年代半ばには、「3C」と呼ばれたカラーテレビ・クーラー・自動車（カー）が登場してブームとなり、飛ぶように売れていった。賃金上昇に導かれた大量消費が投資を刺激し、総需要をさらに押し上げていくことによって、約20年の長きに及ぶ高度成長が実現したのである。

フォーディズムのもとでは、生産性上昇が需要の拡大を引き起こすと同時に、需要の拡大が生産性上昇を促すというかたちで生産性と需要とのあいだに**累積的因果関係**が成立していた。こうしたマクロ経済的好循環の構図は、図11-3に示されているとおりである。

まず、生産性上昇と連動した賃金上昇が、消費の増加をもたらす。これに次いで、消費の増加は「加速度効果」を通じて投資を刺激する。こうして生産性上昇が総需要の増加につながる一方で、それと同時に、総需要の増加が生産性の上昇を促すというメカニズムも作用していた。すなわち、総需要の増加は生産規模を拡大させるため、「規模の経済」のはたらきによって生産性の上昇をもたらすことになる。古くはアダム・スミスが、市場規模の拡大は社会的分業の深化を通じて生産性を上昇させると論じていたが、ポスト・ケインズ派のカルドアも、戦後イギリス経済の分析において「規模の経済」ないしは「収穫逓増」の概念を重視している。このような「収穫逓増効果」とあわせて、投資の拡大が、新しい高性能の資本設備の導入を通じて生産性を向上させるという「資本深化効果」も存在する。こうして、生産性と需要がたがいにプラスの影響を及ぼしあうという好循環の回路が順調に作動することによって、大量生産・大量消費の蓄積体制が成り立っていたのである。

(3) フォーディズムの危機

しかし、フォーディズムのもとでの成長と繁栄は永遠のものではなかった。1970 年代以降の先進各国においては、経済成長が減速し、失業率が上昇していくと同時に、労働生産性が低下し、インフレーションが加速的に進行するなど、従来の経済学では説明することのできない困難が生じた。当時は、スタグフレーションの原因を、ケインズ政策による財政赤字の拡大や、2 度の石油危機に求めようとする議論が有力であった。しかしそれらは、危機を増幅させた要因であっても、その根本的な原因ではない。危機の本当の原因は、フォーディズムという蓄積体制それ自体が限界に到達したことにある。フォーディズムの危機には、**生産性危機**と**収益性危機**の二つの側面があった。

まず、高生産性を確保するメカニズムが機能不全に陥った。テイラー主義的労働編成のもとで生産性上昇を持続的に実現することが困難になったのである。テイラー主義のいっそうの徹底は、労働の細分化・断片化・無内容化を進めることにつながった。このことは、労働者の疲労や病気、労働意欲の低下、さらには労働者の抵抗を招いた。こうして労働者がさまざまなかたちでテイラー主義に対する拒否感を示すようになったので、新しい機械を導入しても、それが生産性の上昇へと結びつかなくなる。図 11-3 のマクロ経済的回路について言えば、投資→生産性の経路が切断されてしまったのである。また自動車や家電製品などの需要が一巡して、規格化された大量生産品が広く行きわたると、機能・品質・デザインなどの面で他とは異なる特徴をもつ商品が好まれるようになり、消費者の嗜好やニーズが多様化した。このような需要動向の変化に「少品種・大量生産」を前提としていたフォーディズムの技術体系では対応できなかったため、収穫逓増効果が低下して、需要→生産性の経路も断たれることになった。要するに、テイラー主義という生産性上昇の源泉が枯渇してしまったのである。

こうした生産性危機に加えて、収益性危機も深刻化していった。持続的な高雇用状態のもとで賃金上昇圧力が強まり、利潤圧縮が発生したのである。とくに1960年代末以降には、多くの先進諸国で「賃金爆発」と呼ばれたほどの急激な賃金上昇が生じた。これに対して経営側は、利潤を回復するべく、生産性インデックス賃金を破棄することによって賃金抑制をはかった。収益性危機が引き金となって、フォーディズム的労使妥協がついには解体するにいたったのである。その結果、生産性→賃金の経路も寸断された。

これらの数多くの困難が重なった結果、フォーディズムのもとで成立していたマクロ経済的好循環の回路が崩れ去った。フォーディズムの蓄積体制とそれを支える調整様式が、ともども崩壊したのである。すなわち、1970年代はじめに先進資本主義経済を襲った危機とは、フォーディズムの**構造的危機**にほかならない[4)]。それは、生産性危機（労働編成の危機）と収益性危機（労使妥協の危機）とが折り重なって生じたものであり、需要サイドの危機ではなく、供給サイドの危機であった。したがってその危機は、ケインズが格闘していた1930年代の需要危機とは性格が大きく異なるものである。それゆえ、ケインズ主義的な総需要管理政策では、この危機を乗り越えることができない。フォーディズムに代わる新しい蓄積体制の構築が、危機からの脱出のための要件となる。

それでは、フォーディズム崩壊後の資本主義はどのような軌跡をたどったのか。そして、これからの資本主義はどこへ向かうのだろうか。これらの問題については、節を改めて考えることにしたい。

5．資本主義はどこへ行くのか

フォーディズムが崩壊したのち、先進各国はそれぞれに異なる国民的軌道をたどった。もちろんフォーディズムの時代においても、各国の蓄積体制はたがいにいくらかの相違をはらみつつも、それらはともかくも「フォーディ

4）既存の蓄積体制や調整様式そのものが機能不全に陥ることによって生じる数十年に一度の危機を「構造的危機」という。

ズム」として一括りにすることが可能であった。しかしながら1980年代以降、経済のグローバル化が進むなかにあって、各国ごとの制度や構造の違いがますます大きくなっていったのである。したがってアフター・フォーディズムの時代は、各国別進路の差異が拡大した時代として特徴づけることができる。それらの多様な国民的軌道のうち、ここでは覇権国アメリカの軌道について見ることにしよう[5)]。

(1) アメリカの金融主導型蓄積体制

他の先進資本主義諸国に先駆けて、近年のアメリカ経済においては「金融化」と呼ばれる現象が進み、経済において金融部門が果たす役割が大きくなった（金融化については、第9章第5節で説明した）。金融取引総額が急増し、金融部門の収益が増加するとともに、国民所得に占める金融所得の割合も上昇した。当然のことながら、このような変化は、アメリカ経済全体の構造と動態にも影響を及ぼさずにはおかない。これらの動向に注目してレギュラシオン学派は、アメリカにおいて1990年代はじめに登場した新しい蓄積体制を**金融主導型蓄積体制**[6)]と呼んでいる。

第9章第5節（1）で見たように、金融化が進んだ経済においては、生命保険会社・年金基金・投資信託会社などの機関投資家を中心とする株主が、経営者に対して株式の市場価値を維持するように強い圧力をかけており、そのため企業経営は株主利益を重視したものとなる。さらに、ストック・オプションの導入など、株主と経営者の利害を一致させることを狙いとする制度改革が進められたことにより、経営者自身も、企業の長期的な成長よりも短期的な収益に大きな関心を示すようになる。こうして、経営者は株主価値の

5）本節の記述は、宇仁宏幸・山田鋭夫・磯谷明徳・植村博恭『金融危機のレギュラシオン――日本経済の課題』昭和堂、2011年、第1章、およびR. ボワイエ『作られた不平等――日本、中国、アメリカ、そしてヨーロッパ』（山田鋭夫監修、横田宏樹訳）藤原書店、2016年、第1章に多くを負っている。

6）金融主導型成長体制とも言う。レギュラシオン理論において「蓄積体制」と「成長体制」という用語は互換的に用いられており、これら二つは同一の概念である。

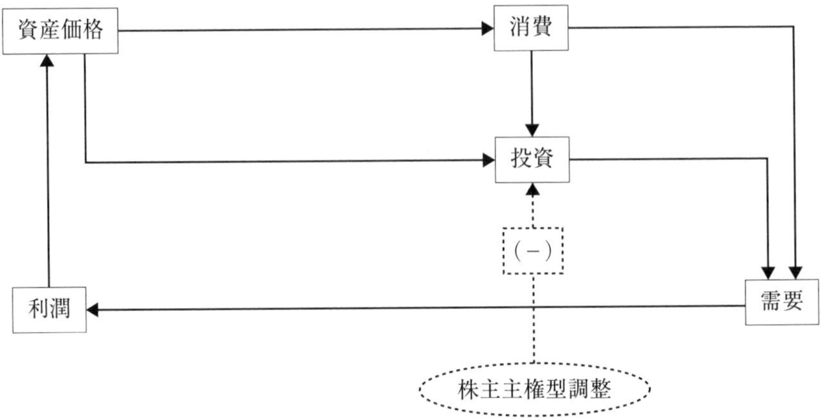

図 11- 4　金融主導型蓄積体制のマクロ経済的回路

最大化に努める一方で、その見返りとして高額の報酬を受け取るというかたちで、経営者と株主（おもに金融業者）のあいだの妥協が成立した。すなわち、フォーディズムの時代における労使妥協に取って代わり、**経営・金融妥協**とも呼ぶべき新しい社会的妥協が成立したのである。

このことから、新しい蓄積体制の確立にともない、経済的・政治的な権力ブロックの組み換えが生じたことが分かる。フォーディズムの時代には、経営者主導のもとに経営者と労働者の連合が権力ブロックを構成していた。しかし、労働編成と所得分配をめぐる労使対立が激化することによって、この連合はついには解体を余儀なくされる。これに代わって 1990 年代はじめ頃、株主によって主導された株主と経営者の連合が新しい権力ブロックとして登場した。経営・金融妥協にもとづく経営者と株主の連合は株主優位の連合であるから、それを基盤として形成される調整様式は**株主主権型調整**という性格が強いものとなる。こうして労働側は権力ブロックから弾き出され、その社会的な影響力が大きく低下したため、この間、労働者の雇用と生活は不安定の度を増していくこととなった。

金融主導型蓄積体制においては、文字どおり、一国経済のマクロ動態が金融変数（とりわけ株価）の動きによって方向づけられる。そのマクロ的回路は

図 11-4 のように示される。マクロ経済の起動力となるのは、株価や地価などの資産価格の上昇である。資産価格の上昇は、資産を保有する家計が裕福になったことを意味するので、それによって家計の消費が刺激される。このような効果を「資産効果」という。また資産価格の上昇は、資産の担保価値を上昇させることになるので、家計が金融機関から融資を受けることも容易になる。1990 年代以降のアメリカにおいて長期的な経済拡張が続いたのは、一連の資産バブルと家計債務の増加を通じて「負債主導型消費ブーム」が生じたからである。

これとあわせて、株価の上昇は、企業の資金調達コストの低下を通じて投資を刺激する。ただし上で述べたように、株主主権型の調整様式のもとでは、企業の成長よりも利潤が優先されるため、設備投資を抑制しようとする力も作用する。また、消費の増加が投資を促進するという「加速度効果」も存在するが、そのはたらきはフォーディズムの時代と比べて弱くなった。その結果、金融主導型蓄積体制において、投資は総じて停滞基調にあった。ともあれ、消費を中心とする総需要の拡大は企業の利潤を増加させ、そのことが高い利潤期待を生んで、資産価格をさらに押し上げる結果となる。これが、金融主導型蓄積体制の好循環の構図である。

(2) 金融主導型蓄積体制の構造的危機

しかしながら、資産価格の上昇に牽引されたアメリカ経済の長期的拡張は、サブプライム市場の崩壊に端を発する 2007〜08 年の世界金融危機によって、突然に終焉を迎えることになった。危機の勃発によってひとたび資産価格の下落が始まると、金融主導型蓄積体制の好循環は悪循環へと転化する。すなわち、資産価格の下落は「逆資産効果」のはたらきによって消費と総需要を急減させる。総需要の縮小は利潤を減少させ、さらに利潤の減少は、利潤期待を低下させることによって、資産価格のいっそうの下落を引き起こす。こうしてアメリカ経済は、1930 年代の大不況以来とも言われる厳しい景気の下降に見舞われることになった。

そもそも金融主導型蓄積体制においては、株主利益を重視するよう求める機関投資家の強い圧力のもとで企業の投資が停滞するとともに、労働者の賃金も伸び悩んでいた。それにもかかわらず長期的な経済拡張が実現したのは、家計債務に依存した消費支出の拡大があったからである。しかし、このように脆弱な基礎の上に立つ蓄積体制がいつまでも存続することはありえない。資産価格の上昇に支えられてきた金融主導型蓄積体制がその限界に達した結果、2000 年代末の経済・金融危機が生じたのであるから、この危機は金融主導型蓄積体制そのものの危機と見なくてはならない。アメリカの金融主導型蓄積体制は、約 20 年の成長をもたらしたのち、構造的危機を迎えたのである。

世界金融危機から 10 年以上をへた今日、アメリカ経済は曲がりなりにも回復への道をたどってきたように見える。しかしながら、金融主導型蓄積体制それ自体が機能不全に陥った以上、それに取って代わる新しい蓄積体制が確立されないかぎり、長期的・安定的な経済成長の実現を望むことはできない。金融危機の頻発や所得格差の拡大などを受け、新自由主義的資本主義に対する民衆の異議申し立てが世界に広がるなか、アメリカにかぎらず、多くの国々において資本主義の方向転換がはかられつつある。しかし、新しい蓄積体制や調整様式がどのようなものになるのか、現在の時点ではいまだ定かでない。

おそらく資本主義は、株主・経営者・労働者の三者のあいだの利害が複雑にせめぎあいながら、新たな制度的構造が模索される不安定な歴史的局面に入っているのだろう。そして、これらの集団のあいだでの今後さらに 10 年ほどに及ぶ対立・抗争を経たのちに、新自由主義的資本主義に代わる新しいかたちの資本主義が現われてくるのだろう。その姿がどのようなものになるのかを予想することは誰にもできない。しかし、歴史をつくるのは今を生きるわれわれ自身である。

この章のまとめ

1. ハロッドによれば、現実成長率と保証成長率がいったん乖離すると、両者のギャップはますます拡大する。資本主義経済の成長経路が累積的な不安定性を示すと主張する彼の理論は、「不安定性原理」の名で知られている。

2．労働の完全雇用と資本の完全利用を同時に達成するためには、現実成長率・保証成長率・自然成長率の三つが等しくならなくてはならない。しかしながらハロッドの見るところ、まったくの偶然以外には、このような関係は成立しない。
3．ケインズ派成長理論の最大の特徴は、有効需要が経済成長を主導する役割を演じると見ている点にある。多くのポスト・ケインズ派経済学者は、自然成長率それ自体が、現実成長率の変化にあわせて調節される内生変数であると論じている。
4．レギュラシオン学派は、高度成長期の 1950 年代から 70 年代はじめにかけて先進資本主義諸国において成立していた大量生産・大量消費の蓄積体制を「フォーディズム」と名づけている。「テイラー主義的労働編成」と「生産性インデックス賃金」の取引から成る労使妥協が、フォーディズムを支える調整様式の核心をなしていた。
5．1970 年代はじめに先進諸国を襲った経済危機の根本的な原因は、フォーディズムという蓄積体制それ自体が限界に到達したことにある。フォーディズムの危機には、生産性危機と収益性危機の二つの側面があった。
6．アメリカにおいては 1990 年代初めに、「金融主導型蓄積体制」という新しい蓄積体制が確立した。そのもとで、企業経営は株主利益を重視したものとなった。しかしこの蓄積体制は、2000 年代末に構造的危機に陥った。

文献紹介

本書の内容について詳しく理解するうえで、あるいは本書を読み終えた後に政治経済学の学習をさらに深く進めていくうえで有益であると思われる文献を紹介しておこう。

■経済学の歴史

［1］宇沢弘文『経済学の考え方』岩波新書、1989年。

［2］八木紀一郎『経済思想〔第2版〕』日経文庫、2011年。

［3］間宮陽介『市場社会の思想史──「自由」をどう解釈するか』中公新書、1999年。

［4］根井雅弘『入門 経済学の歴史』ちくま新書、2010年。

経済学を学ぶにあたっては、まず経済学の歴史についての大まかな知識を身につけておくとよい。ここに挙げた著作は、いずれも練達の著者が一般読者に向けて書き下ろしたものであり、歴史上のさまざまな考え方について手短に知ることができる。

■政治経済学全般

［5］阿部太郎・大坂洋・大野隆・佐藤隆・佐藤良一・中谷武・二宮健史郎・伴ひかり『資本主義がわかる経済学』大月書店、2019年。

［6］宇仁宏幸・坂口明義・遠山弘徳・鍋島直樹『入門 社会経済学──資本主義を理解する〔第2版〕』ナカニシヤ出版、2010年。

［7］植村博恭・磯谷明徳・海老塚明『社会経済システムの制度分析──マルクスとケインズを超えて〔新版〕』名古屋大学出版会、2007年。

政治経済学全般について解説している教科書は国内外を通じて多くない。［5］は、大学1年生をおもな対象とするコンパクトで簡便な教科書である。数式やモデルを多く用いて基礎理論を解説している点に特色がある。［6］は学部中級から上級レベル、［7］は学部上級から大学院初級レベルの教科書である。いずれも、政治経済学の諸理論を幅広く扱っている。本書を読み終えた読者は、さらにこの2冊へと進むとよいだろう。

■マルクスの思想と理論

［8］廣松渉『今こそマルクスを読み返す』講談社現代新書、1990年。

［9］佐々木隆治『カール・マルクス――「資本主義」と闘った社会思想家』ちくま新書、2016年。

［10］内田義彦『資本論の世界』岩波新書、1966年。

［11］伊藤誠『「資本論」を読む』講談社学術文庫、2006年。

マルクスの思索は、経済学のみならず、哲学や歴史学など広い範囲に及んでいる。マルクスの思想の広がりと奥行きを味わうためには、［8］と［9］を読むのがよい。［8］は、戦後日本を代表するマルクス主義哲学者による著作である。著者の廣松渉は、スケールの大きな思考と独特の重厚な文体で多くの読者を魅了してきた。［9］は、マルクスの生涯におけるビジョンの変化をたどるとともに、これまでほとんど知られていなかった晩期マルクスの変革構想を明らかにしている。［10］は、ロングセラーの『資本論』入門書である。その歴史的・社会的な背景にも触れつつ、親しみやすく平易な語り口で資本論の世界を説き明かす。［11］は、『資本論』の要点をまとめ、その意義について解説している。この本を通読すれば、『資本論』のエッセンスをそれなりに習得することができるだろう。

■マルクス経済学

［12］平井規之・北川和彦・滝田和夫『経済原論』有斐閣、1987年。

［13］大谷禎之介『図解 社会経済学――資本主義とはどのような社会システムか』桜井書店、2001年。

［14］伊藤誠『資本主義経済の理論』岩波書店、1989年。

［15］八木紀一郎『社会経済学――資本主義を知る』名古屋大学出版会、2006年。

［16］置塩信雄・鶴田満彦・米田康彦『経済学』大月書店、1988年。

［17］M.C. ハワード・J.E. キング『マルクス経済学の歴史（上）（下）』（振津純雄訳）ナカニシヤ出版、1997-98年。

マルクス経済学の教科書は、これまでに数多く出版されている。入門レベルのものでは［12］を薦めたい。小ぶりな教科書でありながら、基本的な内容を一通り網羅しており、叙述も分かりやすい。さて日本のマルクス経済学には、正統派・宇野派・市民社会派の三つの学派が存在すると言われてきた。そして学派ごとに、『資本論』の解釈やその展開の方向もかなり異なっている。近年の教科書のなかでは、［13］が正統派、［14］が宇野派、［15］が市民社会派を、それぞれ代表するものである。これらを読み比べることによって、学派間の見解の違いを知ることができるだろう。ただし最近では、こうした学派対立の構図は解消に向かいつつある。[16] の著者の 1 人である置塩信雄は、わが国における数理マルクス経済学の先駆的存在である。マルクス経済学の教科書には珍しく、この本でも数学的な手法が各所で用いられている（学問的な立場としては正統派に近い）。マルクス以後のマルクス経済学の展開を知るためには、[17] が有益である。19 世紀末から 20 世紀末にいたるまでの数多くの論争について詳しく紹介されている。

■ケインズの人と業績

[18] 伊東光晴『ケインズ――「新しい経済学」の誕生』岩波新書、1962 年。
[19] 浅野栄一『ケインズ』清水書院、1990 年。
[20] 吉川洋『ケインズ――時代と経済学』ちくま新書、1995 年。
[21] 根井雅弘『ケインズを読み直す――入門現代経済思想』白水社、2017 年。
[22] G. ドスタレール『ケインズの闘い――哲学・政治・経済学・芸術』（鍋島直樹・小峯敦監訳）藤原書店、2008 年。
[23] 伊東光晴『ケインズ』講談社学術文庫、1993 年。
[24] 宇沢弘文『ケインズ「一般理論」を読む』岩波現代文庫、2008 年。
[25] R. スキデルスキー『なにがケインズを復活させたのか？――ポスト市場原理主義の経済学』（山岡洋一訳）日本経済新聞出版社、2010 年。

ケインズの生涯と業績について平易に解説した一般向けの書物は多い。それらのうちの代表的なものとして、[18] ～ [21] を挙げることができる。いずれも、ケインズの思想的歩み、その多彩な活動、主著『一般理論』の概要について分かりやすく書かれている。ケインズの多面的な活動についてさらに詳しく知りたい読者は、[22] を読むとよい。哲学・政治・経済学・芸術という四つの軸に沿って、彼の思考と活動が包括的に論じられている。[23] と [24] は『一般理論』の解説書である。『一般理論』はきわめて難解な書物として知られており、1 人で読み通すことは容易でない。この 2 冊では原典に即して解説が加えられているので、ケインズの思考を一歩一歩たどることができる。『一般理論』を読むさいの手引きとして活用することもできるだろう。[25] はやや専門的になるが、現代の主流派マクロ経済学と対比しながらケインズ経済学の核心を明らかにするとともに、その今日的な意義について論じている。

■カレツキの経済学

[26] M. カレツキ『資本主義経済の動態理論』(浅田統一郎・間宮陽介訳) 日本経済評論社、1984 年。
[27] M.C. ソーヤー『市場と計画の社会システム——カレツキ経済学入門』(緒方俊雄監訳) 日本経済評論社、1994 年。
[28] P. クライスラー『カレツキと現代経済——価格設定と分配の分析』(金尾敏寛・松谷泰樹訳) 日本経済評論社、2000 年。
[29] 鍋島直樹『ケインズとカレツキ——ポスト・ケインズ派経済学の源泉』名古屋大学出版会、2001 年。
[30] 山本英司『カレツキの政治経済学』千倉書房、2009 年。

カレツキはマルクスおよびケインズと並び現代政治経済学の主要な源泉をなすが、日本語で読める関連文献は多くない。[26] はカレツキの主著である。学部学生にとって全体を読み通すことは難しいであろうが、論文集であるため、興味をもった章を拾い読みしてもよいだろう。とくに「政治的景気循環」について論じた第 12 章は読みやすく、しかもカレツキの思想のエッセンスに触れることができる。[27] は、カレツキの経済学に関する包括的・体系的な入門書であり、この 1 冊でカレツキの経済学の全体像をつかむことができる。マルクス、ケインズの経済学との比較・対照も興味ぶかい。[28] は、価格設定と所得分配に関するカレツキのミクロ分析の展開に関する研究書である。専門性の高い著作であるが、ミクロ経済学とマクロ経済学の関係について論じた第 7 章は一読に値する。[29] は、ケインズとカレツキの経済学を理論・思想・政策の三つの面から総体的に再検討し、その統合と発展の方向を探る研究書である。[30] は、カレツキの資本主義経済分析だけでなく、社会主義経済と発展途上経済の分析にも検討を加えた総合的な研究書である。

■ポスト・ケインズ派経済学

[31] M. ラヴォア『ポストケインズ派経済学入門』(宇仁宏幸・大野隆訳) ナカニシヤ出版、2008 年。
[32] 鍋島直樹『ポスト・ケインズ派経済学——マクロ経済学の革新を求めて』名古屋大学出版会、2017 年。
[33] P. デイヴィッドソン『ケインズ』(小谷野俊夫訳) 一灯舎、2014 年。
[34] H.P. ミンスキー『金融不安定性の経済学——歴史・理論・政策』(吉野紀・浅田統一郎・内田和男訳) 多賀出版、1989 年。

[35] 服部茂幸『危機・不安定性・資本主義――ハイマン・ミンスキーの経済学』ミネルヴァ書房、2012年。

ポスト・ケインズ派経済学の概要について知りたい読者は、まず［31］を読むとよい。その方法と理論についての簡潔な解説があたえられている。さらに深く学びたい者は、［32］に進んでもらいたい。専門的な研究書であるため、学部学生には難しいところも多いが、ポスト・ケインズ派経済学の全体像をそれなりに把握することができるだろう。［33］は、ポスト・ケインズ派を代表する経済学者によるケインズ理論の解説書である。古典派理論との違いを明らかにしながら、ケインズの革命的な理論の本質と意義について論じている。［34］は、ミンスキーが自らの「金融不安定性仮説」を理論的・歴史的に検証し、経済安定化のための改革プログラムを提示した体系的な著作である。［35］は、ミンスキーの理論にもとづき2000年代末の世界金融危機の構図を解明するとともに、危機をつくり出した主流派経済学の理論と政策を批判している。

■アメリカ・ラディカル派の経済学

[36] S.ボールズ・D.M.ゴードン・T.E.ワイスコフ『アメリカ衰退の経済学――スタグフレーションの解剖と克服』（都留康・磯谷明徳訳）東洋経済新報社、1986年。
[37] D.M.ゴードン・R.エドワーズ・M.ライク『アメリカ資本主義と労働――蓄積の社会的構造』（河村哲二・伊藤誠訳）東洋経済新報社、1990年。
[38] M.H.ウォルフソン『金融恐慌――戦後アメリカの経験』（野下保利・原田善教・浅田統一郎訳）日本経済評論社、1995年。
[39] S.ボウルズ『不平等と再分配の新しい経済学』（佐藤良一・芳賀健一訳）大月書店、2013年。

かつては社会的蓄積構造（SSA）理論を一つの軸としていたアメリカ・ラディカル派の経済学も、近年では多様化が進んでいる。［36］と［37］はSSA理論の基本文献である。［36］は、伝統的なマルクス経済学とも主流派経済学とも異なる斬新な視角から、アメリカのスタグフレーションが発生した過程を説き明かしている。［37］は、19世紀以降のアメリカにおける労働市場の歴史的変容について分析する。その第1・2章では、SSA理論の分析枠組みが明快に定式化されている。［38］は、戦後アメリカにおける金融恐慌の性格の歴史的変化を説明するためにSSA理論を援用し、金融システムの安定化において制度的構造が果たす役割を明らかにする。[39] は、ゲーム理論・契約理論・実験経済学などの知見を駆使し、平等主義の新たな経済戦略として「生産性促進型資産再分配」を提唱している。

■レギュラシオン理論

[40] 山田鋭夫『レギュラシオン・アプローチ――21世紀の経済学〔増補新版〕』藤原書店、1994年。
[41] R. ボワイエ『資本主義の政治経済学――調整と危機の理論』(山田鋭夫監修、原田裕治訳) 藤原書店、2019年。
[42] M. アグリエッタ『資本主義のレギュラシオン理論――政治経済学の革新〔増補新版〕』(若森章孝・山田鋭夫・大田一廣・海老塚明訳) 大村書店、2000年。
[43] B. アマーブル『五つの資本主義――グローバリズム時代における社会経済システムの多様性』(山田鋭夫・原田裕治ほか訳) 藤原書店、2005年。
[44] 宇仁宏幸・山田鋭夫・磯谷明徳・植村博恭『金融危機のレギュラシオン理論――日本経済の課題』昭和堂、2011年。

レギュラシオン理論の成果は、これまでに数多く翻訳・紹介されている。また日本の研究者による著作も多い。[40] は、レギュラシオン理論の方法と課題について体系的に解説している基本書である。その概略を手早く理解することができる。[41] はやや上級者向けの教科書である。基本概念と方法、および主要な成果について、レギュラシオン学派の泰斗である著者が包括的に紹介している。[42] は、レギュラシオン理論の生誕を告げた記念碑的な著作である。きわめて難解な本であるが、経済学の刷新にかける著者の気迫が伝わってくる。[43] は、先進資本主義諸国のあいだでの経済システムの違いを明らかにしようと試みた研究書である。資本主義を五つに類型化し、それらについて理論的・実証的に分析している。レギュラシオン理論を日本経済の分析に応用した研究には [44] がある。日本経済における制度改革の必要性とその方向について具体的に論じている。

■現代資本主義論

[45] G. デュメニル・D. レヴィ『マルクス経済学と現代資本主義』(竹永進訳) こぶし書房、2006年。
[46] A. グリン『狂奔する資本主義――格差社会から新たな福祉社会へ』(横川信治・伊藤誠訳) ダイヤモンド社、2007年。
[47] D. ハーヴェイ『新自由主義――その歴史的展開と現在』(渡辺治監訳) 作品

社、2007年。

[48] R. ドーア『金融が乗っ取る世界経済——21世紀の憂鬱』中公新書、2011年。

現代資本主義を読み解くうえで有益であると思われる文献を、さらにいくつか挙げておこう。[45]～[47]は、いずれもマルクス経済学の枠組みに拠りつつも、それぞれに異なる視点から、1980年代以降の先進資本主義諸国において新自由主義が台頭するにいたった原因と、それが生み出した諸矛盾について考察している。これらの著作は皆、新自由主義の政策路線への転換が進められた背景には、金融部門の政治的・経済的な力の増大があることを指摘している。[48]はマルクス経済学の理論にもとづくものではないが、1980年代以降に進展した「経済の金融化」が、社会・政治・教育など各方面に及ぼす弊害について論じている。

事項索引

タ　行

人名索引

鍋島直樹（なべしま　なおき）
1963 年　鹿児島県に生まれる
1987 年　早稲田大学教育学部社会科学専修卒業
1993 年　一橋大学大学院経済学研究科博士後期課程単位修得退学
富山大学経済学部助教授などを経て
現　在　名古屋大学大学院経済学研究科教授、京都大学博士（経済学）
著訳書
『ケインズとカレツキ —— ポスト・ケインズ派経済学の源泉』（名古屋大学出版会、2001 年）
『入門 社会経済学 —— 資本主義を理解する〔第 2 版〕』（共著、ナカニシヤ出版、2010 年）
『ポスト・ケインズ派経済学 —— マクロ経済学の革新を求めて』（名古屋大学出版会、2017 年）
M. C. ソーヤー『市場と計画の社会システム —— カレツキ経済学入門』（共訳、日本経済評論社、1994 年）
G. ドスタレール『ケインズの闘い —— 哲学・政治・経済学・芸術』（監訳、藤原書店、2008 年）
J. A. クレーゲル『金融危機の理論と現実 —— ミンスキー・クライシスの解明』（共訳、日本経済評論社、2013 年）
R.スキデルスキー『経済学のどこが問題なのか』（名古屋大学出版会、2022 年）ほか

現代の政治経済学
マルクスとケインズの総合

2020 年 2 月 28 日　初版第 1 刷発行
2024 年 5 月 10 日　初版第 2 刷発行
（定価はカヴァーに表示してあります）

著　者　鍋島直樹
発行者　中西　良
発行所　株式会社ナカニシヤ出版
〒 606-8161　京都市左京区一乗寺木ノ本町 15 番地
TEL 075-723-0111　FAX 075-723-0095
http://www.nakanishiya.co.jp/

装幀＝宗利淳一デザイン
印刷・製本＝亜細亜印刷

＊落丁・乱丁本はお取り替え致します。
ISBN978-4-7795-1436-4　　C1033